Die weiße und schwarze Magie

oder

Das Gesetz des Geistes in der Natur

Dr. Franz Hartmann

Verlag Heliakon

Verlag Heliakon

Umschlaggestaltung: Verlag Heliakon
Titelbild: Pixabay (kalhh)

Druck und Vertrieb: BoD - Books on Demand, Norderstedt

www.verlag-heliakon.de
info@verlag-heliakon.de

ISBN: 978-3-949496-37-0

Die Deutsche Nationalbibliothek verzeichnet diese Publikation in der Deutschen Nationalbibliografie; detaillierte bibliografische Daten sind im Internet über www.dnb.de abrufbar.

Inhaltsverzeichnis

Inhaltsverzeichnis 3
Vorrede zur zweiten Auflage 7
Erläuterung der Abbildung 9
Einleitung 13
Das Ideal und die Wirklichkeit 25
Wahrheit und Täuschung 37
Wesen und Erscheinung 47
Das Leben in der Natur 63
Harmonie 75
Der Zauber der Illusion 87
Das Selbstbewusstsein 103
Der Tod 119
Verwandlungen 133
Die Schöpfung aus Nichts 147
Mehr Licht 161
Die Vollkommenheit 175
Evolution und Involution 191
Der Verkehr mit der Geisterwelt 201
I. Geistiger Verkehr zwischen lebenden Menschen 202
II. Geistiger Verkehr mit Verstorbenen 204
III. Der Verkehr mit den Geistern der Natur 208
Die Religion der Zukunft 213
Das innere Wort 223

In unserem Werden finden alle Wünsche ihre Erfüllung, und wir erlangen den Sieg über alle Welten.

Chandogya-Upanishad

Alles, was auf Erden vorhanden ist, hat sein ätherisches (geistiges) Vorbild im Überirdischen; und es gibt nichts so Kleines oder Unbedeutendes in der Welt, dass es nicht von etwas ihm vorgesetztem Höheren abhängig wäre; sodass, wenn das Untere sich regt, das ihm vorgesetzte Obere sich ihm entgegenregt.

Sohar Wojeace, Fol. 15b, 6

Vorrede zur zweiten Auflage

Das Erscheinen einer neuen Auflage der *Magie* bietet dem Verfasser eine vollkommene Gelegenheit, das Buch zu revidieren und den Inhalt zu vermehren. Zu der Zeit, als die erste Auflage erschien, waren die theosophischen Lehren in Deutschland noch wenig bekannt und es genügte eine kurze Skizze, um auf sie aufmerksam zu machen.

Jetzt, nachdem sie in die weitesten Kreise gedrungen sind, macht sich das Bedürfnis für ein Handbuch geltend, das als ein Leitfaden zu einem tieferen Eindringen in die höheren Naturgeheimnisse dienen kann. Die neue Auflage soll diesem Zwecke entsprechen.

Es mag hier angemerkt werden, dass „Die weiße und schwarze Magie“ nicht geschrieben wurde, um jedermann magische Künste zu lehren, sondern vielmehr, um den Missbrauch, der allgemein mit diesen Dingen getrieben wird, beseitigen zu helfen und der Ausbreitung eines krankhaften Mystizismus eine Schranke zu setzen.

Ein Erfassen der heiligen Religionsgeheimnisse in Bezug auf das Wirken des Gottesgeistes in der Natur ist nicht jedermanns Sache, weil noch nicht jeder reif dazu ist.

Es gehört hierzu weniger ein wissbegieriges Forschen in der Eigenheit, als vielmehr eine Erhebung über das Persönliche zum Göttlichen, das heißt, ein geistiges Erwachen zu einem höheren Selbstbewusstsein.

Um das herbeizuführen, muss ein solcher Leitfaden nicht nur wissenschaftlich klar geschrieben, sondern auch ein Erbauungsbuch sein. Er muss geeignet sein, nicht nur den geistigen Gesichtskreis zu erweitern, sondern auch die Seele zu erheben, weil nur durch eine Erhöhung des Standpunktes, den ein Mensch einnimmt, sein Horizont sich erweitern kann.

Ein halbes Wissen ist ein gefährliches Ding. Wer das Glück gehabt hat, einen Blick hinter den Schleier zu werfen, der die Wahrheit verhüllt, und die Gefahren kennt, die aus dem Unfug entspringen, der heutzutage mit Spiritismus, Hypnotismus und dergleichen stattfindet, der wird überzeugt sein, dass eine Aufklärung hierüber mehr als vieles andere eine dringende Notwendigkeit unseres Zeitalters geworden ist.

Erläuterung der Abbildung

Wie alle okkulten Figuren hat auch diese den Zweck, den Beschauer zum eigenen Nachdenken anzuregen, damit er das, was darin enthalten ist, selber findet und weiß. Die folgenden Andeutungen sollen daher nur dazu dienen, seiner Intuition behilflich zu sein.

Das Zentrum und die Peripherie stellen das A und Ω, den Anfang und das Ende aller Evolution dar. Sie sind das Wort (Vach), welches in Ewigkeit in Gott, dem Absoluten (Parabrahm) war, ist und sein wird[1)] und in dem die ganze Schöpfung enthalten ist.

Der Tierkreis stellt die sieben Prinzipien des Weltalls dar. Da es zwölf Zeichen sind, bleibt es der Intuition des Studierenden anheimgestellt zu suchen, wie sich aus den sieben die Zwölfzahl entwickelt. Die großen doppelten, sich durchschneidenden Dreiecke symbolisieren den Makrokosmos, das Herabsteigen des Geistes in die Materie und das Emporsteigen der Materie zum Geiste. Oben ist die Wirklichkeit (Parabrahm), das absolute Sein, das alles in

1) Johannes 1:1

sich begreift; unten ist das Reich der Illusion (Maya). Die kleineren Dreiecke in der Mitte stehen für den Mikrokosmos und das Pentagramm im Zentrum für den Menschen mit seinen fünf Sinnen, fünf Kräften usw. Die Entfaltung seines geistigen Selbstbewusstseins ist durch die fünfblättrige Blume angedeutet.

Brahma, Vishnu und Shiva sind keine „mythologischen Persönlichkeiten“, sondern mystische Kräfte. Brahma ist die schöpferische Kraft im Weltall, die Ideenwelt, deren ins sichtbare Dasein getretene Erscheinung unsere Körperwelt ist. Vishnu ist *das Licht* oder vielmehr die Energie der (geistigen) Sonne des Weltalls, der *Erlöser der Welt.* Shiva ist das auflösende Prinzip, das man auch gewissermaßen als *Wärme* oder *Liebe* bezeichnen könnte.

Dabei handelt es sich selbstverständlich nicht um drei voneinander geschiedene Dinge, sondern um drei Anschauungsformen der ewigen Einheit, die Alles in Allem ist und außer der es nichts gibt. Ihr entspricht die Idee der christlichen Dreieinigkeit, und zwar Brahma als Vater (Gedächtnis), Vishnu als Sohn (Wille oder Liebe) und Shiva als der Geist der Erkenntnis (Vernunft) — alles dies in einem viel höheren Sinne, als nur der gewöhnlichen Bedeutung dieser Worte. Dies gehört zum Reiche des Geistes.

Im Reiche der Materie (Kraft und Stoff) finden wir alles aus den vier Elementen oder Prinzipien Feuer, Wasser, Luft und Erde zusammengesetzt (freilich in einem ganz anderen Sinne als dem der oberflächlichen Wissenschaft).

Die drei Prinzipien Feuer, Wasser und Luft finden ihre Vereinigung im vierten, der Erde, welches im Zentrum der Figur zu suchen, aber nicht sichtbar dargestellt ist. Desgleichen sind auch nur sechs Planeten oder Prinzipien sichtbar angegeben. Das siebente ist das unsichtbare Zentrum, die ☉, in welcher ☽, ☿, ♂, ♃, ♀ und ♄ enthalten sind und von der allgegenwärtigen Sonne (Prana) ihre Kräfte erhalten.

In ähnlicher Weise sind im Mikrokosmos Brahma, Vishnu und Shiva in B, C und D als der Erkenner, das Erkannte und die Erkenntnis dargestellt, und E, F und G stellen die Dreiheit des Menschen als *Körper, Seele und Geist* oder vielmehr deren Substanzen, den materiellen Menschen (Sthula Sarîra) und den geistigen Menschen (Karana Sarîra) dar. Im Zentrum aber ist wieder das Vierte, das A oder der Logos, durch den der Mensch erst zur Vollkommenheit gelangt.

Diese wenigen Andeutungen mögen genügen, den Leser anzuregen, sich bei der Betrachtung dieser Figur zu jener Anschauung zu erheben, in welcher es keine Zergliederung gibt, sondern wo man im einzelnen Teil das Ganze erkennt.

> Willst du dich am Ganzen erquicken,
> So musst du das Ganze im Kleinsten erblicken. (Goethe)

Einleitung

Es gibt keine höhere Wissenschaft, als die Erkenntnis der Wahrheit.

Das Wort *Magie*, von *mag* (persisch) Priester oder *megas* (griechisch) groß, bezeichnet in seiner wahren Bedeutung „die große, heilige Wissenschaft, die der geistigen Selbsterkenntnis des göttlichen Menschen entspringt“. Die praktische Magie besteht in der Kunst, diese Wissenschaft auszuüben, das heißt, gewisse geistige Kräfte in Bewegung zu setzen und zu bestimmten Zwecken zu verwenden, die zwar in jeder menschlichen Natur enthalten, aber nur in wenigen Menschen erwacht sind. Um diese in uns schlummernden Kräfte anzuwenden, müssen wir sie vor allem besitzen; um sie zu besitzen, müssen sie in uns erwachen; um sie in uns zum Erwachen zu bringen, müssen wir die Bedingungen kennenlernen, die zu ihrer Entfaltung nötig sind, und hierzu bedürfen wir einer Erkenntnis der menschlichen Konstitution. Dazu gehört nicht nur der sichtbare Körper des Menschen, sondern die ganze Zusammensetzung des Menschen aus Körper, Seele und Geist und deren Verbindungsgliedern, sowie die Beziehungen, durch die jedes der im menschlichen Organismus enthaltenen Prinzipien mit seinem korrespondierenden Prinzip im großen Organismus der Natur in Verbindung steht, der den Körper, die Seele und den Geist des Weltalls nebst den Verbindungsgliedern, die zwischen diesen drei Abteilungen liegen, darstellt. Es ist eine schon vor undenklichen Zeiten gekannte Wahrheit, deren Erkenntnis sich auch die moderne Wissenschaft zu nähern beginnt, dass der Mikrokosmos (der Mensch) ein genaues Ebenbild des Makrokosmos (des Weltalls in geistiger sowohl als auch materieller Beziehung) ist und dass sich weder in dem einen noch in dem anderen etwas findet, das nicht in beiden enthalten wäre. In den alten Schriften wird dieser Gedanke folgendermaßen ausgedrückt: „Alles, was auf Erden vorhanden ist, hat sein ätherisches Vorbild im Überirdischen (mit dem es aufs innigste zusammenhängt); und es gibt nichts so Kleines oder Unbedeutendes in der Welt, dass es nicht von etwas ihm vorgesetztem Höheren abhängig wäre; sodass, wenn das Untere sich regt, das ihm vorgesetzte Obere sich ihm entgegenregt.“

Dieses ist eine uralte Lehre, deren Wahrheit von jedem, der die hierzu nötige Einsicht hat, erkannt werden kann und die keines anderen Beweises bedarf, als dass man ihre Wahrheit erkennt. Was aber die Bestandteile der menschlichen Konstitution wie auch die des Weltalls betrifft, die miteinander in innigster Verbindung stehen und aufeinander wirken, so wurde die Lehre von diesen Prinzipien jahrtausendelang von den Meistern als Religionsgeheimnis bewahrt und nur denen mitgeteilt, die würdig befunden wurden, in diese und ähnliche Geheimnisse eingeweiht zu werden.

Zwar befindet sich diese Lehre in den indischen Veden, besonders in den Upanishaden, in den Schriften der Mystiker, Alchemisten, Rosenkreuzer und Kabbalisten und auch in der Bibel; aber sie ist in allen diesen Werken nur allegorisch und im Gewände der Fabel dargestellt, sodass sie nur derjenige darin finden kann, der sie bereits erkannt hat. Für alle anderen sind diese Bücher, wenn ihr Inhalt für den Erkennenden auch noch so klar sein mag, ein verschlossenes Heiligtum, zu dessen Eröffnung es keinen anderen Schlüssel gibt, als die Erkenntnis selbst.

Was die Weisen des Ostens veranlasst hat, ihre bisherige Zurückhaltung aufzugeben und Geheimnisse der Menge preiszugeben, auf deren Veröffentlichung noch zur Zeit der griechischen Mysterien die Todesstrafe gesetzt war — ein Umstand, dem auch Sokrates zum Opfer fiel —, können wir nicht mit Bestimmtheit beurteilen. Tatsache aber st, dass innerhalb der letzten zehn Jahre[1)] uns von den Meistern, durch Vermittlung von H. P. Blavatsky[2)], Erklärungen zuteil wurden, die dazu geeignet sind, auf einmal Licht in das Dunkel zu bringen und uns den Schlüssel zur Erkenntnis dieser Dinge zu geben.

Da zeigt sich nun, dass die von den Gelehrten so missverstandene Sprache der Veden, das „Kauderwelsch“ der Alchemisten, Kabbalisten und Rosenkreuzer, die Allegorien, Fabeln und Parabeln des Alten und Neuen Testaments, die Mythologie der Ägypter, Griechen und Römer großenteils sinnbildliche Darstellungen von innerlichen Vorgängen im Makrokosmos und Mikrokosmos enthalten, die nicht nur in früheren Zeiten stattfanden, sondern die auch jetzt vor sich gehen und bis zum Ende der Zeiten stattfinden werden; Symbole von ewigen, unvergänglichen, sich ewig gleichbleibenden Offenbarungen des Gesetzes des Geistes in der Natur, von denen die auf die Sinnlichkeit beschränkte materielle Wissenschaft nichts wissen kann, die dem am Aberglauben hängenden Geiste unverständlich sind, die aber jedem Erleuchteten ebenso klar und fasslich sind, wie dem mit gesunden Sinnen Begabten die äußerliche Erscheinungswelt.

---

1) Gemeint sind die achtziger und neunziger Jahre des vorigen Jahrhunderts, als Franz Hartmann die erste Fassung der Magie schrieb.

2) In der theosophischen Literatur haben sich die Initialen „H. P. B.“ als Abkürzung eingebürgert.

Diese von den Meistern gegebenen Enthüllungen, insofern von einer *Enthüllung* die Rede sein kann, da hierzu auch die Fähigkeit gehört, das *Enthüllte* zu erkennen, hat H. P. Blavatsky in verschiedenen Werken, besonders aber in der *Geheimlehre*, niedergelegt, erläutert und mit logischen Gründen und wissenschaftlich anerkannten Tatsachen ausführlich erklärt und belegt; und wir können uns daher damit begnügen, den nach *Beweisen* lechzenden Skeptiker auf jenes große Werk zu verweisen[1)]. Der Vernünftige aber, dem es nicht nur um Rechthaberei und Bestätigung seiner Theorien, sondern um die Erkenntnis der Wahrheit zu tun ist, braucht, wenn er vor einem Gemälde steht, nicht erst einen Beweis, dass ein Baum einen Baum, ein Haus ein Haus, ein Schiff ein Schiff und so weiter darstellt. Indem er seine Augen offenhält und das Bild betrachtet, erkennt er die dargestellten Gegenstände, wenn sie gut gezeichnet sind, von selbst; und erst bei solchen, die jenseits seiner Erfahrungen liegen, wird eine Erklärung nötig sein. Wer vom Anfange an darauf besteht, das, was ihm gezeigt wird, für etwas anderes zu halten, als was es in Wirklichkeit ist, für den gibt es keine Enthüllungen.

Die Magie ist die Kunst, den Willen durch die schöpferische Kraft des selbstbewussten Geistes zu bewegen. Der Künstler übt sie aus und seine Hände dienen dazu, die Schöpfungen seines Geistes äußerlich sichtbar darzustellen. Aber die Schöpfungen selbst sind auch ohne die äußerliche Darstellung da. Erscheinungen sind nur Symbole. Die Idee, die durch eine äußerliche Form dargestellt wird, ist dauerhafter als die Form ihrer Darstellung. Die äußerliche Darstellung wirkt auf die Sinne und durch diese auf das Gemüt, aber der Geist kann direkt auf den Geist wirken. Deshalb kann auch der stärkere Wille eines selbstbewussten Menschen den schwächeren eines anderen überwältigen und seine Gedanken auf ihn übertragen, was heutzutage infolge des Studiums des Hypnotismus eine allgemein bekannte Tatsache ist.

Der richtige Gebrauch solcher Kräfte ist *weiße*, ihr Missbrauch *schwarze* Magie.

Der Unterricht in der praktischen Kunst der Magie unterscheidet sich deshalb gänzlich von dem Unterricht in einer Wissenschaft, die nur aus Theorien besteht. Der erstere ist gleichbedeutend mit dem Fortschritte in der geistigen Evolution, wodurch der Mensch näher zur Erkenntnis seines eigenen göttlichen Wesens oder, mit anderen Worten, der Erkenntnis Gottes, und hierdurch in den Besitz geistiger und göttlicher Kräfte gelangt. Der Letztere dagegen besteht in Mitteilungen gewisser Theorien, die dieser oder jener

1) Siehe Blavatsky, „Die Geheimlehre - Eine Auswahl"; oder Hartmann, „Kurz gefasster Grundriss der Geheimlehre"

Mensch entdeckt oder erfunden hat und die so lange gültig sind, bis etwas Besseres gefunden wird, wobei sich dann die Wahrheit jenes Ausspruchs des Theophrastus Paracelsus erweist, dass oft das, was in einem Zeitalter als der Gipfelpunkt alles menschenmöglichen Wissens betrachtet wird, vom darauffolgenden Zeitalter, als ein Aberglaube verworfen wird und was in einem Jahrhundert als Unsinn verlacht und verspottet wird, die Grundlage alles Wissens des nächsten Jahrhunderts bildet.

In dem sich ewig drehenden Rade der Zeit, im Wechsel der Erscheinungen, findet kein dauerhafter Fortschritt statt; es gibt nur ein *Hinauf* und *Hinab*. Wenn es im Westen Tag wird, beginnt im Osten die Nacht. Was auf der einen Seite gelernt wird, wird auf der anderen wieder vergessen. Zivilisationen kommen und gehen und wechseln wie die Mode.

Völker entstehen, wachsen, werden alt, erkranken und sterben. Unsere Zivilisation hat noch lange nicht den Höhepunkt der alten Ägypter noch unsere Kunst die der alten Griechen erreicht. Und das Gebiet der Magie, das den alten Atlantiern offen war (und zu deren Untergang führte), ist uns jetzt noch verschlossen.

Aber die moderne Wissenschaft ist wieder einmal auf einem Punkte angelangt, wo sie das Gebiet des Geistes berührt. Sie hat den Dampf und die Elektrizität zu ihren Sklaven gemacht; das Reich der festen Materie, des Wassers, der Luft und des Feuers (Energie) wird zumindest teilweise von ihr beherrscht. Sie nähert sich dem Gebiete des „fünften Elements“, des Weltäthers, und fängt an zu fragen, ob es magische Kräfte gebe.

Die Natur selbst beantwortet diese Frage. Sie ist die große Magierin, die vermittelst der ihr innewohnenden Lebenskraft überall Wunderwerke hervorbringt, über die wir uns nur deshalb nicht verwundern, weil sie für uns etwas Alltägliches sind. Das Wachstum eines Baumes mit Blättern, Blüten und Früchten ist eines der größten Wunder der Welt. Alle Lebenstätigkeit in den Formen, welche die Natur hervorbringt, sind Offenbarungen der ihr innewohnenden Lebenskraft, und diese selbst kann nichts anderes sein, als eine Wirkung des Geistes; denn wir finden in dem Leben der Natur Ordnung und Gesetz, Wille und Bewusstsein, folglich eine höhere Intelligenz, die sich auf den verschiedenen Stufen des Daseins, je nach den Bedingungen, die sie auf ihnen vorfindet, verschiedenartig äußert. Ist der Mensch einmal auf der höchsten Stufe der Intelligenz angelangt, so wird er auch die Herrschaft über den Willen oder das Leben in der Natur erlangen und durch seinen Willen auf magische Weise wirken können. Hierzu aber muss er über die Natur und Zeit zum Ewigen sich erheben.

Das Wort *Natur* bezeichnet das *Geborene*. Die Natur ist die Gebärerin der Formen. Aber über der Natur steht dasjenige, was in ihr diese Formen erzeugt, das schöpferische Prinzip, der Ursprung des Willens und Schaffens in der Natur. Damit ist aber nicht gemeint, dass dieses *Übernatürliche* etwas *Außernatürliches* sei. Der schaffende Geist ist in der Natur selbst, so wie das Leben des Menschen in seinem Körper. Der Geist ist das Wesen, die Natur die Erscheinung. Das Wesen steht höher als die Erscheinung, das Leben höher als die Formen, die es erzeugt; der Geist steht höher als der Körper, Gott höher als die Natur.

Dem Gesetz der Ordnung gemäß soll in der Natur stets das Höhere das Niedere beherrschen. Dadurch, dass das Pflanzenreich höher steht als das Erdreich, auf dem es wächst, ist es befähigt, aus ihm seine Nahrung zu wählen. Dadurch, dass das Tier höher steht als das Pflanzenreich, kann es sich dieses zunutze machen und sich davon ernähren. Dadurch, dass der Mensch auf einer höheren Stufe steht als das Tier, kann er die Tiere sowohl als auch die ihnen untergeordneten Naturkräfte sich dienstbar machen. Seine Intelligenz befähigt ihn, das Licht und die Wärme zu seinen Diensten zu zwingen, das Pferd, den Hund, das Kamel und den Elefanten als seine Sklaven zu verwenden, und der schlauere Teil der Menschheit hat Gewalt über den vielleicht viel stärkeren, aber weniger intelligenten Teil und beutet ihn zu seinem eigenen Vorteil aus.

Aber wie der tierische und mit irdischer Intelligenz begabte Mensch über den blinden Naturgewalten und über dem Vieh steht, so steht der göttliche Mensch — das heißt, der Mensch, in dem die göttliche Natur zum Selbstbewusstsein gekommen ist — über dem tierischen, wenngleich intellektuellen Menschen. Mit anderen Worten, der Mensch, der sich bewusst ist, ein Tempel des göttlichen Geistes zu sein, steht unendlich höher als derjenige, der nur eine Behausung des Erdgeistes ist; und wenn in ihn das göttliche Leben eintritt, so wird er sich dadurch auch des Besitzes göttlicher Kräfte bewusst, von denen der irdische Mensch nichts wissen kann, da diese Kräfte innerliche Offenbarungen des göttlichen Geistes und nicht der Geister der Erde sind.

Dieser göttliche Geist ist aber nur ein einziger, wenn er sich auch in unzähligen menschlichen Erscheinungen auf dieser Erde und anderen Planeten widerspiegelt und offenbart. Will der Mensch in den Besitz *magischer*, das heißt, göttlicher oder sogenannter *übernatürlicher* Kräfte kommen, so muss er selber noch mehr als ein bloßer *Mensch* werden. Er muss über seine irdische Natur hinauswachsen und die Herrschaft über *sich selbst* erlangen; er muss alle Selbstsucht, Selbstbespiegelung, Selbstwollen, Selbstwissen, Selbstempfinden, Selbstbetrügerei aufgeben und für das Ganze im Ganzen leben.

Nur so kann er sich eins mit dem Ganzen fühlen, eins mit dem Ganzen sein und sich selbst als das Ganze erkennen. „Wer sich selber erkennt, der ist überall." Dadurch, dass der Mensch aus seiner Selbstheit heraustritt, nichts mehr für sich selbst will, wünscht oder verlangt, gelangt die Kraft, das Bewusstsein Gottes, in ihm in Tätigkeit. Er wird selbst eins und identisch mit jener Wesenheit, die über alle Begriffe von Raum und Zeit, die ja nur menschliche Vorstellungen sind, erhaben und unabhängig von ihnen ist. Er wird selbst zum Geiste, der wohl seinen physischen Körper als ein Werkzeug benutzen kann, aber nicht von dem Dasein dieses Körpers abhängig ist. Er ist geistig überall und versetzt seine Seele, wohin er will; und wohin er sein Gefühl und sein Denken versetzt, dort ist er auch selbstbewusst mit aller seiner Wahrnehmungsfähigkeit, seinem Empfinden und Denken.

Eine solche Lehre mag allerdings für manchen höchst unwahrscheinlich klingen; aber sie stimmt mit den Lehren der Mystiker aller Völker und Zeiten überein, und wer sich von deren Wahrscheinlichkeit überzeugen will, wird mit Leichtigkeit in der Menge bereits existierender Literatur Beweise dazu finden. Dafür aber, dass diese Lehre nicht bloß wahrscheinlich, sondern wahr ist, gibt es keinen anderen Beweis, als indem der Mensch selber seiner Selbstheit entsagt und ins geistige Leben eingeht, wodurch dann das geistige Leben mit seinen Kräften in ihm erwacht. Diesen Versuch jedoch wird schwerlich jemand unternehmen, dem es nur um die Befriedigung seiner wissenschaftlichen Neugierde zu tun ist — dies um so mehr, als zu seinem Gelingen wohl viele aufeinanderfolgende Reinkarnationen oder wiederholte Existenzen auf Erden nötig sein werden, da ein einziges Erdenleben ohne die nötige vorhergehende Vorbereitung zum Erlangen dieser göttlichen Wissenschaft viel zu kurz ist. Ohne diese aber gibt es keine *weiße Magie.*

Da aber, wie wir auf den folgenden Seiten darzulegen versuchen werden, die in einem persönlichen Dasein erlangten geistigen Kräfte die Grundlage zur Entfaltung weiterer geistiger Kräfte im nächsten Dasein auf Erden bilden — das heißt, wenn der Mensch aus dem subjektiven Zustande wieder in den objektiven, in die Erscheinung, tritt —, so hindert uns nichts, in diesem Augenblicke den Anfang damit zu machen, ohne deshalb auf ein künftiges Leben zu warten, in dem vielleicht die Umstände hierzu weniger günstig sind, als gerade jetzt. Dass aber jeder Mensch einmal den Anfang damit machen muss, aus dem menschlich-tierischen in den menschlich-göttlichen Zustand zu kommen, steht fest; denn ohne diesen Fortschritt käme er nie zur wahren Erkenntnis und würde deshalb auch kein vollkommener Mensch, sondern nur ein Scheinwesen, das sich einbildet, ein Mensch zu sein, es aber nicht in Wirklichkeit ist.

Das Universalleben ist bedingt durch das Aufgeben der Täuschung des Sonderseins. Nur aus der Liebe zum Wahren entspringt die Erkenntnis der ewigen Wahrheit, und aus dieser deren Anwendung, die *weiße Magie*. Die selbstlose Liebe betätigt sich durch selbstlose Werke; sie wird nur durch diese zur Tat und nur durch die Tat zur Wirklichkeit.

Wer sich deshalb dem Studium der okkulten Wissenschaften widmen will, der sollte vor allem darauf bedacht sein, sich aus den Regionen der Selbstsucht in die der Selbstlosigkeit zu erheben. Er sollte nichts wollen, denken oder tun, um sich einen persönlichen Vorteil weder auf Erden noch im Himmel dadurch zu verschaffen, sondern er sollte die Wahrheit um ihrer selbst willen lieben und das Gute nur deshalb tun, weil es gut ist. Wer aber die *Geheimwissenschaft* (*geheim*, weil sie nicht jeder begreifen kann) deshalb erlernen will, um sich dadurch in seiner Selbstheit zu erheben, dem kann es geschehen, dass er dadurch in sich selbst Kräfte ins Leben ruft, die er nicht beherrschen kann und die ihn am Ende physisch, moralisch und intellektuell zugrunde richten. Deshalb sagt auch der deutsche Mystiker Jakob Böhme in der Vorrede zu seinem „Weg zu Christo“ wie folgt:

„Gottliebender Leser. — Wirst du dieses Büchlein recht gebrauchen und dir lassen ernst sein, so wirst du seinen Nutzen wohl erfahren. Ich will dich aber gewarnt haben: ist dir's nicht ernst, so lass die teuren Namen Gottes, in denen die höchste Heiligkeit genannt, gerüget und mächtig begehret wird, stehen, dass sie dir nicht den Zorn Gottes (die Hölle) in deiner Seele entzünden. Denn man soll den heiligen Namen Gottes nicht missbrauchen.“

Wie es eine *weiße Magie* gibt — das heißt, eine Erweckung und Ausübung geistiger Kräfte zum Guten, die durch Vereinigung mit dem Guten, durch das Eingehen ins göttliche Sein erlangt werden —, so gibt es auch eine *schwarze Magie* — eine durch gewisse Übungen erlangte Anziehung gewisser Kräfte, die zu persönlichen und daher selbstsüchtigen Zwecken verwendet werden. Die Erklärung dieser Tatsache besteht darin, dass, wie bereits oben gesagt, der menschliche Organismus dieselben Kräfte besitzt, die im Makrokosmos walten, und dass jede Kraft mit der ihr korrespondierenden höheren in Verbindung steht.

Wie bei einem menschlichen oder tierischen Geschöpfe das Kind im Mutterleibe gerade diejenigen Elemente aus seiner Umgebung anzieht, die es zur Bildung seiner Organe, zu Haut, Knochen und so weiter nötig hat, so kann der geistige, aber nichtsdestoweniger substanzielle Mensch gewisse Kräfte aus dem Kosmos anziehen, welche die korrespondierenden in ihm schlummernden Kräfte zum Erwachen und zur Entfaltung bringen.

Damit ist nicht gesagt, dass diese *Magie* geradezu teuflischer Natur sei und nur dazu diene, um anderen Schaden zuzufügen. Tatsächlich unterscheidet sich die *weiße* von der *schwarzen* Magie nur durch den Zweck, zu dem die magischen Kräfte verwendet werden. Diese Kräfte gehören dem göttlich-geistigen Menschen an und sollten nicht missbraucht werden. Der Weise, der in den Besitz solcher Kräfte gelangt ist, verwendet sie im Dienste des Guten und in Übereinstimmung mit dem Gesetze Gottes. Der Tor wendet sie zu niedrigen und selbstsüchtigen Zwecken an. Der eine sucht dem Höchsten zu dienen, der andere das Höchste sich dienstbar zu machen.

Der eine schwingt sich zum Göttlichen empor, der andere sucht es ins Gemeine herunterzuziehen. Der eine lässt sich von Gott bewegen, der andere sucht Ihn zu bewegen. Ein großer Teil des Kirchentums nähert sich der schwarzen Magie. Sie wird von Fakiren, Derwischen, Priestern und Gläubigen geübt, ohne dass sie es wissen — sei es zu dem Zwecke, staunenerregende Phänomene zuwege zu bringen, oder um sich einen persönlichen Vorteil auf Erden oder im *Himmel* zu erringen. Wenn man zum Beispiel die Gottheit durch Bitten oder Zeremonien zu bestimmen sucht, dieses oder jenes zu gewähren, so hat man dabei nicht Gott, sondern das eigene Selbst im Auge, und das ist bereits der Anfang zur schwarzen Magie.

Während der Weise Gott dadurch zu dienen versucht, dass er sich in das göttliche Wesen ergibt und in seinem Geiste, im Geiste der Liebe, für Gott, das heißt, für das allgemeine Beste, zu sorgen bestrebt ist, strebt der Abergläubige nur danach, irgendeinen Vorteil oder eine Gunstbezeugung von Gott für sich selbst zu erhaschen. Er sucht Gott zu betrügen und zu bewegen, menschliche Wünsche zu erfüllen; statt den Willen Gottes zu vollbringen, will er, dass Gott ihm zu Diensten sei. Das ist eine verkehrte Religion. Während deshalb die *weiße Magie* der Weisen aller Zeitalter darauf beruht, dass sie sich in Gott ergeben und dadurch Gott in ihnen will, denkt, handelt und wirkt, suchen andere von Gott ferne zu bleiben, ihre Eigenheit beizubehalten und in ihrer Selbstheit gottähnlich zu werden. Dadurch aber, dass sie sich vom Ganzen, vom Wesen trennen, fallen sie am Ende der Vernichtung anheim. Solche *Magier* können auch nach dem Tode des Körpers in Astralleibern fortexistieren, sich wieder inkarnieren und so ihr Leben auf Jahrtausende verlängern. Aber was ist diese Verlängerung im Vergleiche mit der Unsterblichkeit, die durch ein Eingehen in das Wesen der Gottheit erlangt wird? Was nicht dem wahren Wesen angehört, ist bloße Erscheinung; und die Erscheinung hört auf, wenn am Ende das Licht erlischt.[1)]

---

1) Vergleiche T. Subba Row, „Die Philosophie der Bhagavad Gita" (Verlag Heliakon)

Es wird nun dem Leser klar sein, dass es bei der Wahl des Titels „Weiße und schwarze Magie“ nicht unsere Absicht war, ein Werk über irgendeinen Hokuspokus zu schreiben, seltsame Geschichten zu erzählen oder zu beschreiben, wie man diese oder jene Kräfte anwenden könnte, wenn man sie hätte. Es ist vielmehr unsere Absicht, jedem, der die Wahrheit liebt, den Weg zu zeigen, wie er selbst diese geistigen Kräfte, von denen die Welt kaum vom Hörensagen weiß, erlangen und sie richtig verwenden kann. Hat er sie einmal erkannt, so hat er für deren Dasein weiter keinen Beweis nötig. Der Weg zu dieser Erlangung ist die Vereinigung mit dem Göttlichen. Das ist auch das Endziel aller Religion und die Aufgabe jeder Kirche besteht darin, die Menschen auf diesen Weg zu führen. Solange aber Gott als ein dem Menschen fernstehendes, mit menschlichen Schwächen behaftetes Wesen betrachtet wird, das die Welt von außen regiert und sich von den Menschen beeinflussen lässt, seinen Willen zu ändern, wird man diesen Weg schwerlich finden. Gottes Wille ist das Gesetz der Natur und keiner Laune oder Veränderung unterworfen. Der einzige Weg zu Gott ist die Erkenntnis seines Gesetzes und dessen Erfüllung. Das ist die wahre Religion.

Wir leben in einem Zeitalter, in dem man gern alles Mögliche wissen möchte, ohne sich die Mühe zu nehmen, es selbst zu erfahren. Aber ohne die eigene Erfahrung gibt es keine wahre Erkenntnis; was man nur vom Hörensagen kennt, ist nur ein Scheinwissen, und selbst wenn die betreffende Theorie richtig ist, ist sie doch nichts weiter als Theorie für den, der ihre Wahrheit selber nicht erfahren hat. Ich kann mir wohl die Meinung eines anderen Menschen zu eigen machen, aber seine Erkenntnis kann nie meine eigene sein. Wenn ich eine Beschreibung von Peking lese, so kann ich wohl überzeugt sein, dass eine solche Stadt existiert, aber diese Überzeugung ist noch keine Erkenntnis.

Ich weiß dann wohl, dass es wahr ist, dass dieses oder jenes in dem betreffenden Buche steht, und kann mir einbilden, diese Stadt genau aus der Beschreibung zu kennen; ich kenne dann aber doch nur ihre Beschreibung und nicht die Stadt selbst. Mein Eindruck von ihr ist nur dann der echte, wenn er von ihrem Anblicke und meinem Aufenthalte darin und nicht von der bloßen Beschreibung kommt. So ist es auch im Leben des Geistes. Wir können dieses erst dann in Wahrheit erkennen, wenn es in uns selber erwacht. Die geistig Blinden kennen es nicht und wollen auch nicht zugeben, dass es ein anderer kennt.

Dieses Erwachen des göttlichen Lebens im Menschen ist das *Große Werk*, von dem die alten Rosenkreuzer schreiben, dass Jahrtausende nötig sein können, um es zu vollbringen, dass es aber auch in einem Augenblicke vollbracht werden könne, ohne Ansehen der Person, ja sogar von einer Frau, während sie am Rocken sitzt und spinnt. Damit ist gemeint, dass das geistige Leben keines Menschen Erzeugnis ist, sondern aus eigener Kraft in dem erwacht, in dessen Seele es keinen Widerstand findet, wie ja auch kein Mensch mit allen seinen Bestrebungen sich das Sonnenlicht machen kann, wohl aber hat er das Sonnenlicht in reicher Fülle, sobald er sich hineinstellt.[1)]

So ist auch alles selbst gemachte *Wissen* mit allen seinen Meinungen, Hypothesen, Schlussfolgerungen und Beweisen nichts anderes als ein *Stückwerk*, solange es an der Erkenntnis der Einheit des Ganzen fehlt. Wer in der Erscheinung sucht, findet nichts als das, was zu sein scheint. Nur wer sich selbst der Wahrheit ergibt, in dem wird die Wahrheit zum Leben. In demselben Grade, wie er in der Wirklichkeit lebt, lebt auch die Wirklichkeit in ihm. Die Erkenntnis der Wahrheit aber ist Weisheit (Theosophie); und sie befähigt den Menschen, das größte aller magischen Wunder zu vollbringen, nämlich die Verwandlung eines Tieres in einen Menschen und eines Menschen in Gott auf dem Wege der geistigen Wiedergeburt, die sich nicht im geräuschvollen *Babylon* (in dem von sinnlichen Lüsten erfüllten und in Wahnvorstellungen befangenen Menschen), sondern im stillen *Bethlehem* (in der Tiefe des Selbstbewusstseins) vollzieht.

Diese Selbsterkenntnis ist nicht ferne von uns, in der Luft, im weiten Himmelsraume zu suchen. Tief im eigenen Innern eines jeden Menschen ist sein eigenes höheres Selbst gefangen, gebunden, *gekreuzigt* und begraben und wartet darauf, dass der Mensch zum wahren Bewusstsein kommt, um in ihm seine Auferstehung zu feiern; aber nur von wenigen wird dies erkannt. In jedes Menschen Brust ist das *gelobte Land*, wo der Friede herrscht; aber nur wenige denken daran, darin einzugehen. Die Vielen ziehen es vor, in der Wüste zu bleiben und sich von fremden Theorien zu nähren. Sie suchen beständig im Äußeren nach dem, was niemand im Äußeren finden kann, solange er es nicht in seinem Inneren erkennt.

Woher aber kommen alle Misshelligkeiten unter den Menschen? Woher die falsche *Philosophie*, die Selbstsucht, die Tyrannei sowohl als auch der Anarchismus und die menschliche Bestialität, als gerade daher, dass der Mensch die ihm innewohnende höhere Menschennatur, das ihm bei seiner Geburt verliehene göttliche *Ich*, nicht kennt und dass von Schule und Kirche nichts getan wird, um ihn anzuregen, danach zu suchen? Würde nur ein ganz geringer Teil der Mittel, die heutzutage nötig sind, um Staat und Kirche zu

---

*) so Leipziger Ausgabe; SKV-Ausgabe: „in dasselbe begibt".

schützen, dazu verwendet, die Menschen anzuleiten, sich selber zu suchen, so gäbe es keinen Anarchismus mehr; denn der Mensch, der sich selber gefunden hat, erkennt seine höhere Natur und die Bande, die ihn mit der ganzen Menschheit verbinden.

Auf der Erkenntnis der Einheit der Menschheit in allen Menschen, in allen Nationen, und der Einheit Gottes in allen seinen Erscheinungen beruht nicht nur alles, was man heutzutage *Theosophie* nennt, sondern auch alle wahre Wissenschaft, Religion, Zivilisation und Kultur. Die Wahrheit dieser Behauptung ist so selbstverständlich, dass sie jeder wahrheitsliebende Mensch, sobald er ernstlich darüber nachdenkt, begreifen wird. Sie wurde seit undenklichen Zeiten von den Weisen aller Völker gepredigt, und dennoch wird sie auch heute noch nur von wenigen begriffen und die wenigsten handeln nach diesem Gesetz.

Ehe der Mensch ein Gott werden und sich über die Menschheit erheben kann, muss er zuerst Herr über seine eigene Tiernatur und dadurch ein wahrer Mensch werden. Ehe er seine Hand nach göttlichen Kräften ausstrecken kann, muss er zuerst diejenige Vollkommenheit erlangen, die ihm zu eigen sein wird, sobald er sich selbst in seiner wahren Menschheit gefunden hat. Erst wenn er seine eigene Natur erkennt und dadurch natürlich geworden ist, kann er in das Reich des *Übernatürlichen*, das heißt, in das, was über der rein menschlichen Natur liegt, eintreten. Alle Versuche, das Göttliche zu sich herunterzuziehen, anstatt sich zu ihm zu erheben, führen zur Trennung vom Höchsten und zum Verderben.

Wer ein wahrer Mensch geworden ist, fühlt und erkennt sich als eins mit der ganzen Menschheit und weiß, dass das Wohl des Ganzen sein eigenes ist. Darin besteht seine große Individualität, dass sein Selbstbewusstsein das Ganze in sich umfasst und dass vor dessen Majestät alle kleinlichen Rücksichten auf seine eigene Persönlichkeit verschwinden, während bei einem Egoisten sich alles um seine Persönlichkeit dreht und er sich wenig darum bekümmern würde, wenn alles zugrunde ginge, vorausgesetzt, er fände dabei seinen Vorteil. Ein Mensch, der seine Einheit mit dem Ganzen erkennt, das Wohl und Wehe der ganzen Menschheit als sein eigenes erfasst, der lebt im Ganzen und das Ganze in ihm; er wird mit Recht ein *großer Geist* (Mahatma) genannt.

Darin besteht die wahre Selbsterkenntnis, dass der geistig erwachte und wiedergeborene Mensch sich dieser Einheit bewusst wird; aber um auf diese Stufe zu gelangen, dazugehört als Vorbereitung eine richtige Weltanschauung; denn die irrigen und kleinlichen Vorstellungen, die sich die Menschen von der Wahrheit machen, sind es, die sie fortwährend daran hindern, die Wahrheit selbst zu erkennen. Wo aber könnten wir eine bessere Weltanschauung finden, als unter den Weisen des Altertums und den Meistern, deren Wissenschaft nicht auf Hörensagen, auf Meinungen und Theorien, sondern auf der eigenen Selbsterkenntnis beruht, die sie dadurch erlangt haben, dass, nachdem sie wahre Menschen wurden, das Licht der Gotteserkenntnis in ihnen selbst aufgegangen ist?

Nicht darum handelt es sich, dass wir ihre Lehren blindlings glauben und uns dann schlafen legen sollen mit der Beruhigung, dass diese Lehren richtig seien, sondern darum, dass wir nicht nur die Worte, sondern den Geist erfassen und uns dadurch fähig machen, die einzig wahre Offenbarung, nämlich das Aufgehen des Lichtes der Wahrheit in uns selbst, zu empfangen.

Das Ideal und die Wirklichkeit

Das höchste Ideal des Menschen ist die Vollkommenheit.

Das Ideal eines jeden Geschöpfes ist das, worin sein Wollen und Streben, Empfinden und Denken gipfelt. Jedes Wesen hat ein Ideal, das seiner eigenen Natur entspricht. Jedes hat in sich selbst den Drang nach Vervollkommnung seines eigenen Wesens; und das Ideal des Höchsten sowohl als des Niedrigsten, des Guten sowohl als des Bösen besteht in deren Erlangung. Jedes Wesen liebt deshalb, sei es instinktiv oder selbstbewusst, die Mittel, die zur Verwirklichung seines Ideals führen — die Blume den Sonnenschein, der Vogel die Luft, der Hund den Knochen, die Katze die Maus, der Geizhals den Geldsack, mit dem er ein Herz und eine Seele ist, und so weiter. Diese Dinge sind aber nicht das Ideal selbst, sondern nur die Mittel zu dessen Erlangung. In Wirklichkeit ist das Ideal der Blume die durch den Sonnenschein bedingte Entfaltung ihrer Pracht, das Ideal des Vogels die Freiheit, das Ideal des Hundes und der Katze die Befriedigung der Begierde, das Ideal des Geizhalses das Bewusstsein des Reichtums — alles lauter unsichtbare und unbegreifliche Dinge oder vielmehr Zustände. Das wirkliche Ideal eines jeden Wesens besteht in dem Genuss und nicht in dem äußerlichen Besitz des zur Verwirklichung dieses Ideals tauglichen Mittels. Was man im Grunde genommen an einem Dinge liebt, ist — wenn man sich dessen auch nicht bewusst ist — nicht *das Ding an sich selbst,* sondern dessen Eigenschaften; und wir können nur dadurch in den vollen Genuss der Eigenschaften, die wir lieben und bewundern, kommen, dass sie uns selber zu eigen, in uns selber zur Wesenheit werden und in uns ihren Ausdruck finden. Nur dasjenige, was wir selber sind, können wir im wahren Sinne des Wortes unser eigen nennen. Nicht die Form selbst ist es, die uns gefällt, sondern die Schönheit der Form; und sie gefällt uns deshalb, weil wir in uns selbst das Schönheitsgefühl besitzen, das durch den Anblick der schönen Form gestärkt und gekräftigt wird. Nicht die schönen Worte sind es, die uns in einem Buche ansprechen, sondern die Wahrheit, die in ihnen enthalten ist und die, in schönen Worten ausgedrückt, in unserem eigenen Herzen, wo der Sinn für das Wahre wohnt, einen Widerhall findet.

Der Genuss eines Ideals besteht in dessen Verwirklichung. Wenig würde es uns nützen zu glauben, dass irgendwo in der Welt Sonnenschein und Licht existierten, wenn wir blind wären. Wenig würde es uns helfen, die Theorie für wahr zu halten, dass irgendwo im Universum ein Gott existiere, wenn nicht der Geist Gottes in uns selber zu unserem Bewusstsein kommt.

Solange ich das Dasein eines Ideals nicht selber erkenne, sondern nur vom Hörensagen davon weiß, existiert es für mich auch nur in meiner Fantasie. Es ist, als ob ich gehört hätte, dass irgendwo irgendjemand, den ich nicht kenne, mir einen Schatz hinterlassen hätte, von dem ich nichts weiß. Nur das, was in unseren Besitz kommt, ist unser eigen, und wir können es genießen. Nur das, was in unser Bewusstsein tritt, ist für uns da. Währen wir unter Bergen von Gold begraben und wüssten nicht, dass es Gold ist, so hätten wir doch nichts davon. Die Verwirklichung unserer Ideale ist somit nicht in dem bloßen Besitze, sondern in dem Bewusstsein desselben und folglich in uns selbst zu finden. Alle wirklichen Güter sind deshalb geistiger Natur und werden nur durch die selbstbewusste Vereinigung mit dem Ideal, das sie darstellen, erlangt. Das Ideal, mit dem wir vereinigt sind, wird ein Bestandteil unseres Selbst. Nur in uns selbst können wir die Verwirklichung unserer Ideale finden.

Wäre der Mensch nicht ein zusammengesetztes, sondern ein einfaches Wesen, so hätte er auch nur einen einzigen Willen, einen einzigen Gedanken, ein einziges Ideal. Sein materieller Körper verlangt nach Ruhe, seine Lebenskraft nach Bewegung; die ihm innewohnende Tiernatur sucht nach Befriedigung ihrer Begierden und Leidenschaften, der ihm innewohnende Intellekt sucht nach Vermehrung und Erweiterung seines Wissens, aber seine Seele sehnt sich nach der Selbsterkenntnis der Wahrheit, nach Vereinigung mit den höchsten Idealen. Das Vergängliche im Menschen sucht sein Glück im Vergänglichen; das Unsterbliche in ihm findet nirgends Ruhe als in der Unsterblichkeit selbst.

Was ist Unsterblichkeit? — Die Bibel sagt: „Es ist niemand unsterblich als Gott.“[1)] Gott ist kein *Jemand*, sondern das Wesen von allem. Auch die Wissenschaft lehrt die Unsterblichkeit des ganzen Weltalls. Es findet überall Veränderung der Formen, aber nirgends eine Vernichtung des Wesens statt. Formen verschwinden, aber es geht kein Atom vom Stoff aus dem Weltall verloren. Kräfte werden in andere umgesetzt, aber die Kraft bleibt im Grunde genommen dieselbe. Eine Form des Bewusstseins verschwindet, aber es tritt in anderer Form wieder auf. Die Lebenstätigkeit hört an dem einen Orte auf, aber das Lebensprinzip bleibt dasselbe und offenbart sich überall, wo die dazu nötigen Bedingungen vorhanden sind.

---

1) 1. Tim. 6:16

Alles ist unsterblich und kann nicht vernichtet werden. Es findet keine Zerstörung des Ewigen statt[1], aber eine Form oder Lebenserscheinung kann dieses ewige Leben nicht genießen, solange es nicht in ihm zu seinem Bewusstsein gekommen ist. Ein Mensch, als Individuum betrachtet, ist erst dann unsterblich, wenn das Unsterblichkeitsbewusstsein in seinem Innern erwacht.

In jedem Menschen ist ein Funke des ewigen, geistigen Lebens enthalten, und aus ihm entspringt das Gefühl der Unsterblichkeit von irgendetwas in ihm, das er nicht kennt. Das Tier fürchtet den Tod nicht, weil es das geistige Leben nicht hat. Das Sterbliche im Menschen scheut sich vor dem Tode, weil es instinktiv fühlt, dass in ihm Unsterbliches gesät ist und dass es nicht selbst dieses Unverwesliche ist. Das Ideal eines jeden ist, ein unsterbliches Dasein im Vollgenuss des höchsten Glücks zu erlangen, und viele geben sich der Erwartung hin, dies nach dem Tode des Körpers zu erreichen. Aber woher sollte das Bewusstsein eines höheren Lebens nach dem Verlassen des Körpers kommen, wenn es nicht schon vor diesem Verlassen vorhanden ist?

Welches ist das höchste Ideal, das der Mensch ahnen und denken kann? — Die allgemeine Vollkommenheit, alles in allem zu sein, alles zu besitzen, alles zu können, von allen geliebt zu werden und alleiniger Herr über alles zu sein, darüber hinaus ist kein Ideal denkbar. Eine Vollkommenheit ist undenkbar ohne Wesenheit; eine Eigenschaft ist nicht vorhanden, wenn nichts da ist, das sie besitzt. Das Wesen des Ideals, dem diese allgemeine Vollkommenheit zukommt oder zukommen würde, wenn es verwirklicht wäre, wird *Gott* genannt. Deshalb ist Gott das höchste Ideal der Menschheit und dieses Ideal kann sich im Menschen nur dadurch verwirklichen, dass er selber Gott wird. Wenn aber das Wesen in allen Dingen Gott ist, dann ist auch der Mensch seinem wahren Wesen nach Gott und braucht es nicht erst zu werden. Es handelt sich für ihn nur darum, dass er das, was in ihm göttlicher Natur ist, nämlich sein wahres Wesen, wirklich erkennt; so erkennt er dadurch auch Gott und die ganze Natur. Durch diese Selbsterkenntnis wird ihm das Ideale zum Realen, das göttliche Sein in ihm selber zur Wirklichkeit. Er erkennt *die Wahrheit* in sich als sein eigenes Wesen und dieses Wesen als Gott, denn die göttliche Selbsterkenntnis des Menschen in Gott und die Gotteserkenntnis im Menschen ist ein und dasselbe.

Es kann nur ein einziges allumfassendes und alles durchdringendes höchstes Ideal geben, das selbst das Wesen von allem ist; und wenn sich dieses Ideal im Menschen dadurch verwirklicht, dass er sich in ihm erkennt und es in

1) Bhagavad Gita 2:12 ff.

ihm zum Selbstbewusstsein gelangt, dann erkennt er auch alles, besitzt alles, ist Herr über alles und ist selber die Wahrheit und das Wesen in allem. Aber nicht das, was man gewöhnlich als den Menschen zu betrachten gewohnt ist, weder sein Körper, noch sein Verstand, hat diese Erkenntnisfähigkeit. Sie sind nicht Gott und können sich deshalb auch nicht als Gott erkennen.

Sie sind nur zurückgeworfene Strahlen und Schatten des ewigen Lichts. Nur der *Sohn* kann den *Vater* erkennen. Nur der göttliche Funke im Menschen, der selber ein Ausfluss der wahren Wesenheit ist, kann sich als das wahre Wesen erkennen, das er tatsächlich ist. Dieses wahre Wesen im Menschen und in allem ist sein eigenes wahres Ich; alles andere ist vergänglicher Schein. Wollen wir daher die göttlichen oder magischen Kräfte kennenlernen, die in unserer Natur verborgen sind, so handelt es sich vor allem darum, das, was in unserem Wesen göttlicher Natur ist, zu finden und sich über allen Egoismus und alle Täuschung des Sonderseins zu jener Stufe zu erheben, auf der dasjenige existiert, dem diese göttlichen Kräfte angehören. Nur auf diese Art kann uns die Magie von Nutzen sein, denn was nützen uns alle Vorschriften zur Anwendung von Kräften, wenn wir diese Kräfte nicht besitzen oder erkennen und sie deshalb nicht anwenden können?

Magie bedeutet jene große und erhabene Wissenschaft, die nur dem Geistmenschen zugänglich ist und dem Tiermenschen sowohl als auch dem sogenannten *Verstandesmenschen*, der sich nur auf der intellektuellen, nicht aber auf der geistigen Ebene bewegt, für immer *geheim* bleiben muss, weil er nicht fähig ist, sie zu begreifen. Deshalb ist auch das Wort *Magie* für die moderne materielle Wissenschaft ein leerer Schall und die höhere *Geheimwissenschaft* existiert für sie nicht. Wohl ist sie aber den Weisen unter denjenigen Völkern bekannt, die vielleicht weniger Erfahrung als wir in der Wissenschaft der oberflächlichen Erscheinungen in der Natur besitzen, in denen aber das geistige Leben weit mehr zur Entfaltung gekommen ist, als bei uns.

Betrachten wir unsere hochgepriesene europäische Zivilisation genau, so sehen wir, dass das meiste, was wir als wirkliches Wissen betrachten, nichts als ein Gewebe von Meinungen, Theorien und Schwärmereien, aber ohne wirkliche Erkenntnis der Wahrheit ist, weil die Wahrheit nicht in der Fantasie und in Träumen und Meinungen, sondern in sich selbst zu finden ist. Goethe sagt:

> Was man nicht weiß, das eben brauchte man,
> und was man weiß, kann man nicht brauchen.[1)]

1) Faust I, Vss. 1066 f.

Allerdings hat die *exakte* Naturwissenschaft große Fortschritte gemacht. Da aber die ganze Natur selbst nur eine Erscheinung (Maya), ein Abbild im Spiegel des Ewigen ist, bezieht sich auch diese ganze Wissenschaft nur auf den Schein und nicht auf das ihm zugrunde liegende wahre und wirkliche Wesen. Sie befasst sich mit den Verhältnissen, die zwischen diesen Erscheinungen herrschen, und ihre *Exaktheit* besteht darin, dass sie diese Verhältnisse und deren Gesetze genau beschreibt. Da sie aber nur mit Erscheinungen zu tun hat, so ist sie auch trotz ihrer zeitlichen Nützlichkeit nur eine Schein Wissenschaft und hat für die Selbsterkenntnis des Ewigen und Unveränderlichen keinen positiven Wert. Um das Göttliche und ewig Wahre kennenzulernen, müssen wir über alle Erscheinungen und Vorstellungen in der Natur hinausgehen, dorthin, wo der Geist Gottes in unserem Selbstbewusstsein lebt und die Wahrheit sich in uns in ihrer eigenen Kraft offenbart. Wo der Mensch der Erde aufhört, da fängt der Mensch des Himmels mit seinen göttlichen Kräften zu wirken an. Wenn der "Gebildete" diese Wahrheit nicht begreifen kann, so ist das nicht schlimm für die Wahrheit, wohl aber schlimm für den *Gebildeten* selbst.

Man gefällt sich darin zu behaupten, dass es keine Magie und nichts *Übernatürliches* gäbe. Dennoch ist die ganze Welt, in der wir leben, ein Produkt des in der Natur wirkenden Geistes und die Natur selbst ist nicht aus sich selbst, sondern durch die Kraft des qualitativ höher als die Natur stehenden Geistes entstanden. In der Bhagavad Gita heißt es: „Durch den Zauber meiner Schöpfungskraft habe Ich das Weltall aus mir selber hervorgebracht.“[1] Und die Bibel bestätigt es, wo es heißt: „Alles ist durch das Wort gemacht, und ohne dasselbe ist nichts gemacht, was gemacht ist.“[2] Den Beweis, dass diese Worte nicht wahr sind, hat noch kein Gelehrter erbracht; wohl aber gehört zu ihrem Begreifen, dass man das *Ich,* von dem dabei die Rede ist, und die Kraft des geistigen *Wortes* in sich selber fühlt und erkennt. Schopenhauer scheint eine Ahnung davon gehabt zu haben, als er „Die Welt als Wille und Vorstellung“ schrieb. „Ich“, (OM) sagt Brahma, „bin die Quelle, aus der das ganze Weltall entspringt, und in die es zurückkehrt.“[3] „Ich bin in allen Dingen der unsterbliche Same.“[4] „Am Anfange eines jeden Schöpfungstages (Manvantara) geht das Offenbare aus dem Nichtoffenbaren hervor, und es verschwindet in ihm, welcher der Nichtoffenbare genannt wird, beim Anbruch der Nacht (Pralaya).“[5] — „Über meiner sichtbaren Natur gibt es eine unsichtbare, die nicht untergeht, wenn auch alle geschaffenen Dinge verschwinden.“[1] — „Das

1) Bhagavad Gita 15:12
2) Bhagavad Gita 7:6
3) Bhagavad Gita 8:18
4) Bhagavad Gita 9:4
5) Bhagavad Gita 10:20

ganze Weltall ist durch mich entfaltet worden, vermittels meiner materiellen Natur (Mulaprakriti); alle Dinge wohnen in mir, nicht aber ich (in meinem Selbstbewusstsein) in ihnen.“[2] „Ich bin der Ursprung von allem. Das ganze Weltall entspringt aus mir. Die Weisen, die mein Ebenbild sind, erkennen das und verehren mich.“[3] „Ich bin die Seele, die im Herzen eines jeden Geschöpfes ihren Sitz hat. Ich bin der Anfang, das Ende und die Mitte von allem.“[4]

Alle diese und ähnliche Weisheitslehren bedürfen keines äußerlichen, wissenschaftlichen Beweises für den, der die Gegenwart der schöpferischen Kraft in seinem eigenen Herzen empfindet. Wer aber geistig blind ist und von der Gegenwart Gottes in seiner Seele nichts fühlt, der hat dafür keine Befähigung. Es steht geschrieben: „Durch meinen mystischen Zauber verhüllt, bin ich nicht jedermann offenbar. Die betörte Welt kennt mich, den Ewigen, Unerschaffenen, nicht.“[5]

Auch die Bibel lehrt: „Der natürliche Mensch weiß nichts vom Geiste Gottes; es ist ihm eine Torheit.“[6] Wie viele Menschen mühen sich ihr Leben lang ab, mit ihrem irdischen Menschenverstand das Ewige und Unsterbliche zu begreifen und in dessen Geheimnisse einzudringen; und dennoch wird ein solches Mühen immer vergeblich sein, solange der Mensch nicht seiner Selbstheit entflieht und seine Zuflucht im Ewigen findet, denn der menschliche Scharfsinn ist beschränkt und kann das Ewige nicht in sich fassen.

Nur das Ganze kann sich selber im Ganzen als das Ganze erkennen; das Intellektuelle kann nur das Intellektuelle kennen. Nur der Geist Gottes im Menschen, jenes Bewusstsein, welches das Ganze umfasst und durchdringt, erforscht die Tiefen der Gottheit.[7] Der menschliche Geist beherrscht nur die Oberfläche des Erschaffenen; der Geist Gottes im Menschen dringt in das Wesen des Schöpfers ein.

Alles, was in der Natur vor sich geht, wird durch die Natur hervorgebracht; aber wie der Wille unfruchtbar bliebe ohne den zeugenden Gedanken, so würde auch die Natur aus eigener Kraft nichts hervorbringen können ohne den in ihr wirkenden Geist. Der Geist aber, der in der Natur unbewusst tätig ist, wird im geistig erwachten Menschen um Selbstbewusstsein, das ihn über die materielle Natur erhebt. Ohne dieses gäbe es keine Kunst, keine Idealisierung des Natürlichen. Dieses geistige Selbstbewusstsein, das nicht der Spekulation,

---

1) Johannes 1:3
2) Bhagavad Gita 7:10
3) Bhagavad Gita 8:20
4) Bhagavad Gita 10:18
5) Bhagavad Gita 7:25
6) 1. Korinther 2:12
7) 1. Korinther 2:10

sondern dem Genie zugehört, erhebt den Menschen über die Natur, stellt ihn aber nicht außerhalb von ihr.

Um daher zu einer höheren Wissenschaft zu gelangen als der alltäglichen, müssen wir die im Menschen und in der Natur enthaltenen geistigen Kräfte und vor allem den Menschen selbst kennenlernen. Dieses ist aber nicht möglich, solange wir nichts von seiner Zusammensetzung oder Organisation kennen wollen, als was uns die moderne Anatomie und Physiologie darüber zu sagen wissen, denn diese Wissenschaften behandeln nicht den Menschen, sondern nur dessen körperliche Erscheinung, nicht den Bewohner des Hauses, sondern das Haus, in dem er wohnt.

Auch in dem Studium der alten Philosophen, Theologen, Mystiker und Alchemisten werden wir wenig Aufklärung finden; sie sind zum großen Teile in einer rätselhaften Sprache geschrieben, die nur dem verständlich ist, der die Sache, um die es sich handelt, bereits kennt. In neuerer Zeit wurde uns durch die aus dem fernen Osten kommenden Eröffnungen wieder ein Schlüssel zu einem tieferen Verständnis der Geheimnisse des Seelenlebens in der Natur in die Hand gegeben, und die Mitteilung der Lehre von den sieben Grundkräften in der Konstitution des Menschen und der Natur hat plötzlich in vieles Licht gebracht, das vorher unbegreiflich und fabelhaft schien. Jetzt werden uns die geheimnisvollen Dinge klar, von denen die Weltweisen und Erleuchteten aller Zeiten und Völker schrieben und die Poeten sangen, die uns aber als Träume von ewig unerreichbaren Idealen erschienen.

Jetzt finden wir, dass der Gott, nach dem Wissenschaft und Theologie über den Wolken gesucht haben, ohne ihn finden zu können, in der Menschheit selbst offenbar werden kann und nicht in den Kirchen, sondern im Menschenherzen selbst seine Wohnung hat; dass der Mensch selbst einen göttlichen Ursprung hat und ein Bürger des Himmels ist, wenn er auch während seines periodischen Erscheinens auf Erden an einen dem Tierreiche verwandten Körper gebunden und an den *Erdgeist* gefesselt ist.

Jetzt erkennen wir auch, dass das, was man *Glück* oder *Unglück* nennt, kein Spiel des blinden Zufalls ist, sondern dass jeder die Folgen von dem tragen muss, was er selber geschaffen hat. Auch sehen wir, dass die für uns sichtbaren Geschöpfe in dieser Welt nicht die einzigen lebendigen Wesen sind, sondern dass es außer diesen noch eine unzählige Menge anderer und sogar intelligenter Wesen gibt, von denen unsere moderne Wissenschaft nichts weiß, deren Dasein aber auf das Leben des Einzelnen sowohl als des Ganzen von außerordentlich großem Einfluss ist.

Allerdings genügt auch dieses Wissen allein noch nicht, uns freizumachen und das Ideale in uns zu verwirklichen; aber eine richtige Kenntnis der Geheimnisse der Natur lehrt uns die Hindernisse kennen, die sich der Verwirklichung des Idealen in den Weg stellen. Es bleibt dann uns selbst überlassen, diese Hindernisse aus dem Wege zu räumen und das Gute in uns zum Herren über unsere Natur werden zu lassen. Tun wir das, so verwirklicht sich das Ideale in uns von selbst. Ein unsichtbarer und unbekannter Feind ist schwer zu bekämpfen. Kennen wir einmal die Natur der Feinde, die sich der Erlangung unserer Vollkommenheit und selbstbewussten Unsterblichkeit widersetzen, so bieten sich uns von selbst die Mittel dar, sie zu bekämpfen.

Jahrtausendelang war der Mensch dem Wirken blinder Naturkräfte hilflos gegenübergestellt, weil er deren Gesetze nicht kannte. Durch die Erkenntnis der Naturgesetze und indem er dem Gesetze der Natur gemäß vorging, wurde er bis zu einem gewissen Grade Herr über die Natur. Er lernte, sich gewisse Naturkräfte dienstbar zu machen; die Naturgewalten, seine früheren Herren, wurden nun seine Diener. Dadurch hat sich der irdische Mensch die Herrschaft über die Erde gesichert.

Aber noch Höheres wartet auf ihn. Wie der vergängliche irdische Mensch die Erde, so soll der himmlische unvergängliche Mensch den Weltenraum, den Himmel beherrschen. Auch dort herrschen Gewalten, deren Macht von unendlich größerer Tragweite ist, als die blinde Kraft der Elemente in der Welt der Erscheinungen. Von der Kenntnis dieser Gewalten, von der Überwindung der auf ihn einwirkenden unsichtbaren Mächte hängt sein Glück, seine Moral, seine Unsterblichkeit ab; und wie der Mensch die äußere Natur überwindet, indem er in Übereinstimmung mit dem Naturgesetz handelt, so kann er sich zum Herren der geistigen Welt emporschwingen, indem er die dort herrschenden Gesetze kennenlernt und in Übereinstimmung mit dem Gesetze des Geistes in der Natur handelt.

Dadurch aber, dass der Mensch dem Gesetze des Geistes Gottes gehorcht, wird er selbst durch den Geist zu Gott erhoben. Wenn der Wille des Tieres nicht mehr Herr in unserem Hause und sein Geist überwunden ist, dann kann der Wille des höheren göttlichen Ichs in unserem Körper und durch ihn wirksam sein. Diesem höheren *Ich* gehören die geistigen und magischen Kräfte an; und indem sich die geistige Organisation ausbildet, erwacht auch das geistige Bewusstsein, die geistige Empfindung, Wahrnehmung und Gedächtnis und der geistige Wille mit seinen verschiedenartigen Wirkungsweisen, von denen man jetzt in Europa kaum die niedrigsten Formen (*Hypnotismus*, *Suggestion* und dergleichen) kennt.

Zu diesen mystischen Kräften gehören der Glaube, die Liebe, die Hoffnung, Geduld, Erkenntnis, Gehorsam gegen das Gesetz, Selbstbewusstsein, Freiheit und so weiter, deren magische Wirkungen wir im alltäglichen Leben sehen. Wir kennen aber nur ihre niederen Wirkungen, solange wir nicht in die wahre geistige Selbsterkenntnis eingetreten und Herr über uns selbst geworden sind. Die Weisen des Ostens, die diese Erkenntnis erlangt haben, teilen diese Kräfte (Saktis) wie folgt ein:

1. Parasakti. Die höchste schöpferische Kraft, durch welche die ganze Erscheinungswelt in der ewigen Einheit entstanden und aus deren Willen sie hervorgegangen ist. Wer sie ausüben will, muss über die Täuschung seiner *Selbstheit* hinauswachsen und durch Yoga (Vereinigung) eins mit ihr werden. Sie ist (in geistiger Beziehung) das Licht und die Wärme (Erkenntnis und Liebe), wodurch alles entsteht und wodurch der Mensch alles erschaffen kann, wenn er sie einmal erlangt hat und dadurch aus einem Menschen zu einem Gott geworden ist.

2. Jñanasakti. Die wahre Erkenntnis. Wer sie erlangt und dadurch sein eigenes göttliches Selbst kennenlernt, erkennt alles in sich selbst und durch sich selbst in Gott. Er sieht die Vergangenheit und die Zukunft, er kann auf seine früheren Inkarnationen auf dieser Erde oder auf anderen Planeten zurückblicken und sich seiner früheren Daseinsformen erinnern.

3. Kriyasakti. Die schaffende Kraft des Gedankens, wodurch Vorstellungen, die im Geiste gebildet werden, in die objektive Wirklichkeit treten. Die Kraft der *Einbildung*, in einem höheren Sinne des Wortes.

4. Ichchasakti. Die selbstbewusste Kraft des geistigen Willens, wodurch der Mensch seinen seelischen Organismus und dadurch auch seinen Körper sowie andere Dinge, die außerhalb des letzteren liegen, beherrscht. Durch diese Kraft werden die Elementargeister dem Menschen gehorsam gemacht.

5. Kundalinisakti. Die Kraft des geistigen Lebens im Menschen, die niemand beschreiben kann, wenn sie nicht in ihm selber erwacht ist.

6. Mantrikasakti. Die geistige Kraft des Wortes, der Sprache, des Tones und der Musik.

Alle diese geheimnisvollen Kräfte sind Zustände des geistig-göttlichen Willens und Bewusstseins und gehören dem vollkommenen, zur wahren Selbsterkenntnis und Selbstbeherrschung gelangten inneren Menschen an. Es würde uns wenig nützen, auf deren weitläufige Beschreibung einzugehen, denn nur derjenige begreift das Wesen einer Kraft, der sich ihres Besitzes bewusst ist; und Theorien, von denen man nicht weiß, ob sie wahr sind, haben wenig Wert. Die Anführung dieser Saktis soll daher auch nur dazu dienen, uns darauf hinzuweisen, welche Besitztümer uns erwarten, wenn einmal das Ideal eines vollkommenen Menschen in uns selber verwirklicht wird. Unsere Fantasie reicht nicht aus, um uns ein Bild davon zu machen, was der vollkommene Mensch in der fernen Zukunft sein wird, noch was er in seinem früheren engelgleichen Zustande war, als er noch nicht mit einem materiellen Körper behaftet war und sich sein Reich, nach Angabe der Wissenden, vom Sirius bis an die fernsten Grenzen der diese Zentralsonne umgebenden Sonnensysteme erstreckte.

Von allen seinen magischen Kräften ist ihm nur noch die geblieben, die zur Fortpflanzung seiner Gattung auf tierischem Wege nötig ist. Hätte er sie noch in ihrer Vollkommenheit, so hätte er dazu keine geschlechtliche Vereinigung nötig. Durch den Eigendünkel getäuscht, ist seine Erkenntnis der Wahrheit verschwunden und er muss sie nun auf den Umwegen der Schlussfolgerung finden, die ihm doch nichts Besseres als Wahrscheinlichkeiten darbieten kann. Wohl wirkt in ihm noch die schaffende Kraft des Gedankens, aber sein Wille ist zu schwach, um sie zu beherrschen oder die erzeugten Gedankenbilder materiell zu verkörpern.

Der vollkommene Mensch ist der Herr der ganzen Schöpfung, aber der unvollkommene wird von ihren Kreaturen beherrscht. Er ist ein Untertan der Dämonen, statt dass diese seinem Willen gehorchen. Das geistige Leben ist von ihm zurückgewichen, er fühlt in sich keine göttliche Kraft. Er fühlt nur das äußerliche Leben, das nur ein Widerschein des geistigen ist. Schließlich ist auch sein Wort machtlos. Im geistig erstarkten Menschen ist der Gedanke die Form des Willens und das Wort dessen Tat; im alltäglichen Menschen ermangelt dem Gedanken der Wille und seinen Worten die Tat.

Betrachten wir die Menschen von dem Standpunkte dessen, was sie sein sollten und könnten, so finden wir wohl viele Karikaturen von menschlichen Geschöpfen, aber wenig vollkommene, in denen das Ideal der Menschheit verwirklicht ist — es wäre denn, dass uns Jesus von Nazareth oder Gautama Buddha als solche erschienen.

Es wird noch lange dauern, bis die Menschen solche Ebenbilder Gottes geworden sind, und es wird uns schwer, uns auch nur eine Vorstellung eines solchen gottähnlichen Daseins zu machen. Aber immerhin sind idealere Zustände als die jetzigen denkbar.

Wir glauben zum Beispiel an eine Religion, die nicht nur auf Dogmen und Überlieferungen begründet ist, sondern der höheren geistigen Selbsterkenntnis entspringt, und an eine Wissenschaft, die sich nicht nur auf die Erscheinungen der Natur bezieht, sondern als Grundlage den Glauben an die Grundursache aller Erscheinungen hat. Wir hoffen auf eine Philosophie, die zu ihrer Quelle die Liebe zur Weisheit hat und nicht auf Hirngespinsten und Spekulationen beruht, und an eine Kunst, welche die Natur nicht nur unvollkommen, wie ihre Erzeugnisse sind, nachahmt, sondern sie zu idealisieren versteht.

Wir trachten nach einer Zivilisation, in der die Völker nicht mehr nötig haben, Kriege zu führen oder sich mit den Waffen in der Hand lauernd gegenüberzustehen, und wir harren mit Geduld auf den Eintritt des goldenen Zeitalters, aber wir geben uns keinen Utopien hin, weil wir wissen, dass alles unter dem Gesetze der Notwendigkeit steht und die jetzigen Zustände die natürlichen Folgen vorausgegangener Ursachen sind. Um große Übel zu beseitigen, genügt es nicht, sie wegzudekretieren; erst wenn die Wurzeln ausgerottet sind, wuchert das Unkraut nicht fort.

Alle Leiden entspringen aus der Nichterkenntnis des Wahren und es gibt dagegen kein anderes Mittel, als die Erkenntnis selbst. Wenn diese einmal eintritt und die Welt mehr erleuchtet sein wird, dann wird der Priester der Zukunft nicht mehr darauf beschränkt sein, den Gläubigen zu predigen, was er im Seminar über den Heiligen Geist gehört hat, sondern er wird selbst von diesem Geist durchdrungen sein und ihn den Gläubigen mitteilen können.

Der Arzt der Zukunft wird mit klarsehendem Blick die Ursachen der Krankheiten und ihre Heilmittel erkennen, und die Schulbildung der Jugend wird nicht in einer Anhäufung von nutzlosem Gedächtniskram, den man nicht schnell genug wieder vergessen kann, wenn das Examen vorüber ist, sondern mehr in Veredelung des Charakters und Pflege der eigenen Einsicht bestehen, während jetzt das Gehirn überfüttert wird und die Seele dabei verschrumpft.

Es gibt eine Wissenschaft des Gehirnes und ein Wissen des Herzens. So wie Kopf und Herz zu einem Menschen gehören, so ist auch die aktive intellektuelle Tätigkeit ohne die passive Intuition nicht vollkommen.

Der materielle Teil des Verstandes ist dunkel aus dem Materiellen geboren. Er gravitiert beständig der Erde zu. Der höhere Teil erhält sein Licht von oben und strebt nach dem Lichte.

Jedes Wesen hat seine Heimat in der Quelle, aus der es entsprungen ist, und wird von dieser ernährt — der himmlische Teil des Gemütes von dem Reiche der wahren Erkenntnis, sein dunkler Teil von dem, was dem Dunkel gehört.

Die Bhagavad Gita lehrt: „Ernähret die Götter durch eure Opfer, so werden sie euch ernähren.“[1] Was man gibt, erhält man mit Zinsen zurück. Je mehr sich die Seele der Wahrheit opfert, umso mehr wird das Wahre in ihr lebendig und offenbar. Je völliger sie sich dem Göttlichen hingibt, umso mehr wird sie selbst göttlicher Natur werden. Die Wahrheit aber ist das höchste Ideal der ganzen Menschheit, wenngleich sich noch nicht jeder dessen bewusst ist. In der Verwirklichung dieses Ideals liegt das Verschwinden des Irrtums und die Erlösung der Welt.

1) Bhagavad Gita 3:10-12

Wahrheit und Täuschung

Allah! Bi'-smi'-llah! — Gott ist Eins.
Koran

Ich bin der Weg und die Wahrheit und das Leben.
Joh. 14:6

Es gibt schwerlich einen vernünftigen Menschen auf der Welt, der die Wahrheit nicht kennenlernen möchte oder sich nicht wenigstens einbildet, dieses zu tun. Wenn er auch das, was er für sein Selbst hält, viel mehr liebt als die Wahrheit und deshalb andere täuscht, wenn es ihm Vorteil bringt, so liebt er es doch nicht, von anderen getäuscht zu werden. Wenn er auch noch so gerne lügt, so liebt er es doch nicht, angelogen oder betrogen zu werden. Was aber ist Wahrheit und was ist Trug?

Wir müssen unterscheiden zwischen der Wahrheit selbst und dem Wahrsein. Die absolute Wahrheit an sich kann kein Mensch begreifen oder aussprechen. Ein Ding ist aber wahr, wenn es das ist, was es zu sein scheint. Das absolut Wahre bedarf keines Beweises, es versteht sich von selbst. „Ich bin der ich bin"[1], versteht sich von selbst. „Eins ist Eins" aus keinem anderen Grunde, als weil es nichts anderes sein kann, denn wäre es nicht, was es ist, so wäre es nicht Eins. Das versteht sich von selbst und solche Sätze bedürfen keiner Beweise. Die Wahrheit ist ihr eigener Grund.

In der Welt der Erscheinungen ist keine absolute Wahrheit zu finden, sondern hier ist alles nur relativ. Absolutes Bewusstsein ist für uns Unbewusstsein, denn es bezieht sich auf nichts. Wir selbst sind beziehungsweise Geschöpfe; das ganze Dasein ist relativ. Wir leben in einer Welt des Scheins, die dahinter verborgene Wahrheit sehen wir nicht. Wir können nur das wahrnehmen, was zu uns irgendwelche Beziehung hat, aber das Absolute bezieht sich auf nichts als auf sich selbst. Es ist unabhängig von allen Offenbarungen, aber ohne die Wahrheit findet keine Offenbarung desselben statt. Wir sprechen weise von Kraft und Stoff, von Zeit und Ewigkeit, Raum und Bewegung und dergleichen; aber alle diese Worte bezeichnen nur Vorstellungen, die wir uns von etwas machen, das wir nicht kennen.

1) Exodus 3:14

Dagegen sind wir überall von einem Heer von Sinnestäuschungen umgeben. Wir sehen, wie die Sonne sich im Osten über den Horizont erhebt und am Abend im Westen untergeht; aber wir wissen, dass wir uns täuschen. Es findet kein Aufgang und kein Untergang statt, sondern es dreht sich die Erde. Nichts scheint ruhiger und unbeweglicher zu sein, als der Boden unter unseren Füßen; und dennoch werden selbst die höchsten Gebirge von Erdbeben erschüttert. Ja, die Erde selbst fliegt in ihrem Kreislauf um die Sonne mit rasender Schnelligkeit durch den Raum. Die Sterne erscheinen uns als leuchtende Punkte am Firmamente; und dennoch hat jeder von ihnen sein Sonnensystem und das unsrige ist eines von den kleinsten. Wir glauben, die sichtbaren Geschöpfe auf dieser Erde seien deren einzige Bewohner, aber dem Blicke des Sehers eröffnet sich eine andere Welt. Er sieht, dass die Luft, die Erde, das Wasser, Feuer und Äther von zahllosen Wesen bevölkert sind, von guten sowohl als bösen — Wesen von den verschiedensten Graden von Intelligenz. Wir sehen unsere körperliche Erscheinung und glauben uns selber zu kennen; und dennoch kann keiner erklären, was er selbst im Grunde genommen ist.

Es wäre sicher unsinnig zu behaupten, dass Gott die Welt erschaffen habe, um die Menschen an der Nase herumzuführen, oder dass die Natur auf dem Wege der Evolution etwas hervorgebracht habe, was nicht der Natur entspricht. Das ganze Weltall ist eine Offenbarung der Wahrheit, der Wirklichkeit, des ewigen Seins; und wir erkennen die Wahrheit darin, sobald wir nur das wirkliche Wesen dieser Offenbarung begreifen. Jede Form oder Erscheinung in der Natur ist ein äußerliches Bild derjenigen Stufe der Evolution der Erscheinung des Dinges, die es vorstellt. Betrug tritt nur dann ein, wenn wir das Wesen eines Dinges nicht erkennen und die Dinge für dasjenige halten, was sie nicht sind. Dabei betrügt uns nicht die Erscheinung, sondern wir betrügen uns selbst.

Die Wahrheit ist Wesenheit, Wirklichkeit, unveränderliche Einheit; ihre Erscheinungen und Offenbarungen aber sind tausendfältiger Art. Die Wahrheit ist ewig und beruht auf nichts anderem als auf sich selbst. Die Täuschungen sind von uns selber geschaffen. Wir lassen uns durch den Schein betrügen, weil wir nicht das wahre Wesen erkennen; und wir können es nicht erkennen, solange wir nicht selbst im Besitze der Wahrheit sind, das heißt, solange die Wahrheit nicht in uns zur lebendigen Kraft geworden und in unser Bewusstsein eingetreten ist. Der Grund dafür ist, dass kein Ding Selbsterkenntnis von etwas anderem als von sich selber erlangen oder besitzen kann. Man muss in Wahrheit selber das werden, was man in Wahrheit in sich selber erkennen will. Nur das Wahre im Menschen kann die Wahrheit im Äußeren oder im Inneren erkennen. Der Mensch muss selbst wahr werden, damit die Wahrheit sich in ihm und er sich in der Wahrheit erkennen kann. Nur wenn der Mensch sein eigenes wahres Wesen selbst erkennt, erkennt er die Wahrheit in allem und sich selbst als eine Offenbarung von ihr. Hat er es einmal soweit gebracht, dann kann er auch mit Recht sagen: „Ich (in meinem innersten Wesen) bin die Wahrheit und meine Erscheinung ist eine ihrer Offenbarungen."

Gott ist die Wahrheit. Wie könnte jemand Gott erkennen, ohne die Wahrheit zu kennen! Das Nichtoffenbare, das Absolute steht mit nichts anderem in Beziehung und kann deshalb von nichts anderem erkannt werden, als von sich selbst. Nur das Göttliche, das selber Gott ist, kann sich als Gott, der Sohn sich im Vater und den Vater in sich selber erkennen.

Die Erkenntnis tritt nur dann ein, wenn das zu Erkennende in Beziehung zum Erkenner tritt und offenbar wird. Gott, als der nichtoffenbare Schöpfer betrachtet, ist der *Vater*, der Urquell allen Seins; die geoffenbarte Wahrheit ist der Sohn und die Kraft der Erkenntnis. Aus dem Urquell des *Vaters* geschöpft ist der heilige Geist, das heißt der Geist der göttlichen Selbsterkenntnis. „Niemand kann zum Vater kommen, als durch den Sohn", das heißt, niemand kann anders zur wahren Selbsterkenntnis im wahren Sein gelangen, als indem er das Wahre in sich aufnimmt und es in ihm offenbar wird.

Wie viel Unheil hat schon das Missverständnis der Lehre von der Dreifaltigkeit in der Welt angerichtet, und wie viel Blut wurde darüber vergossen, weil man die drei Aspekte der Gottheit für drei voneinander getrennte Personen nahm. Persona (lateinisch) heißt *Maske*. Die drei *Personen* sind die drei Aspekte, unter denen wir die Gottheit betrachten. So wie im Menschen, wenn er spricht, Sinn, Gedanke und Wort dem Wesen nach Eines und doch scheinbar voneinander verschieden sind, so ist auch der schöpferische Gedanke nicht vom Schöpfer getrennt und gelangt durch den Willen des Vaters zur Offenbarung. Diese Offenbarung des Vaters im Sohne durch den heiligen Geist aber ist das ganze Weltall, die ganze materielle und himmlische Welt. Der Sinn (der Geist) ist größer als der Gedanke (die Form) und das Wort (die Offenbarung des Geistes durch den Gedanken) ist vielleicht unvollkommen, aber die drei sind unzertrennbar und eins.

Wie gelangt der Mensch zur Offenbarung der Wahrheit? Die Wahrheit ist ewig, selbstexistierend und keines Menschen Werk. Man kann sie weder durch Händearbeit noch durch intellektuelle Tätigkeit erschaffen oder erzeugen. Ihr Sein hängt nicht von der Erkenntnis des Menschen ab, wohl aber die Erkenntnis des Menschen von der Gegenwart der Wahrheit. Wäre keine Wahrheit, so könnte sie auch niemand erkennen. Wäre sie ein Produkt des Menschen, so wäre die Wahrheit des einen von der des anderen verschieden. Die

Wahrheit ist die ewige Wirklichkeit, die wohl erkannt, aber nicht verfertigt werden kann. Sie ist überall gegenwärtig und gelangt in uns zur Erkenntnis, wenn keine Hindernisse vorhanden sind, die ihre Offenbarung in unserem Bewusstsein verhindern. Alles, was der Mensch mit seinem vermeintlichen Wissen und Forschen erreichen kann, ist deshalb nur ein Hinwegnehmen der Täuschungen, die sich der Offenbarung der Wahrheit entgegenstellen, nicht aber eine Erzeugung der Wahrheit. Wem die Wahrheit sich nicht aus eigener Kraft offenbart, der hat keine wahre Erkenntnis, wenn er auch noch so viel Gelehrtheit hätte und im Besitze von allem erdenklichen Wissen wäre.

Was aber sind die Täuschungen, die sich der Offenbarung der Wahrheit in unserem Bewusstsein entgegenstellen? — Nichts anderes, als unsere eigenen falschen Vorstellungen, denen zufolge wir ein Ding für etwas halten, was es nicht ist, und es deshalb nicht als das erkennen, was es in Wirklichkeit ist. Wir machen uns diese Vorstellungen, indem wir die Dinge nur nach ihrem Äußeren, dem Schein, beurteilen und deshalb ihr wahres Inneres, das Wesen, das Sein, missverstehen. Nun wurde aber oben gesagt, dass alles, was die Natur hervorbringt, in seiner äußeren Erscheinung ein wahres Bild ihrer wahren Wesenheit ist, und es müsste deshalb ein Leichtes sein, aus der Erscheinung das Wesen zu beurteilen, wenn die Bilder selber die Wesenheit wären. Die Natur in ihrer Erscheinung ist aber nicht das Wesen.

Wir nehmen die Wahrheit nur insofern wahr, als wir Wahrheitsgefühl in uns selber besitzen. Das, was in uns wahr ist, erkennt die Wahrheit in der Erscheinung. Das in uns, was nur Erscheinung ist, sieht nur die Erscheinung; und wenn es sich selbst für das wahre Wesen hält, so hält es auch die Erscheinungen im Äußeren für die wahre Wesenheit, deren Symbole sie sind, und urteilt falsch, weil es nicht die Wahrheit selber erkennt.

Die größte Täuschung, aber auch die allgemeinste, aus der alle anderen Täuschungen entspringen, ist der Egoismus, der Aberglaube des persönlichen *Ichs*, der Wahn, dass die Menschen, so wie alle Dinge in dieser Welt, nicht nur in Bezug auf ihre Form und Erscheinung, sondern ihrem wahren Wesen nach voneinander getrennte Dinge seinen und Selbstinteressen haben könnten, die in ihrem Grunde nicht identisch mit den Interessen des Ganzen sind, da sie doch alle der ewigen Einheit entspringen und diese Einheit die Grundlage des Daseins aller Dinge im Ganzen ist und *außerhalb des Ganzen* nichts existieren kann. Nicht unsere Erscheinung täuscht uns, wohl aber täuschen wir uns selbst, indem wir unser in Raum und Zeit beschränktes, vergängliches und veränderliches *Selbst* für unser wahres Wesen halten und deshalb unser wahres wirkliches *Ich* nicht erkennen, das über alle Beschränktheit erhaben, selbstexistierend, von Zeit und Örtlichkeit, Leben und Tod unabhängig, ewig und unveränderlich ist.

Wir leben als äußerliche Erscheinung in einer Welt von Erscheinungen und urteilen nach dem Schein. Wir erfreuen uns unseres Truglebens und sind darin vielleicht für eine Zeit lang glücklich; aber noch glücklicher ist derjenige, der sich vom Truge freigemacht hat und sein wahres Wesen in allem erkennt. Sein Glück ist nicht vorübergehend, sondern von ewiger Dauer. Auch der Ochse auf fetter Weide ist glücklich und der Wissbegierige über seinen Büchern, aus denen er die Gedanken verschiedener Leute sammelt und sie in seinem Gedächtnis aufhäuft. Wie aber die Kenntnisse eines Gelehrten über der Verdauung des Ochsen stehen, so und noch viel höher steht die Selbsterkenntnis des Weisen über aller erlernten Gelehrsamkeit, welche ohne eigene Erkenntnis der Wahrheit nur eine Vorstellung ist.

Ohne diese Selbsterkenntnis der Wahrheit im Menschen gibt es keine wirkliche Wissenschaft und keine wahre Religion. Selbst Kunst und Poesie sind nur insofern vollkommen, als in ihnen die Wahrheit, frei von Verunstaltungen, ihren Ausdruck findet, und ein Buch hat nur insofern Wert, als es, wenn auch in fingierter Form, Wahrheit enthält. Der Glaube an Gott ist eine Täuschung, solange wir ihn für etwas außerhalb der ewigen Einheit, vom Ganzen getrennt Stehendes halten oder die Ausgeburt unserer eigenen Fantasie als Gott betrachten und ihn nicht in unserem eigenen Wesen erkennen. Das Leben ist ein Betrug, wenn wir seinen Grund nicht erkennen und uns einbilden, dass der Zweck des Lebens das äußere Dasein sei. Selbst unser eigenes Dasein ist eine Täuschung, denn dasjenige, was sich nicht seiner selbst bewusst ist, ist seiner selbst unbewusst und Unbewusstsein ist Tod. Wie aber könnte derjenige in Wirklichkeit seines wahren Daseins bewusst sein, der sein eigenes wahres Ich nicht erkennt? Gautama Buddha stellte eines Tages die Frage auf: „Wie lange dauert das Leben eines Menschen?“ Er erklärte diejenige Antwort für die richtige, welche sagt: „Nur einen Atemzug.“ In der Tat ist der äußere Mensch nicht während zwei Atemzügen derselbe, denn in jedem Augenblicke verändert sich die Materie, aus der sein Körper zusammengesetzt ist, wechseln seine Gedanken und Gefühle. Nur das göttliche Ich in ihm, welches der Weltmensch nicht kennt und dessen Erkenntnis in der Seele schlummert, ist ewig. Wenn er es aber nicht erkennt, so hat es auch keinen Teil an seinem Dasein. Ein *Mensch*, der kein wahres Selbstbewusstsein hat, ist auch kein Mensch in Wirklichkeit, sondern bloß als Erscheinung existent. Man kann von ihm in Wahrheit nur sagen: Er ist ein Ding, das wie ein Mensch aussieht, welches träumt, dass es lebe, in welchem aber der wahre Mensch noch schlummert. Seine äußere Erscheinung ist ein wahrer Ausdruck der Tiernatur, welche seinen Körper mit dessen Denkfähigkeiten gebildet hat, aber das wahre Wesen der Menschheit ist darin noch nicht zum Ausdruck gekommen. Er ist ein Geschöpf, aus dem ein wirklicher Mensch werden kann, ist es aber noch nicht und kann es auch nicht sein, solange er sich seiner wahren Menschheit nicht bewusst ist. Auch kann er die Kräfte, welche der göttlichen Menschennatur angehören, nicht kennen, solange er diese seine Natur nicht kennt. Er ist ein Organismus, in welchem verschiedene Naturkräfte wirksam sind; die Natur lebt, fühlt, denkt und handelt in ihm und durch ihn und leitet ihn in allem, was er tut. Er ist mit jedem Augenblicke ein anderer Mensch und sein Wahn, dass er beständig dieselbe Individualität besitze, entspringt der Fähigkeit seiner Natur, die empfangenen Eindrücke in der Erinnerung aufzubewahren und so Vergangenes und Gegenwärtiges miteinander zu verknüpfen. Er wird erst dann ein wahrer Mensch werden, wenn nicht mehr die blinde materielle Natur, sondern das höhere, göttliche Selbst in ihm und durch ihn lebt und fühlt, denkt und handelt.

Kein Mensch wird behaupten, dass er körperlich derselbe Mensch sei, der er war, als er geboren wurde. Aber nicht nur der Körper verändert sich, sondern auch die Gesinnung, die Neigungen und Abneigungen, die Art des Denkens und Wollens. Was uns als äußerst wertvoll erschien, als wir Kinder waren, darüber lachen wir heute; und was uns heute als das höchste Ziel unserer Wünsche vorschwebt, wird uns vielleicht später als wertlos erscheinen. Somit ist der Alltagsmensch ein veränderliches Ding.

Aber tief im Innern ist etwas, das nicht veränderlich ist. Wie in der Tiefe des Meeres Ruhe herrscht, während auf der Oberfläche die vom Sturm bewegten Wellen schäumen, so ist ein anderes *Ich*, ein anderes Selbstbewusstsein im Menschen, das sich nicht bewegt und das unveränderlich ist. Dieses Ich ist dasjenige, welches nur ein Einziges in der ganzen Menschheit ist. Es ist das Selbstbewusstsein der ewigen Einheit, aus welcher alles, was wahr ist oder sein wird, hervorgegangen ist, hervorgeht und ewig hervorgehen wird; und weil es nur eines, allgemein, ewig und unbeschränkt ist, ist es der *Sohn Gottes*, der göttliche Mensch. Wird er einmal im Menschen erkannt, so erkennt ihn der Mensch als das Licht der Weisheit, aus dem all sein Wissen und Denken, Fühlen, Wollen und Erinnern kommt.

> Er ist, der in dir schaut und fühlt und denkt und spricht;
> drum was du schaust, fühlst, denkst und sprichst,
> sei göttlich Licht. (Rückert)

Manche Leute fürchten sich, ihre Individualität nach dem Tode zu verlieren, und haben noch gar kein Selbstbewusstsein ihres wahren individuellen Daseins erlangt. Sie verwechseln das Bewusstsein ihrer vergänglichen

Persönlichkeit mit dem Selbstbewusstsein des unsterblichen Ichs. Auch das Tier ist sich bewusst, ein von anderen Tieren verschiedenes Ding zu sein; aber nur der Mensch hat die Fähigkeit, zum wahren Selbstbewusstsein zu kommen. Die Persönlichkeit sieht sich als eine Einheit an, die von anderen Einheiten getrennt ist und denen sie ihre Interessen entgegensetzt.

Der zum wahren Selbstbewusstsein gelangte Mensch erkennt sich auch als Einheit, aber als Einheit in der Einheit des Ganzen; als ein Ganzes, das wohl ein Teil des großen Ganzen, aber dennoch in seinem innersten Wesen mit diesem identisch und deshalb fähig ist, das große Ganze in sich selbst wie in einem Spiegel zu erkennen.

Die Persönlichkeit ist die Maske, die Individualität das Gefäß, in welchem die Gottheit offenbar werden kann. Die Individualität ist die Leuchte, der Allgeist das Licht. Wenn die Individualität erstarkt und zum Träger des Lichts geworden ist, wird auch die Maske von ihr erhellt. Sie ist der Schatten der Leuchte des Lichts. Dies ist es, was Jakob Böhme meint, wenn er sagt:

Ich bin der Schatten nur von dem Gefäß der Ehren,
dem Gott vertrauet hat das Zentrum der Natur.

Solange wir unser eigenes wahres Selbst nicht erkennen, beruht auch unser ganzes Leben, Wissen und Handeln auf Täuschung. Alles ist Selbsttäuschung, was auf unseren selbst gemachten falschen Vorstellungen beruht, seien dieselben nun aus Sinneseindrücken hervorgegangen oder die Folge unserer intellektuellen Tätigkeit. Das wahre Wesen in uns kann allein das wahre Wesen aller Dinge erkennen; aber es kann dies nicht, solange es in uns, für uns unbewusst ist.

Es heißt, „Gott habe den Menschen in die Welt gesetzt, um in ihm Selbsterkenntnis zu erlangen"; und in der Tat ist der Mensch, der sich selber in Wahrheit erkennt, ein Gott, weil die Wahrheit in ihm nicht beschränkt ist wie seine Form, sondern er durch sie ein unbegrenztes selbstbewusstes Dasein erreicht.

Dem Weltmenschen, der ein Produkt des Erdgeistes ist, erscheint alles, was der höheren Menschennatur angehört, die er nicht kennt, als Traum oder Chimäre; der Gottmensch im Besitze des Selbstbewusstseins seiner höheren Natur erkennt sein wahres Wesen und sieht die Welt der Erscheinungen (die Körperwelt) als das, was sie in Wirklichkeit ist: ein Traum, eine Täuschung, ein Schattenspiel, hervorgebracht durch die Wirkung des ewigen Lichts in der Materie; und er erkennt dieses Licht, weil es sein eigener Ursprung, sein eigenes Wesen ist.

Je mehr der Mensch über seine persönlichen Neigungen und Selbstinteressen erhaben ist, um so mehr erlangt er geistige Größe. Je mehr er an seine Eigenheit gebunden ist, um so beschränkter ist seine Erkenntnis. Ein Mensch, der sich ganz mit seiner Familie identifiziert, ihre Interessen als die seinigen betrachtet, für seine Familie lebt, ohne auf seine eigene Person Rücksicht zu nehmen, umfasst mit seiner Geistesgröße die ganze Familie und übt seine Macht über sie aus. Ein Staatsmann, der selbstlos die Interessen des Staates zu den seinigen macht, ist gleichsam die Seele des Staates. Seine Individualität umfasst und durchdringt die ganze Nation. Und wer das Herz der ganzen Menschheit erfassen kann, der erkennt es als sein eigenes an. Er ist ein Repräsentant der ganzen Menschheit in seiner Person. Sein Geist lebt im Ganzen.

Alle *magischen* und deshalb geistigen Kräfte im menschlichen Organismus gehören dem Geistmenschen und nicht dem materiellen Menschen (Tiermenschen) an. Ein geistig hochstehender Mensch übt — auch ohne dass er sich dessen bewusst ist — eine magische Wirkung über andere aus. Apollonius von Tyana hatte sich ein siebenjähriges Schweigen auferlegt. Dennoch genügte seine Gegenwart, um eine Revolution des Volkes zu beseitigen, ohne dass er ein Wort dabei sprach. Wer die Magie praktisch kennenlernen will, der muss vor allem danach trachten, in den Besitz geistiger Kräfte zu gelangen; denn was würde es ihm nützen, eine Anweisung zum Gebrauch von Kräften zu erhalten, wenn er diese Kräfte nicht besitzt und sie deshalb nicht anwenden kann? Die Vorbedingung für das Studium der Magie ist, in Wahrheit ein Mensch zu werden. Das erste und wichtigste Experiment in der praktischen Ausübung der Magie ist, aus einem Tier einen Menschen zu machen. Dies geschieht dadurch, dass der Geist in ihm die Herrschaft über seine Natur erlangt. Nur dadurch erlangen wir die Herrschaft über unseren Körper und unseren Willen, mit anderen Worten, die Selbstbeherrschung, welche wie jede andere Kunst nicht aus Büchern gelernt, sondern nur durch die Ausübung in der Tat erlangt werden kann. Erst wenn wir unsere eigene Natur zu beherrschen gelernt haben, können wir daran denken, die außer unserem Organismus liegenden Naturkräfte durch unseren Willen zu beherrschen und uns dienstbar zu machen.

Der Schlüssel zur Ausübung der weißen Magie ist der Besitz der göttlichen Liebe, die in allem anderen das eigene Selbst erkennt. Dadurch, dass sich ein Mensch mit anderen Wesen geistig verbindet und identifiziert, wird er selbst ein Teil dieser anderen. Er will, denkt und handelt durch sie. Die selbstlose Liebe ist die Macht, die alles verbindet und vereint, was sich ihr nicht widersetzt. Die Begierde nach Besitz zieht zusammen, die Liebe breitet sich aus; und wo sie eindringt, da nimmt sie von allem Besitz.

Der erste Schritt zum Erlangen der Herrschaft über das Selbst besteht darin, die Wahrheit von der Täuschung, das Sein vom Schein unterscheiden zu lernen und dabei nicht nur in der Außenwelt, sondern vor allem in uns selbst das Falsche zu erkennen und zu entfernen, damit das Wahre in uns offenbar werden kann. Hierzu aber gibt es keine bessere wissenschaftliche Anleitung als die Lehren derjenigen, die — da sie diese Stufe der Selbsterkenntnis erreicht haben — aus eigener Erfahrung zu sprechen befähigt sind. Diese Lehren bilden die Grundlage aller religiösen Systeme der Erde. Sie sind allesamt Offenbarungen Gottes, nicht aber Offenbarungen irgendeines außerhalb des Weltalls stehenden Gottes, sondern des göttlichen Geistes im Gemüt und Verstand derjenigen, die durch ihn zur Erkenntnis gekommen sind. Wir finden sie sowohl in den Veden der Inder als auch in der Bibel. Die Religion, im wahren Sinne des Wortes, ist auch eine Naturwissenschaft, denn sie handelt von den in der Natur des Menschen und im ganzen Weltall wirkenden geistigen Kräften und deren Gesetzen. Sie umfasst die ganze Welt mit allen ihren geistigen, himmlischen und höllischen Regionen und zeigt uns, dass alles, was im großen Kosmos erkannt werden kann, im Menschen selber zu finden ist. Die niedere Naturwissenschaft ist ein Stückwerk. Man kann zum Beispiel ein guter Chemiker sein und von der Astronomie doch so gut wie nichts wissen. Man hat es dabei nur mit einem Teil der Naturerscheinungen zu tun, aber die wahre Religionswissenschaft umfasst das Ganze als Ganzes. Sie setzt die Erkenntnis des Wesens des Ganzen voraus, aus welchem Offenbarungen in allen seinen Teilen entspringen. Wer dieses Ganze, die Einheit, erkennt, der erkennt alles in ihr. Wer vielerlei weiß und den alleinigen Grund des Daseins nicht kennt, der kennt im Grunde genommen nichts.

Da wird nun die Frage aufgeworfen, ob diese Lehren auch glaubwürdig sind. Es gibt heutzutage eine Menge von sich gegenseitig widersprechenden angeblichen Mitteilungen von Adepten, mediumistische *Offenbarungen* von Geistern, Hellsehern und dergleichen, von denen man nicht weiß, ob etwas Wahres darin enthalten ist. Auch kann darüber nur derjenige entscheiden, der selber zur Erkenntnis des Wahren gekommen ist, und ein solcher hat keinen Unterricht nötig. Da zeigt uns nun ein Vergleich der verschiedenen Religionssysteme den richtigen Weg, denn sie alle enthalten dieselben Lehren, wenn auch in verschiedener Form, und man braucht sie nur recht zu verstehen, um ihre Übereinstimmung zu sehen. Die Erkenntnis dieser Übereinstimmung lässt diese Lehren glaubwürdig erscheinen, aber mit einem blinden Fürwahrhalten derselben ist noch nicht alles getan. Die volle Erkenntnis der Wahrheit derselben tritt erst dann ein, wenn sie sich in uns selbst offenbart. Zum Erlangen dieses höheren Wissens ist aber eine höhere geistige Entwicklung nötig.

Das Studium dieser Wissenschaft, welche die Überwindung der Täuschung des eigenen *Selbst* in sich schließt, ist beschwerlich, aber es ist nicht, wie unser materielles Wissen, auf ein einziges Erdenleben beschränkt. Das, was für das Ewige einmal gewonnen ist, bleibt ewig und überdauert den Tod, der ja nicht unsere ewige Wesenheit, sondern nur unsere materielle Erscheinung betrifft.

Die Schule des Jüngers der göttlichen Weisheit hat viele Klassen und es mag Jahrtausende dauern, ehe er sie absolviert. Aber was sind Tausende oder Millionen von Jahren für dasjenige, was ewig, unabhängig von allen Dingen, erhaben über die Begriffe von Raum und Zeit existiert? Nach Pausen der Ruhe senkt der Geist immer wieder seine Fühlhörner in die Materie ein, bildet sich ein neues Haus, um darin auf einem Planeten zu wandeln, Lust und Leid kennenzulernen, Erfahrungen zu sammeln und durch Täuschung zur Wahrheit, durch Nacht zum Licht zu gelangen.

Dunkel ist sein Pfad, solange er ihn dort sucht, wo er nicht ist, nämlich außerhalb seiner selbst. Hat er aber einmal begriffen, dass dieser Weg nicht außerhalb seines eigenen Wesens liegt, sondern dass der wahre Mensch sich selbst der Weg, die Wahrheit und das Leben ist, so wird dieser Pfad für ihn ein Weg des Lichts, indem er die ewige Einheit des Ganzen und sich selbst als diese Einheit in Wahrheit erkennt.

Dieser Pfad ist die Stufenleiter der religiösen Entwicklung des Menschen. Er hat sieben Stufen. Auf der Ersten ist der Mensch ein tierähnliches Wesen, von seinen Instinkten und niederen Begierden beherrscht. Auf der Zweiten fängt er an, das Dasein von etwas Höherem zu ahnen. Auf der Dritten wächst das Gefühl für das Höhere und er greift wohl danach, aber seine niederen Begierden halten ihn noch zurück.

Auf der Vierten findet der Kampf zwischen dem Höheren und Niederen statt, er schwankt hin und her. Er wird von Zweifeln gepeinigt und sucht vergebens, in äußeren Dingen die Erkenntnis des Wahren zu finden. Nach vielfachen Enttäuschungen wendet er sich seinem Inneren zu. Auf der Sechsten findet er den Sitz der göttlichen Kraft in sich selbst. Das Licht fängt an, seine Seele zu erleuchten, und auf der siebenten Stufe geht in ihm die Sonne der Weisheit auf, in deren Licht alle Täuschungen wie Nebel im Lichte der aufgehenden Erdensonne verschwinden.

Wesen und Erscheinung

Die Welt ist ein Gedanke Gottes.

Es gibt ein höheres und ein niederes Wissen. Das Niedere bezieht sich auf die äußerlich wahrnehmbaren Erscheinungen in der Natur, das höhere geht aus der innerlichen Erkenntnis des einen Wesens aller Dinge hervor. Das Niedere gehört dem menschlichen Gehirnverstand, das höhere der Herzenserkenntnis an. Das eine wird durch Beobachtung, das andere durch Vereinigung erlangt.

Die Grundlage aller Wissenschaften des Westens ist die sinnliche Wahrnehmung der Erscheinungen der Materie und die Kenntnis der Beziehungen, die zwischen diesen Erscheinungen bestehen. Das Wissen der Weisen des Ostens beruht auf der Erkenntnis der Einheit des Wesens aller Dinge, aus der die unzähligen Formen, Dinge, Kräfte oder Erscheinungen hervorgehen. Die materielle Wissenschaft erkennt das Dasein der ewigen Einheit, aus der alles entspringt, noch nicht oder gibt es höchstens als eine Hypothese zu; sie sucht durch die Beobachtung des gegenseitigen Verhaltens der Erscheinungen untereinander Schlüsse zu ziehen. Der zur Selbsterkenntnis gekommene Mensch (der Yogi) erkennt die ewige Einheit als den Grund aller Dinge und sieht, wie das eine unteilbare Wesen sich in tausendfältigen Formen und Kräften offenbart. Bildlich gesprochen betrachtet der Theoretiker die ihm von ferne zugesandten einzelnen Blätter eines ihm gänzlich unbekannten Baumes und sucht durch den Vergleich derselben untereinander sich eine Hypothese darüber zu bilden, wo sie wohl herkommen mögen. Der Weise dagegen betrachtet den ganzen Baum. Er sieht ihn nicht als ein aus Blättern zusammengesetztes Ding, sondern als ganzes. Er sieht, dass Blätter und Blüten zwar in ihrer Erscheinung etwas vom Stamme verschiedenes, aber dem Wesen nach eins mit dem Baum sind, und beobachtet, wie aus dem Wesen des Ganzen die Einzelheiten der Formen, unter denen es erscheint, sich entwickeln.

Das Dasein der Erscheinungen hängt von der Gegenwart des Wesens ab, in dem sie entstehen, nicht aber das Dasein des Hervorbringenden von dem Dasein des Hervorgebrachten. Das All *ist*, wenn auch kein Mensch da wäre, der es erkennen würde; der Raum *ist*, wenn auch die Substanz, welche denselben ausfüllt, nirgends in verkörperter Form sich darstellen würde. Die Wahrheit *ist*, wäre auch niemand da, um von ihr Zeugnis zu geben. Das All, die Einheit aber ist unendlich und die Wahrnehmungen der Sinne sind beschränkt. Das Beschränkte kann das Unbeschränkte nicht fassen, der an die Erde gebundene Verstand die Freiheit des Unendlichen nicht begreifen. Nur die Seele des Erleuchteten, die sich eins mit der Weltseele weiß, kann es erkennen, weil in ihr selbst die Unendlichkeit ist. Nicht der persönliche Mensch, wohl aber der unendliche Geist in ihm kann die Größe des Geistes im Weltall fühlen. Nicht in der Beschränktheit der Formen, sondern im Geiste und in der Wahrheit selbst finden wir Gott.

Jede individuelle Form oder Erscheinung im Weltall stellt nur eine Summe von Eigenschaften dar, unter denen die große Einheit des Weltalls als Dasein sich offenbart. Entkleiden wir ein Ding in unserer Vorstellung von allen seinen Eigenschaften, einer nach der anderen, so bleibt schließlich doch der Begriff *Substanz* zurück, den wir nicht wegschaffen können, ohne eine Entstehung aus nichts anzunehmen, was der Vernunft widerspricht. Entkleiden wir alle Dinge ihrer Eigenschaften, so bleibt nur eine Substanz zurück, die eine einzige ist, weil sie sich von keiner anderen unterscheidet. Nehmen wir aus dem Bewusstsein der Menschen alles weg, was fremdartig ist, so bliebe nur das allgemeine Bewusstsein des Ichseins zurück, welches in allen Menschen dasselbe und daher in der ganzen Menschheit nur ein einziges ist.

Ein Ding ist irgendetwas, das man sich vorstellen kann. Das eine Wesen, aus dem alle Dinge hervorgehen, ist unvorstellbar und deshalb kein Gegenstand der Beobachtung. Wir können nicht diese ewige Ursache selbst, sondern nur die aus ihr hervorgegangenen Dinge sehen. Das Wesen eines Dinges besteht nicht in seiner äußerlichen Erscheinung, sondern in seinem Charakter, das heißt, in dem, wozu es dienlich ist. Stellen wir uns zum Beispiel einen Spazierstock vor. Er ist aus Holz, aber wir können das Holz durch ein Metall ersetzen. Er ist gerade, aber er könnte auch krumm sein. Wir können ihn kürzer oder länger, dicker oder dünner machen, aber er bleibt das, was er ist, solange er seinen Zweck erfüllt. In ähnlicher Weise besteht auch das wahre Wesen eines Menschen weder in seinen körperlichen Eigenschaften noch in seinen intellektuellen Ausstattungen, sondern in seinem Charakter, das heißt, in dem, wozu er tauglich ist. Wer dazu tauglich ist, die Pflichten zu erfüllen, welche er dadurch auf sich nahm, dass er ein Glied der Menschheit wurde, ist ein wirklicher Mensch. Der Charakter ist das Wesentliche, die Form eine Erscheinung.

Die höchste Bestimmung des Menschen ist, ein gottähnliches Wesen zu werden. Die Weisen lehren, dass der vollkommene Mensch das erhabenste aller Geschöpfe im Weltall sei. Götter und Engel sind ihm Untertan und er beherrscht die Unterwelt mit ihren Dämonen. Aber um zu dieser Vollkommenheit zu gelangen, muss er frei werden von den Beschränkungen, welche ihm die durch sein Dasein in der Form verursachte Täuschung auferlegt. Er muss zu dem Bewusstsein kommen, dass er nicht diese Erscheinung selbst, sondern nur dazu da ist, dass diese Formen in ihm seine himmlischen Kräfte entfalten, in ihm zum wahren Selbstbewusstsein kommen und er sich selbst als den Geist erkenne, der diese Formen schafft. Wir müssen von dem Geiste Gottes erfüllt sein, um Götter zu werden.

Form ist Beschränktheit, Wesen ist Freiheit. Form ist Erscheinung, Wesen ist Wirklichkeit, Wahrheit, Sein. Um das Bewusstsein der Allgegenwart des göttlichen Wesens in mir zu erlangen, muss ich über das Selbstbewusstsein, das meiner beschränkten Erscheinung angehört, erhaben sein. Soll ich mich als Ganzes im Ganzen erkennen, so muss ich im Ganzen leben und vom Geiste des Ganzen erfüllt sein. Wo wäre der Künstler, der jemals etwas Großes geschaffen hätte, ohne vom Geiste seiner Kunst erfüllt zu sein? Wer Großes erlangen will, muss groß denken und fühlen lernen. Wer das höchste Ideal in sich verwirklicht sehen will, dessen Seele muss groß genug sein, die ganze Menschheit und Gott darin zu umfassen.

Die materielle Welt ist das verkehrte Spiegelbild der geistigen Welt und deshalb an Sinnbildern reich. Nehmen wir als Beispiel das Wasser. Als *Element* ist es nur ein einziges. Seine Zusammensetzung ist überall dieselbe. Es ist durch die ganze Natur verbreitet. In leichtes Gewand gekleidet durchzieht es die luftigen Höhen, zu einzelnen Gefäßes an, in das es gegossen wird, und erscheint in der Farbe des Glases, das es enthält. Da kommt der Winter und mit ihm der Frost.

Das, was vorher als leichter Nebel die Berggipfel umschwebte, ist nun zu einem festen, starren Körper geworden. Der Wasserfall hört auf zu rauschen und Eiszapfen hängen von den Mühlrädern in wunderlichen Gestalten. Das Bewegliche ist durch die Kälte unbeweglich geworden. Da sieht kein Eisgebilde dem anderen vollkommen gleich, ein jedes hat seine bestimmte individuelle Form. Und dennoch sagt uns unsere Erfahrung, dass sie alle, die großen sowohl als die kleinen, in ihrem Wesen nicht voneinander verschieden sind. So ist auch die Menschheit, denn das, was den Menschen zum menschlichen Wesen macht, ist in allen Menschen dasselbe, und ein *Mensch* ist nur insofern ein wirklicher Mensch, als die Menschheit in ihm einen individuellen Ausdruck gefunden hat. Je mehr der Menschheit Größe in seinem Charakter ausgeprägt ist, umso mehr wird er in Wahrheit ein Mensch und fähig, die Freuden und Leiden der ganzen Menschheit in sich zu empfinden. In der Vorahnung dieses Zustandes sagt Goethe:

Mein Busen, der vom Wissensdrang geheilt ist,
Soll keinen Schmerzen künftig sich verschließen,
Und was der ganzen Menschheit zugeteilt ist,
Will ich in meinem innern Selbst genießen.
Mit meinem Geist das Höchst' und Tiefste greifen,
Ihr Wohl und Weh auf meinen Busen häufen,
Und so mein eigen Selbst zu ihrem Selbst erweitern,
Und wie sie selbst am End' auch ich zerscheitern.[1)]

Aber in der Menschheit als Ganzem und in jedem einzelnen Menschen ist noch etwas anderes enthalten — etwas, das *am Ende* nicht zerscheitern kann, weil es für dasselbe kein Ende gibt, denn es ist unerschaffen, selbstexistierend und ewig. Und dies ist das wahre Wesen, die Gottheit, das göttliche Selbstbewusstsein, das nicht vom persönlichen Selbstbewusstsein erzeugt oder eine Form des Letzteren, sondern von diesem verschieden ist, wohl aber in ihm offenbar werden und an dessen Stelle treten kann. Die ewige Einheit ist überall, aber nicht jede Form ist sich ihres göttlichen Daseins bewusst. „Deshalb braucht Gott den Menschen, damit er in ihm sich seiner eigenen Göttlichkeit bewusst werde."[2)]

Formen sind Erscheinungen, sie sind ohne das Wesen ein Nichts. Wenn eine Form ins Dasein kommen soll, so muss eine Substanz vorhanden sein, welche diese Form annimmt. Ein Körper ohne Substanz ist undenkbar. Auch die Formen, die wir durch unser Denken in unserer Vorstellung schaffen, haben Substanz, wenn sie auch für unsre materiellen Sinneswerkzeuge nicht sichtbar sind. Nichts existiert ohne Wesenheit, denn aus ihr gehen alle Formen und Erscheinungen, Bilder und Vorstellungen hervor. Wem seine Form alles ist, der erkennt sich selbst nicht.

Da die ewige Einheit alles ist, kann sie auch keine Eigenschaften haben, wodurch sie sich von etwas anderem unterscheidet. Das Wort *Eigenschaft* bedeutet einen Zustand eines Dinges, wodurch man ein Ding von einem anderen unterscheidet. Die ewige Einheit ist aber kein *Ding*, sondern alle Dinge sind nur Erscheinungen in ihr. Sie sind deshalb nichts Wesenhaftes, sondern die Wesenheit. Die ewige Einheit ist alles und nichts besonderes, denn es ist außer ihr nichts da, was Wesen oder Wirklichkeit hat.

Aber in dieser Einheit ist alles und folglich auch, wie schon Platon gelehrt hat, die Ideen aller zu werdenden Dinge wie der gewordenen enthalten.

---

1) Faust I, Vss. 1768-1775
2) Meister Eckehart

Alles geht ursprünglich aus dem Absoluten hervor, aber das Absolute selbst ist für uns unerkennbar und deshalb für uns ein Nichts. Daher sagt man, dass Gott die Welt aus Nichts, das heißt, aus der Tiefe des Nichtoffenbaren, hervorgebracht hat. Die Bhagavad Gita sagt: „Am Anfange eines jeden Schöpfungstages (Manvantara) geht das gesamte All aus dem Nichtoffenbaren hervor, und es verschwindet in ihm, welcher der Nichtoffenbare genannt wird, beim Anbruch der Nacht (Pralaya).“[1)] In ähnlicher Weise findet eine Schöpfung im Menschen statt. Wenn der Mensch schläft, zieht sich sein Geist in sich selber zurück. Damit ist es mit seinen Vorstellungen, seinem Wirken und Schaffen zu Ende. Aber seine Kenntnisse sind deshalb nicht vernichtet. Beim Erwachen treten sie wieder aus dem Nichtoffenbaren hervor. Sein Wesen bleibt dasselbe, ob er wacht oder schläft.

Der oberflächliche Mensch sieht vieles, aber nicht die Wirklichkeit, und deshalb sieht er in Wirklichkeit nichts. Der Mensch, der zur Erkenntnis der Wirklichkeit erwacht ist, sieht in jedem einzelnen Dinge das Nichts, welches alles ist. Er erkennt die Gottheit in sich selbst und in der ganzen Natur.

Wollen wir das wahre Wesen aller Dinge kennen, so müssen wir uns vor allem in uns selber demselben nähern. Dasjenige, was uns an der Erkenntnis hindert, ist die falsche Vorstellung, die wir uns von unserem eigenen Wesen machen. Wir müssen damit anfangen, dasjenige, was wir bisher für unser wirkliches Selbst zu halten gewohnt waren — unsere Persönlichkeit mit all ihrem Wahrnehmen, Denken, Fühlen und Wollen —, als ein vorübergehendes Produkt des einen unteilbaren Wesens, als ein bloßes Bild im Spiegel der Gottheit, der Natur, zu betrachten.

Gott erkennt sich im Menschen, wenn der Mensch sich in der Gottheit erkennt.

Da ein Mensch, der einen bestimmten Weg gehen will, aus den Erfahrungen eines anderen, der denselben Weg beschritten hat, eine Lehre ziehen kann, geben wir hiermit den Auszug aus einem Briefe eines Jüngers wieder, der Weisheit suchte:

„Du selbst hast in dir die süße Ahnung eines hohen und heiligen Zieles, du selbst hast in dir das rätselhafte Verlangen nach einem reinen und hehren Etwas. Willst du dieses zarte, luftige und flüchtige und doch immerwährende Verlangen festhalten und kennenlernen, so musst du dein vergängliches *Selbst* verlassen und tief in dein unvergängliches Selbst schauen. Dasjenige, welches

1) Bhagavad Gita 8:18

diese heilige innere Stimme hört, bist du; dasjenige, welches diese Stimme durch seine eigene lärmende Stimme übertönt, bist du; dasjenige, welches diese Stimme selbst ist, bist du, und das, wohin dich die innerste Gewissensstimme führen will, bist du auch.

Siehst du um dich her im Nichtich dein eigenes Selbst und im Innern das Ewig-Eine, das Immerwährende, und siehst du, dass das Selbst, das Wesen und Leben im anderen, in deiner Umgebung, das Ewig-Eine ist und dass du im Ewig-Einen, im absoluten Sein, in dir und in allen Gegenständen und in der ganzen Welt lebst, dass dieses Ewig-Eine das einzige wirkliche Leben und außer ihm nichts wahrhaft Wesenhaftes ist und alle Welten und du selbst eine Ausstrahlung desselben bist, dann ist in dir die Zweiheit der Einheit gewichen. Wenn du das Ewig-Eine finden willst, so musst du es in dir suchen, und wenn du es im „anderen" suchen willst, musst du es zuvor selbst geworden sein. Alles, was du in dir und am Nichtich und in deiner Umgebung erlebst, ist der Spiegel deines Selbst."

Nun wollen wir die Ursache deines inneren Lebensgeschicks, diesen Lenker deines Lebens, genau untersuchen.

Das Leben des menschlichen Selbstes ist ein Kreislauf von Wahrnehmen, Empfinden, Denken, Wollen und Handeln. Von diesen vier Elementen ruft stets eines das andere hervor, im endlosen Kreislauf, und man weiß eigentlich nicht und niemals, welches die erste Ursache der äußeren oder inneren Bewegung war.

Das eigentliche Leben ist in der Empfindung. Man denkt und will und will nicht und handelt und unterlässt Handlungen und hat bei allem den Genuss oder die Qual der Empfindung, welche unser persönliches Selbstbewusstsein in sich trägt. Das menschliche Leben ist eine in steten Gegensätzen dahinfließende Empfindung; und wenn es diesem Empfinden an Gegensätzen fehlt, wird es unerträglich langweilig, und es wird zur Sehnsucht nach Gegensätzen. Der Verlassene sucht Menschen auf, weil die äußeren Gegensätze innere Gegensätze hervorrufen und das persönliche Selbst nur im Gesetz der Gegensätze leben kann. Die Gegensätze der guten und schlechten Dinge sind die Nahrung des Selbst, nicht die Dinge selbst. Sehnt sich der Mensch nach diesem oder jenem, so ist dies zunächst eine Wirkung des Gegensatzwollens. Ein vielbeschäftigter Mensch ist glücklich, weil es ihm an Gegensätzen nicht fehlt. Alles, was du denkst, siehst, wahrnimmst, willst und tust, ruft in dir ewig wechselnde Empfindungen hervor, und gemäß deiner Empfindung gestaltet sich das Aussehen deiner Umgebung. Diese Empfindungen sind dein Selbst. Wie auch die Empfindungen wechseln (auch das Wollen ist eine Empfindung), immer geht nebenher der *schweigende Sprecher*, der stets derselbe bleibt, und mahnt, dass es ein unbewegliches, unveränderliches Etwas gibt, dass wir für ein anderes Reich als das der wechselnden Empfindungen bestimmt sind.

Der wähnende Mensch ist nicht imstande, sein ganzes Leben, alle seine Erlebnisse, alles, mit dem er in Berührung kommt, seine ganze ihn betreffende Umgebung auf seine Empfindung zurückzuführen. Könntest du dem Selbst alle Empfindung nehmen, dann gäbe es weder Angenehmes noch Unangenehmes, weder Schönes noch Hässliches, weder Gutes noch Böses, weder Schmerz noch Freude, weder Glück noch Unglück, Freund oder Feind, Hoffnung oder Furcht, Genügen oder Ungenügen, weder menschliches Wollen noch Nichtwollen, weder menschliches Handeln noch Unterlassen; auch das persönliche menschliche Denken (das eben stets innerhalb der Empfindung geschieht) hörte auf. Die Empfindung ist der große Kreis, in dem sich alles Leben bewegt. Diese stets wechselnde Empfindung ist das menschliche, irdische Selbst. Der Mensch, der in dieser wechselnden Empfindung denkt, handelt, wahrnimmt und will und nicht will, bespiegelt sich stets selbst, denn aus allem, was er denkt und wahrnimmt, will oder nicht will und tut, nimmt er irgendeine Empfindung für sein Inneres in Anspruch, und die wechselnde Empfindung ist er selbst. Aus allem anderen, aus jeder Tat, aus allem Denken und Wollen und Nichtwollen nimmt er im Empfinden sein eigenes Selbst zu sich, in fortwährender Selbstbespiegelung. Dieses Selbst kann nun bei einer Tat, bei Freude, Schmerz oder Reue sein, bei Furcht oder Hoffnung, gutem Wollen oder ärgerlichem Nichtwollen; es kann bei der Tat, dem Denken oder Wahrnehmen oder in einem träumerischen Zustand sein. Stets sucht es die Empfindung auf, die sein Leben ist. Dies wirst du bei ruhiger Beobachtung bei dir selbst finden.

Wie das Selbst nun eine Kette von stets wechselnden ineinandergreifenden Empfindungen ist, so auch das Selbstgefühl. Der Zustand des Selbst ist im steten Wechsel. Der Mensch klagt nun über das Unbehagen bringende *andere*, über Krankheit, Tod und Unglück. Er fürchtet das andere und sorgt sich. Er denkt, für andere zu sorgen und bespiegelt und belebt sich in dieser Empfindungssorge nur selbst (während die tätig selbstlose Sorge in der empfindungs- und erregungsfreien objektiven Tat liegt), denn die Empfindung ist sein Selbst und die Nahrung seines Selbst zugleich, ohne dass er es weiß. Der Mensch ist mit Liebem vereint und will sich von ihm nicht trennen, denn die Empfindung, welche die Sonne seines Lebens ausmacht, ist von dem Lieben abhängig. Er ist mit Unliebem vereint und möchte davon befreit sein, denn er hat durch dasselbe die Schattenseiten seines Lebens zu ertragen. Stets blickt er auf das andere, das Zweite, um sich selbst zu behaupten, denn mit dem Zweiten ist er durch die Empfindung eng verknüpft. Sein Schicksal ist davon abhängig, und es ist somit erklärlich, dass er das *andere* sich so zu gestalten sucht, dass sein Schicksal, sein Leben, sein Empfinden ein angenehmes werde. Wenn nun das wechselnde Empfinden überwunden wäre, könnte mich das *andere* noch berühren? Könnte es mir Glück oder Unglück bringen? Könnte ich das andere noch für Selbstzwecke zu beeinflussen suchen?

Die Zweiheit im Menschen kannst du auch in der Weise betrachten, dass auf der einen Seite die Empfindungszustände sind, auf der anderen das Wollen, Denken, Wahrnehmen und Tun.

Beide Seiten sind in inniger Abhängigkeit voneinander und miteinander verbunden. Sie wirken wechselseitig aufeinander. Die Zweiheit unterliegt aber auch dem Gesetz der Zweiheit und dieses sagt, dass alles dem Wechsel unterworfen ist. Was innerhalb dieser Zweiheit besteht, muss wieder zugrunde gehen. Jedes Ding kehrt zu seinem Ursprung zurück. Dieses wechselnde Selbst ist nicht unsterblich, mag es auch viel länger leben als der Körper.

Was sagt nun der Esoteriker?

„Bei allem, was geschieht, betrachtet er in objektiver Ruhe sein Selbst und sagt: Alles in mir ist Empfindung und das *andere*, das Nichtich, die Welt kann nur als Empfindung auf mich wirken. Wenn ich mich freue oder sorge, wenn ich hoffe oder fürchte, genieße oder Genuss suche, wenn ich mich ärgere oder Behagen habe, wenn ich erregt oder friedlich gestimmt bin, so bin stets ich selbst die Freude, Sorge, Hoffnung oder Furcht, Liebe oder Hass, Wollen oder Nichtwollen, Genuss oder Verlangen, Ärger oder Behagen, Erregung oder Frieden. Aus allem, was ich tue oder was mir die Welt, das *andere*, bringt, nehme ich die Empfindung in Besitz. Und die Wurzel der Empfindungen, die immer nach Neuem sucht, ist der Durst des Inneren.

Dieser Empfindungsdurst will befriedigt werden. Die Befriedigung ist nur in der Einheit möglich, in der alle Bewegung, aller Wechsel aufhört, denn der Wechsel würde aus der Befriedigung ein Unbefriedigtsein machen. Der Empfindungsdurst will sich stets durch das andere, durch neue Empfindungen ergänzen und kann dies nur scheinbar und vorübergehend, denn zwei Unvollkommenheiten geben in ihrer Verbindung keine Vollkommenheit.

Das Tun, Wollen oder Nichtwollen, Denken und Wahrnehmen auf der einen Seite und das Empfinden auf der anderen Seite können sich nie zu einem festen Ganzen, zu wirklicher lebendiger Befriedigung, zu wahrem Genügen verbinden, denn die Einheit, das Vollkommene, wird nicht gemacht, wird nicht zusammengesetzt. Es ist unzusammengesetzt, unteilbar.

Wie aber das von stets wechselnden Empfindungen erfüllte Innere von dem stets wechselnden Nichtich, dem anderen, der stets bewegten Welt abhängt, so ist auch in diesem Inneren kein wahres Genügen, kein wahrer Frieden zu finden. Das menschliche Innere ist ein treues Abbild der Natur. In der ganzen Natur ist eine Fülle von Gegensätzen, die in dem Triebe, sich zu ergänzen, ein Ganzes zu bilden, ein Etwas zu sein, sich gemäß ihrer Verwandtschaft gegenseitig hervorrufen, gegenseitig wecken und beleben. Aber jede Vereinigung ist nur ein Scheinganzes, eine Unvollkommenheit, die in sich nur eine ganz begrenzte, beschränkte, einseitige, vorübergehende Ruhe gefunden hat, weshalb sie in sich bereits wieder die Ursache zu einer Bewegung (Unruhe) hat, in der Hoffnung, durch diese die ersehnte Ruhe in der Vereinigung zu finden.

Auf das heiligste Streben nach Vereinigung mit dem unbekannten Etwas, nach Ruhe, nach Wirklichkeit, antwortet schließlich die ganze Welt nicht mehr. Auch ich wollte die verschiedenen feindlichen Elemente in mir zu einem edlen, wahren Leben vereinigen und die Antwort war, dass die ganze Welt und mein Inneres selbst mich wie eine Leiche, ein leeres Schemen, anglotzte. Mein Verlangen, mein unwillkürlicher innerer Trieb zur Selbsterziehung und Veredlung war bis aufs höchste gestiegen und sah das Nichts vor sich, musste erkennen, dass es in seiner Betätigung ziellos, erfolglos war — so, wie die ganze Natur, die stets das Ganze, die Vereinigung und Ruhe erstrebt und sie nie findet.

Willst du Herr der Welt, Herr des Selbstes werden, dann beherrsche deine Empfindungszustände, die du selbst bist; überwinde die Empfindung und schneide ihr die Nahrung ab, die ihr der Zweiheit (Trennung und Verbindung) wähnende Gedanke des abhängigen persönlichen Sonderseins bringt. Das wahre eine Selbst kann nicht getrennt und verbunden werden, es ist das vollkommene Ganze. Beherrsche die Persönlichkeits- und Sonderseins-Gedanken, reinige dein Herz von den wechselnden Empfindungen, blicke nach dem Immerwährenden in dir und in der Welt, erkenne, dass es in dir, in der Welt, in Vergangenheit, Gegenwart und Zukunft immer das eine Sein ist, welches dein wahres Selbst ist.

Nur wenn dein inneres Auge nicht mehr von den Strahlen geblendet wird, die den Empfindungen den Schein von eigenem Licht, Leben und Ichheit geben, kannst du reinen Herzens und ruhigen Geistes in das Innere blicken. Tritt Ruhe im Gemüt ein, dann ist das Selbst in sein innigeres Teil verwandelt; es bleibt, da es die Empfindung und mit ihr die Person und das Wollen im Zügel hat, unbeeinflusst vom Wechsel der Welt. Es wird von den Strahlen des *anderen* nicht mehr geblendet; es ist frei und ist selbst in sich selbst und im All das eine Selbst. Es ist nicht frei, weil die Gegenstände, die es umgaben, entfernt sind. Diese umgeben es immer noch. Es ist frei von dem Teil des Selbst, der vom äußeren abhängig ist, der dem Zweiheitsgesetz der Welt, dem Wechsel, den Empfindungszuständen in Freude und Schmerz unterworfen ist.

Das gebundene Leben muss sich mit Unliebem vereinigen und vom Lieben trennen; und dies ist schmerzhaft. Die Freude und das Verlangen werden teuer mit Schmerzen bezahlt und endlich bleibt die Sehnsucht nach der tiefsten, innersten Heimat übrig. Das freie Selbst oder der Mensch, der sich selbst bis zur Freiheit überwunden hat, ist nur dem Gesetz dieses neuen Lebens unterworfen. Dieses Gesetz ist die Einheit, die Freiheit von allem Wechsel, die Reinheit von allem Sondersein, mit allen seinen Bemühungen und Bestrebungen, — die raum- und zeitlose Ewigkeit. Er geht in das volle Leben, in den sonnigsten Platz ein, auf den keine Nacht folgen kann.

Wenn der Mensch doch weniger an die Gegenstände dächte, die ihm Freude und Leid bringen, und mehr die inneren Zustände, Empfindungen beachtete, in denen er sich befindet; denn das Leben ist ein Zustand. Will man aber das vergängliche, wechselvolle Leben fassen, dann muss man es innerlich sehen, und zwar getrennt von den täuschenden Ursachen des anderen. Sieht man es, dann fasst man es, hat man es getötet; dann kann man in die leere Stille blicken, wo diese flackernde Flamme einst brannte, manchmal verlöschend, manchmal zu wildem Brand der Erregung und Leidenschaft auflodernd.

Dann kann man so lange in die leere Stille blicken, bis man in der inneren Reinheit und Ruhe, Leere und Dunkelheit ein Licht aufblitzen sieht, das man als unbedingt göttlich und doch als sein wahres Selbst erkennt. Die ungeteilte Sehnsucht nach diesem Licht, nach diesem flüchtigen Zustand, macht uns selbst zu diesem Licht, lässt uns selbst zu dem gewollten Zustand werden. Die Dunkelheit, die Leere, das Warten und Suchen ist aber die fürchterliche Hüterin der Schwelle, und der Esoteriker sieht, dass es in Wahrheit nur einen einzigen Zustand gibt: es ist der innere Zustand in der ganzen Welt, der aber von der Welt unabhängig ist.

Wie die Sonne, ohne ihr Licht von einem anderen Stern zu empfangen, aus sich heraus leuchtet, alles durch ihre Strahlen erwärmt und belebt, so bestrahlt das unentstandene Eine die ganze Welt von innen heraus; es belebt und durchleuchtet alles, ohne dadurch von der Welt abhängig zu werden oder von einem anderen her sich Licht zu erborgen. Sie selbst ist geistiges Licht und strahlt dieses aus. Im Wahne, dass es noch andere Lichter und Leben gäbe, kann der Mensch das eine Licht nicht sehen, denn wie der Mensch nicht in die Sonne blicken kann, so kann das Wahn-Empfindungsgedankenleben nicht die Ewigkeit schauen. Der Mensch hält nun die bestrahlte Bewegung oder die Strahlen, die auf das Bewegte, Wechselnde fallen, für wirkliches Licht und Leben und sucht es nun gemäß dem getrennten Äußeren, gemäß der Vielfalt des Bewegten, Wechselnden getrennt, vielfältig.

Er selbst hält das Leben und sein Leben für etwas der Bewegung und dem Wechsel, der Trennung und Verbindung und dem Einzelnen, dem Teile, dem Sondersein Unterworfenes. Aber nur das Strahlende an aller Bewegung, bei allem Wechselnden ist das scheinbar Lebendige, das scheinbare Licht, aber nicht das Licht, das Leben und die innere Wirklichkeit selbst, denn diese ist nicht getrennt und wechselt nie. Es ist das eine Sein, das alles von innen heraus belebt, das stets dasselbe gewesen ist und sein wird, das überall und zu allen Zeiten und außerhalb von Zeit und Raum das immerwährende Sein ist — frei von der Vielfalt der Eigenschaften. Frage dich nun selbst, ob nicht in deinem ganzen Leben immer nur ein Sein die Grundharmonie, das Lebendige war, und ob nicht das persönliche Wechselnde nur ein von unersättlichem Verlangen erfüllter Traum war. Du wirst sehen, dass dieses eine Sein weder das Licht noch der Schatten deines persönlichen Traumes ist, denn es ist das Eine, Einzige, Unberührte, deine wahre Heimat und dein wahres Leben, das immerwährende Eine, die eine, heilige Flamme.

Wenn du versuchst, dir eine positive Vorstellung von diesem einen Sein zu machen, dann wirst du dich in deiner Vorstellung stets selbst bespiegeln, denn deine Vorstellungen sind deine Fähigkeiten und diese sind deine Person. Wenn du versuchst, das, was du noch nicht siehst, auf menschliche Art (mit Empfindungen) zu lieben, so wirst du in die leere Schwärmerei geraten und dich in dieser nur selbst bespiegeln und selbst bestätigen. Die Person sucht sich nun einmal in und mit der Empfindung stets selbst auf, um leben zu können, und ohne es zu wissen. Hast du das immerwährende Sein gefunden, siehst du gleichsam auf den See dieses Seins, das Wechselnde, Persönliche, erkennst du das Unpersönliche als das Immerwährende und das Persönliche als toten Traum — dann blicke, das Immerwährende in Herz und Gehirn festhaltend, ins Innere. Es wird sich dann, wenn dein Herz von allem Persönlichen und Wechselnden frei ist, wenn es frei von Wollen und Traurigkeit ist, ein weites Tor im Inneren öffnen, und du wirst durch dieses Tor in alle Herrlichkeit und Fülle der Ewigkeit schauen, in dir die Ewigkeit selbst erkennen und das finden, was du stets gesucht hast, aber von persönlichem Verlangen getrieben nicht finden konntest. Du wirst erkennen, dass dieses Unsagbare, das du siehst, du selbst bist und stets warst; und in diesem Wiederfinden bist du bereits das wahre eine Selbst geworden, und außer diesem Selbst gibt es nichts mehr. Alles, wohin du nun blickst, alles, was du hörst und wahrnimmst, alles ist dieses wirkliche Selbst. Alles bist du und dein Ich hat aufgehört zu sein. Es ist das eine, immerwährende, lebendige Sein geworden, das im Innersten aller Dinge lebt oder besser und richtiger, in dem alle Dinge wie in einem Äther schweben. Was an einem Gegenstande, an einem Etwas schön, erhaben, gut ist—stets ist es die Nähe und Ausstrahlung des einen Äthers. Willst du von allem das Schöne, Lebendige, die Fülle, das Erhabene, Heilige und Wesenhafte, dann strebe nach dem Ewigen, Unentstandenen. In ihm findest du alles mangellos und unvergänglich. Du darfst nicht denken, dass diese ewige Heimat und Ruhe aus all den schönen Eigenschaften zusammengesetzt ist. Ihr Wesen, ihre Eigenschaft ist eben, ohne Teile, ohne Eigenschaften ein unzusammengesetztes, untrennbares Ganzes zu sein. Da sie aber das All, die Vollkommenheit, die Ursache ist und das andere alles Teile der Ausstrahlung sind, so kann es keine Strahlen geben, die nicht etwas von ihr enthielten oder spiegelten. Also alles Lichte, was du hier getrennt und vergänglich siehst, findest du dort ungetrennt als Ganzes und Ewiges.[1)]

Werfen wir von dieser Höhe, in der der Mensch sich als das Ganze und alles in diesem Ganzen erkennt, einen Blick in die Werkstätte der Natur, so finden wir, dass die ewige Einheit sich als eine Dreiheit offenbart, nämlich als Geist, Gedanke und Form oder mit anderen Worten: Bewusstsein (Geist), Seele (Kraft) und Substanz (Stoff). Die Alten bezeichneten diese drei Elemente mit den Symbolen von *Feuer, Wasser und Erde*. Der Geist ist der alles belebende Sinn, die Seele der formenbildende Gedanke, der Stoff die Verkörperung des Gedankens durch den ihn belebenden Geist.

Aus der Verbindung dieser drei Prinzipien gehen vier weitere Elemente hervor, und diese sieben stellen sich folgendermaßen dar:

1. A - Das Reich des Stofflichen oder Materiellen, symbolisiert durch das (geistige) Element der *Erde*.

2. AB - Eine Verbindung von Materiellem und Seelischem, symbolisiert durch die *Luft* (die Astralwelt).

3. B - Das Seelische, symbolisiert durch *Wasser*.

4. ABC - Das Lebensprinzip, symbolisiert durch *Äther*.

5. AC - Eine Verbindung von *Erde* und *Feuer*, das heißt, Geist und Materie; das Reich des Intellektuellen, das *Gemüt*.

1) vergl. Blavatsky, „Die Stimme der Stille". Verlag Heliakon

6. BC - *Feuer und Wasser*, das heißt, Geist und Seele; das Reich der Erkenntnis oder das *Licht*.

7. C - Geist oder *Feuer*, aus welchem das Licht und Leben entspringt.

Dies ist die Lehre von den sieben Prinzipien oder Zuständen, aus denen die Welt wie auch der Mensch zusammengesetzt sind, und die in den ältesten philosophischen und religiösen Systemen unter verschiedenen Bezeichnungen zu finden ist. Aber ohne die Zuhilfenahme der Intuition ist sie schwer zu verstehen, denn um diese Symbole und Bezeichnungen richtig zu verstehen, sollte man dasjenige, worauf sie sich beziehen, intuitiv erkennen. Wo es sich um allgemein bekannte Dinge handelt, lässt sich der Sinn eines Wortes nicht leicht missdeuten. Aber in Bezug auf das noch nicht jedermann Bekannte gilt der Ausspruch Goethes:

Denn eben wo Begriffe fehlen,
Da stellt ein Wort zur rechten Zeit sich ein.[1)]

Aus dem wahren Gefühl und richtigem (intuitivem) Denken entspringt das richtige Wort.

Die Alchemisten bezeichneten diese sieben *Prinzipien* als sieben *Planeten*; die Mythologie der Griechen und Römer stellt sie als Gottheiten dar. In der Geheimlehre der Inder und Ägypter finden wir sie als die sieben Daseinszustände (Tattwas) oder die sieben Prinzipien in der Konstitution des Makrokosmos und Mikrokosmos und in der Kabbala als die sieben Vokale des göttlichen Alphabets, von denen aber bis jetzt nur fünf offenbar sind.

Es würde uns zu weit führen, an dieser Stelle auf die Einzelheiten der okkulten Philosophie eingehen zu wollen. Eine vergleichende Übersicht dieser Benennungen wird unserem Zwecke genügen.

Wir dürfen uns diese Prinzipien nicht als voneinander getrennte Dinge vorstellen. Sie alle sind Offenbarungen der einen unteilbaren Einheit und deshalb in allen Dingen enthalten. Nur ist in dem einen Dinge das eine, in einem anderen das andere vorherrschend oder offenbar. Deshalb lehrte schon Theophrastus Paracelsus, dass in jedem der sieben „Planeten“ oder „Metalle“ die anderen sechs verborgen sind.

Das Höhere wirkt auf das Niedere ein. Die Formen, in denen diese Prinzipien sich darstellen, sind mit einer Aura wie mit einem Schleier umgeben, durch den sie das Nächsthöhere ahnen, fühlen oder wahrnehmen können.

1) Faust I, Vss. 1995 f.

	Sanskrit	Ägypten	Planeten
I	Maya. Die materielle Erscheinung (Sthula Sarîra).	Chat. Das Körperliche	♄
II	Prana. Die Lebenskraft, ein Abglanz von Jiva (das geistige Lebensprinzip).	Bas. Wärme / Nit. Hauch) – Leben	☉
III	Linga. Der ätherische Körper (Astralkörper).	Ka. Die Persönlichkeit.	☽
IV	Kama. Begierde. Die Begierdenformen (Kama Rupa).	Ab. Das Herz. Der Wille. Das Zentrum.	♂
V	Manas. Das Gemüt. Der Mensch.	Ba. Die Seele.	♀
VI	Buddhi. Das Licht. Der Verstand. Die *himmlische Seele*. Die Region des direkten Schauens und der Erkenntnis.	Chaib. Der Schatten des Geistes. Der himmlische Leib. Intelligenz.	☿
VII	Atma. Der Geist. Hauch. Atem Gottes im Weltall. Das Selbst aller Dinge.	Chu. Geist. Allmacht.	♃

So ist zum Beispiel Manas (das Gemüt) von einem Schleier umgeben, durch den es das himmlische Licht einer höheren Erkenntnis intuitiv wahrnehmen kann, und wenn durch die Einwirkung dieses Lichts der Verstand sich im Menschen entwickelt, so verschwindet der Schleier und die Erleuchtung tritt ein. Ohne dieses höhere Licht der geistigen Sonne ist das Gemüt dunkel oder nur von dem trügerischen *Mondlicht* der Fantasie beschienen.

Man unterscheidet somit zwei Regionen der Seele oder des Gemüts, nämlich Kama Manas oder denjenigen Teil der Seele, der dunkel ist und worin die Instinkte, Begierden und Leidenschaften zu Hause sind und welcher der Sitz der Wissbegierde und der spekulativen Forschung ist, und ferner Buddhi Manas oder den erleuchteten Teil des Gemüts, den Sitz des direkten Schauens und der wahren Erkenntnis, die keine Schlussfolgerungen und Beweise mehr nötig hat. Der Widerschein des Lichts durch den Schleier von Manas ist die Intuition.

Jedes Prinzip ist in allen Dingen enthalten, aber nicht in jedem ist es offenbar.

Prana ist überall, aber nicht in allen Dingen in Tätigkeit. Buddhi ist nicht nur der Verstand des erleuchteten Menschen, sondern die Kraft, die den Blumen ihre Schönheit verleiht. Alles ist Geist. Ohne ♄ gäbe es nicht das, was wir *Materie* nennen, ohne ♂ keine Energie, ohne ♀ keine Begierde, ohne ☉ kein Leben, ohne ☿ keine Intelligenz, ohne ☽ keine Fantasie und ♃ wäre machtlos ohne die anderen Gottheiten oder geistigen Kräfte in der Natur.

Daher kommen auch die guten oder bösen Aspekte der Planeten. Sie sind zum Beispiel schlecht, wenn der Mond von der Erde verfinstert ist, das heißt, wenn die Fantasie vom Materiellen beherrscht wird, oder wenn die Leidenschaft (Mars) über die Liebe (Venus) siegt, wenn das Licht der Intelligenz (Merkur) vom Saturn verdunkelt wird und so weiter. So, wie unsere Chemiker ihre Symbole für die *Elemente* der Chemie haben, so hatten die Philosophen des Mittelalters die ihrigen, die höchst zutreffend sind, wenn man sie richtig versteht.

Auf unserer physischen Welt ist Maya (das Materielle) vorherrschend. Unsere Sinne sind materieller Natur und sehen das Geistige nicht. Deshalb erscheint uns die physische Welt als wirklich und alles andere als ein Traum. In der Astralwelt, in die wir im Traume eintreten, erscheinen uns die Bilder als Wirklichkeit und die physische Welt existiert nicht mehr für uns; und in der Welt des Lichts, im Reiche der Wahrheit, gibt es auch keine Träume mehr, denn dort verschwinden alle Illusionen in der Erkenntnis des göttlichen Selbst. Alles Dasein ist relativ und deshalb ist der Himmel wie auch die Unterwelt für ihre Bewohner ebenso wirklich, wie unsere Erde für uns, wenn wir es auch nicht begreifen können, weil uns hierzu die Erfahrung fehlt. Aber über alles erhaben ist das Gottesbewusstsein, das alle Welten mit ihren Regionen umfasst.

Das Leben in der Natur

„Ich bin der Ursprung von allem. Das ganze Weltall entspringt aus mir. Sieh das Universum mit allem, was sich bewegt und nicht bewegt, als eine Einheit, ein Ganzes in meinem Leib."
Bhagavad Gita 11:7

Ein berühmter Professor hat den gewichtigen Ausspruch getan: „Leben ist Zellentätigkeit." Die Gelehrtenwelt betete es ihm gläubig nach, und viele meinten, nun das Rätsel des Lebens gelöst zu haben. Aber woher kommt die Tätigkeit in den Zellen? Können abgestorbene Zellen sich ein Leben erzeugen? Wäre es nicht besser zu sagen: „Die Zellentätigkeit ist eine Lebenserscheinung, hervorgebracht durch die Lebenskraft in der Natur?" Wäre kein Lebensprinzip vorhanden, so könnte auch nirgends eine Zellentätigkeit offenbar werden.

Es gibt nur eine einzige Einheit, aber alle Zahlen entspringen aus ihr. Es gibt nur ein einziges Leben, aber vielerlei Formen, in denen seine Tätigkeit offenbar wird. Der äußere Mensch sieht nicht das Leben selbst, sondern nur die Wirkungen seiner Tätigkeit. Das Tier sieht nur die äußere Form und nimmt deren Veränderungen wahr, der Geist aber blickt in das Innere der Natur. Er sieht im Großen das Große, im Schönen die Schönheit, im Mächtigen die Stärke, im Erhabenen die Erhabenheit, im Reinen die Reinheit, im Lebendigen das Leben selbst. Wenn wir, auf hoher Bergesspitze stehend, die unter uns liegende Welt betrachten, ist es schließlich nicht dieser oder jener in der Morgensonne glühende Gletscher, nicht diese oder jene überhängende Felswand oder zerrissene Schlucht, deren Anblick uns in Begeisterung versetzt. Wir betrachten nicht mehr die einzelnen Teile des Ganzen, sondern die Schönheit des Ganzen.

Die darin wohnende Erhabenheit ist es, die unsere Seele erfüllt. Diese Erhabenheit, Schönheit, Größe und so weiter sind Eigenschaften, die wohl in der äußeren Erscheinung ausgeprägt oder ausgesprochen, nicht aber von der Erscheinung geschaffen sind. Sie verdanken dem Wesen der Dinge, der Wahrheit in der Natur ihr Dasein. Deshalb werden sie auch nur von jenen erkannt, die das Prinzip des Erhabenen, Schönen, Großen und so weiter in sich selbst tragen, denn Gleiches wird nur durch Gleiches erkannt. Das Erkennen des

Guten im Äußeren ruft im Inneren die Empfindung des Guten wach. Wäre in uns nichts Schönes vorhanden, so ergriffe uns nicht die Schönheit in der Natur, noch könnten wir sie begreifen.

Nur wenn wir die Wahrheit, die Wirklichkeit in unserem eigenen Inneren empfinden, können wir sie in äußeren Dingen begreifen. Die Wahrheit in uns erkennt sich selbst in den Bildern, die sie im Äußeren findet. Die Wahrheit im Äußeren spiegelt sich wider in dem, was unsere Seele Wahres enthält. Wie könnte derjenige wahre Erkenntnis besitzen, der kein Gefühl für die Wahrheit hat und dessen Wissen nur auf Schlussfolgerungen und Hypothesen beruht? Eine Wissenschaft, die auf das wahre Wesen der Dinge keine Rücksicht nimmt, ist wesenlos.

Das Leben im Weltall ist nur eines, aber es äußert sich in verschiedenartiger Weise auf den verschiedenen Stufen des Daseins. Die Arten seiner Offenbarungen hängen von gewissen Bedingungen ab. Je dichter die Materie, um so schwerer wird sie von Lebenskraft bewegt. Steine und Metalle haben auch Leben, wenngleich ihr Wachstum ein so langsames ist, dass es sich unserer Beobachtung entzieht. Die Wissenschaft hat neuerdings wieder entdeckt, dass Metalle ermüden und Maschinen der Ruhe zur Erholung bedürfen. Aber sie haben nicht die zur Offenbarung des intellektuellen Lebens nötige Beschaffenheit.

Das Leben ist Geist. Die Natur erzeugt kein Leben aus sich selbst, wohl aber ist sie das Werkzeug, wodurch der Geist als Leben offenbar wird. Der Geist ist der Erzeuger, die Natur die Gebärerin. Ohne den Geist, der in ihr waltet, könnte die Natur nichts hervorbringen, und der Geist könnte nicht offenbar werden ohne Natur. Die Lebenstätigkeit äußert sich als eine Funktion der Materie, aber es ist der in ihr wirkende Geist, der sie hierzu bewegt. Am Anfang einer jeden Schöpfung sind alle Dinge in dem schöpferischen Geiste, der großen *Arche Noahs*, enthalten und treten, durch den erwachenden Geist belebt, wieder aus dem nichtoffenbaren Zustand ins objektive Dasein hervor. So sind auch in dem Geiste des Menschen alle Kenntnisse und Ideen enthalten, die er vor dem Einschlafen seines Körpers hatte, aber erst mit dem Erwachen werden sie durch sein Bewusstsein wieder belebt und treten als Vorstellungen wieder in ihm auf. Deshalb vergleicht die indische Philosophie die Entstehung einer neuen Welt mit dem Erwachen Brahmas. Gott erschafft die Welt nicht aus Nichts, sondern er schöpft sie aus seinem Inneren.

Der zum geistigen Leben erwachte und deshalb geistiger Wahrnehmungen fähige Mensch erkennt vier Stufen des Daseins im Weltall; oder mit anderen Worten, vier Ebenen, auf denen sich das eine Leben im Weltall auf verschiedene Art äußert. Die Art der Offenbarung des Lebens ist von der Organisation der Form abhängig; und diese vier Daseinsstufen — und folglich auch die Organisation der darauf lebenden Wesen — sind voneinander getrennt und verschieden. Damit ist nicht gesagt, dass diese vier Daseinssphären örtlich voneinander getrennte Welten seien, wie ja auch in der sichtbaren Natur das Menschen- und Tierreich, die Pflanzenwelt und das Mineralreich nicht voneinander getrennte Planeten bewohnen, sondern beisammen, ja sogar eins in dem anderen enthalten sind.

Diese vier Daseinsstufen oder Welten werden im Sanskrit mit den folgenden Namen bezeichnet:

1. Die Ebene von Sthula Sarîra, deren Ausdruck die uns äußerlich sichtbare materielle *Bhur Loka* ist, in der wir als Erscheinungen leben.
2. Die Ebene von Sukshma Sarîra, das heißt, die *Astralebene*, die wohl nicht für den äußerlichen Sinn, dagegen aber für die innerlichen Sinne des Menschen, dessen Bewusstsein auf dieser Ebene tätig ist, wahrnehmbar ist. Ihr Ausdruck ist *Antariksha Loka*, die Astralwelt.
3. Die Ebene von Karana Sarira, oder die Welt der Ursachen, die geistige Welt, deren Ausdruck Devachan (Swara Loka), die Wohnung der Götter (Devas), ist.
4. Die Ebene des göttlichen Logos, *Mahar Loka*, die Gotteswelt, deren Zentrum die Sonne der göttlichen Weisheit ist.

Die physische Ebene umfasst die vier bekannten Naturreiche, das Mineral- und Pflanzenreich, die Tier- und Menschenwelt mit ihren Bewohnern, aber außer diesen auch noch das weniger bekannte Reich des Äthers, an dessen Schwelle die Wissenschaft steht. Zu ihr gehören alle in der äußeren Natur für uns wahrnehmbaren Kräfte; aber eine Abhandlung über die Naturwissenschaften wäre für den Rahmen dieses Werkes zu groß. Alles, was für uns sichtbar oder wahrnehmbar ist, hat seinen Ursprung im *Unsichtbaren*. Jeder sichtbare Körper ist der sichtbare Ausdruck eines feineren Organismus, der für uns nicht äußerlich wahrnehmbar ist, und dieser seinerseits ist wieder der Ausdruck eines Gedankens, die Verkörperung einer Idee.

Die *Astralwelt* oder die *übersinnliche Welt* nebst ihren Bewohnern ist für unsere körperlichen Augen unsichtbar, wohl aber fühlt der Astralmensch in uns ihre Gegenwart und für diejenigen, deren innere Sinne erwacht sind, steht ihr Tor offen. Sie wird als die *Traumwelt* bezeichnet, was gewissermaßen in demselben Sinne aufzufassen ist, dass unsere Welt auch eine Welt der Vorstellung ist und aus Verkörperungen solcher Traumbilder besteht. Solange wir das

Ewige nicht erkennen, wird es uns auch nicht möglich sein, uns über diese Illusionen zu erheben; und das Reich der Schatten und Gespenster, wenn wir es betreten, wird für uns eine Wirklichkeit sein.

In den Schriften der Inder, wo von der Astralwelt die Rede ist, steht: „Wenn es dir scheint, dass du von Elefanten zertreten wirst oder in einen Abgrund fällst, so wisse, dass dies nur ein Traum ist!“ Wer dies aber nicht begreift, für den ist der Traum eine Wirklichkeit.

Ähnlich verhält es sich mit der Himmelswelt, der Wohnung der Seligen. Jedoch sind deren Bewohner der Wahrheit schon näher und leben in deren Licht. Auch ihre Vorstellungen sind gewissermaßen Träume und entspringen aus ihnen selbst. Die Ideale, die sie in ihren Herzen gesammelt haben, werden für sie objektiv und bilden ihre Welt. So kann sich jeder selbst seinen Himmel schaffen und sowohl vor als auch nach dem Tode ein Bewohner desselben sein.

In der Gotteswelt aber sind alle Täuschungen überwunden. Da lebt der Mensch im Vollgenuss seines Gottesbewusstseins, das alle Reiche mit ihren Illusionen umfasst. Dort lebt er im Lichte der Wahrheit und das Licht der Wahrheit in ihm.

Es wird oftmals gefragt, ob diese Reiche örtlich voneinander getrennt seien, denn der Mensch hält fest an seinen Begriffen von Zeit und Raum. Hierauf ist vielleicht zu erwidern, dass jeder Mensch diese vier Reiche in sich trägt. Jeder hat ein äußeres Leben sowie ein Gefühls- und Gedankenleben und trägt auch den Keim der Gotteserkenntnis in sich.

Himmel und Hölle sind in uns selbst und wir in ihnen, wenn wir sie erwecken. Aber auch jedes Reich hat seinen Mittelpunkt, sein Zentrum, um das es sich dreht. Das Zentrum unseres Sonnensystems ist die Sonne. Sie ist die Quelle des Lebens auf seinen Planeten. Wir leben innerhalb dieses Systems und folglich in der Sonne selbst, aber nicht in ihrem feurigen Zentrum. Ähnlich verhält es sich mit den übrigen Reichen. Das Zentrum, um das sich das psychische Leben in der Welt der Instinkte dreht, ist die Erde.

Das Zentrum der Himmelswelt ist, im mystischen Sinne, der *Mond*, das Zentrum der Gotteswelt *Christus*, die geistige Sonne.

Um zu begreifen, dass auch die übersinnlichen Welten substanziell sind und ihre leibhaftigen Bewohner haben, wird es gut sein, daran festzuhalten, dass Gedanken Dinge sind. Die Formen, die durch die Vorstellung geschaffen und durch den Willen belebt werden, sind nicht wesenlose Nichtse, sondern substanziell und dauerhaft. Ja, es ist bekanntlich gelungen, sie zu fotografieren.

Die Menschen bringen beständig, ohne dass sie es wissen, solche Geburten, sowohl böse als gute, Teufel und Engel hervor. Ein Meister der Weisheit sagt:

„Jeder Gedanke eines Menschen geht, wenn er zur Reife gekommen ist, in eine andere Welt und verbindet sich, oder er fließt gleichsam zusammen, mit einem *Elementar*, das heißt, mit einem der halbintelligenten Kräfte jener Reiche. Er lebt fort als eine aktive Intelligenz, als ein vom Gemüte erzeugtes Geschöpf, längere oder kürzere Zeit, je nach der ursprünglichen Intensität der Gehirntätigkeit, die ihn gebar. Ein guter Gedanke lebt fort als eine aktive, wohlwollende Macht, ein böser als ein übel bringender Dämon. Auf diese Weise bevölkert der Mensch beständig seinen Lebensstrom im Raume mit den Ausgeburten seiner Fantasie, Launen, Begierden, Instinkte und Leidenschaften, und diese Strömung wirkt auf jeden sensitiven oder nervösen Organismus, der damit in Berührung kommt, je nach der Intensität der Stromstärke ein."

Der uns zugemessene Raum gestattet uns nicht, in weitläufige Auseinandersetzungen dieses Gegenstandes einzugehen, aber die ganze medizinische, psychologische, spiritistische und okkultistische Literatur ist reichlich mit Beispielen gesegnet, die hierher passen würden. Ja, selbst die religiösen Schriften handeln oft von Fällen von Besessenheit. Unsere Irrenanstalten sind voll von Leuten, die von *Elementalen* verschiedenster Art besessen sind, und kein Mensch, der die zu einem Verständnis dieser Dinge nötigen Vorkenntnisse hat, zweifelt an der Existenz solcher Geschöpfe, deren Formen leicht zu erraten sind, weil jede Form dem Charakter entspricht, den sie darstellt. Solche Gedankenformen werden durch unser Wollen und Denken ernährt und können noch lange nach dem Tode ihres Erzeugers fortexistieren. Wird ihnen diese Nahrung entzogen, so verkümmern sie und werden schließlich zu Nichts. Das böse Gewissen, die Furcht, der Zorn erzeugen Formen, die, wenn sie auch Produkte der Einbildung sind, nichtsdestoweniger Formen sind, die der Betreffende in sich hineingebildet hat und die objektiv hervortreten können und dann für ihn ebenso wirklich sind, als wenn ein anderer sie erzeugt hätte.

Solche Formen sind substanziell, denn nichts ist ohne Substanz. Ja, sie können sogar noch mehr materiell als unsere physische Welt und dennoch für uns unsichtbar sein. Dies mag sonderbar klingen, aber es gibt noch vielerlei Zustände der Materie, die wir nicht kennen, und es ist glaublich, dass eine Form umso mehr materiell ist, je weniger sie Geist hat. Was aber das Sichtbarwerden betrifft, so ist das ein relativer Begriff. Ein Wesen nimmt in der Regel nur dasjenige wahr, was sich auf seiner Daseinsstufe befindet. Das Sinnliche nimmt das Sinnliche, das Auge des Geistes das Geistige wahr.

Wie alles, was im Weltall enthalten ist, sich auch im menschlichen Organismus findet — gleichsam wie der Same in der Erde, der seiner Entfaltung harrt — so ist auch alles, was im Organismus des Menschen enthalten ist, im Organismus der ganzen Natur im Großen enthalten; und das Gleiche in dem einen ist mit dem Gleichen im anderen verbunden, sodass nichts im Menschen sich regt, ohne dass das ihm vorgesetzte Ähnliche in der großen Natur sich ihm entgegenregt. Durch das Leben seines physischen Körpers steht der Mensch mit der ihn umgebenden sichtbaren Körperwelt in Verbindung und ist sich des Daseins derselben bewusst.

Entfaltet sich in ihm sein *Astralbewusstsein* und die daraus entspringende Wahrnehmungskraft, so wird er ein bewusster Bewohner der neuen Welt, von deren Vorhandensein er früher keine Ahnung hatte, obgleich sie ihn von allen Seiten umgab. Durch die Entfaltung seines Geisteslebens tritt er ein in die geistige Welt, in den Verkehr mit Göttern. Feiert aber in ihm das göttliche Leben seine Auferstehung, so ist er eins mit der Gottheit und sich des göttlichen Daseins bewusst. Der Mensch kann mit einem Amphibium verglichen werden, das sowohl auf der Erde als auch im Wasser leben kann. Er kann infolge seiner körperlichen, seelischen und geistigen Organisation ein selbstbewusstes Dasein in der Körperwelt genießen oder sein Selbstbewusstsein und damit auch sein Wahrnehmen, Fühlen, Denken, Wollen und Erinnern — folglich sich selbst—auf eine andere Daseinsstufe versetzen.

Da die vier Daseinsstufen gänzlich voneinander getrennt sind, findet kein Übergang von der einen zur anderen statt, wohl aber dient die eine als Stufe zur anderen. Durch keine Art von Verbesserung des Erdbodens wird es möglich sein, aus dem Erdboden selbst eine lebende Pflanze zu machen. Wohl aber kann aus dem Samen, der in der Erde enthalten ist, sich eine Pflanze entwickeln, wenn die hierzu nötigen Bedingungen vorhanden sind. Keine Verbesserung der Ernährung wird im Tiere Geist erzeugen. Wohl aber offenbart sich der Geist, wenn im Körper des Menschen die hierzu nötigen Verhältnisse herrschen. Keine Art der Zusammensetzung von Theorien und Hypothesen, Meinungen, Schlussfolgerungen und Vorstellungen kann im Menschen die Erkenntnis seiner Gottesnatur erzeugen. Wohl aber kann der Keim der Selbsterkenntnis in ihm zur Entfaltung kommen, wenn ihm dabei keine falschen Begriffe hinderlich sind. Dies ist das größte Hindernis des Erwachens der Selbsterkenntnis im Vielgelehrten, der nur die Vielheit kennt, dass er logische Überzeugung für wahre Erkenntnis nimmt und meint, dass — wenn er bewiesen habe, dass dies und das so und so sein müsse — er es dadurch auch wirklich erkenne. Die wahre Erkenntnis besteht aber nicht im Schlüsseziehen, sondern in der Verwirklichung.

Darin besteht der Missgriff der Moralisten, dass sie glauben, die Persönlichkeit moralisch und intellektuell so verbessern zu können, dass sie schließlich Gott ähnlich werde. Aber wenn auch gleich die Entfaltung des göttlichen Selbstbewusstseins im Menschen eines moralischen und intellektuellen Bodens bedarf, so kann doch alle Moralität und alle Theorie keinen Gott erzeugen. Ein Tier kann noch so gut dressiert werden, es bleibt doch nur ein Tier.

Ein Mensch kann noch so viel Moral beobachten und noch so gelehrt sein, er wird aber dadurch noch nicht vom Wahn der Eigenheit frei. Wohl aber kann die Gottheit sich dort offenbaren und zum Wesen werden, wo die Illusion der Persönlichkeit, sei sie nun moralisch oder unmoralisch, gebildet oder ungebildet, aus dem Selbstbewusstsein verschwindet; denn, wie Meister Eckehart sagt: „Wenn der Mensch von aller Kreatur leer ist, tritt in ihn die Fülle der Gottheit ein."

„Zeige uns die Wahrheit! Was ist sie? Woran sollen wir sie erkennen?" ruft das Heer der Wissbegierigen aus. Die Wahrheit aber hat hierauf keine Antwort. Sie kann nichts anderes geben, als sich selbst. Wer ihre Stimme nicht hört, für den ist sie stumm. Sie erscheint als nichts anderes, als was sie selbst ist. Sie ist das Leben, die Wirklichkeit.

Wer sie erkennen will, dessen Leben muss sie in Wirklichkeit sein. Sie ist kein Stückwerk, sondern die Einheit. Wer sie erkennen will, muss sie im Ganzen finden, dann kann er sie auch im Kleinsten erkennen. Der Vielgelehrte ist ein Mensch, der sich nur von den geistigen Meinungen anderer ernährt und deshalb nicht zur eigenen Kraftentfaltung gelangen kann.

Er kennt alles mögliche und weiß, was dieses oder jenes zu sein scheint oder was dieser oder jener behauptet, dass es sei. Aber er erkennt es nicht selbst. Der Theologe, der alle erdenklichen Theorien und Behauptungen, die man jemals in Bezug auf Gott aufgestellt hat, auswendig weiß und auch für wahr hält, weiß nichts von Gott, solange Gott nicht in ihm selber zum Wissen geworden ist. Nicht um das viele Wissen handelt es sich; es handelt sich um das Sein. Wer vielerlei weiß, weiß in Wirklichkeit nichts, denn die Vielheit ist nur Schein. Wer das Eine, die Wahrheit, kennt, weiß alles; denn wenn er in Wahrheit zum Leben gekommen ist, so erkennt er sie in sich selbst.

Da das Universalleben in der Natur sich in dem individuellen Organismus widerspiegelt, sich in ihm äußert und in dessen Bewusstsein tritt, entsteht die Täuschung des *Selbstbewusstseins* und Sonderseins. Aber der Mensch, als individuelle irdische Form betrachtet, ist nichts anderes als ein Organismus, in welchem das Leben in der Natur individualisierten Ausdruck erlangt. Der

Alltagsmensch will, empfindet, denkt und handelt nicht selbst, sondern die Natur tut das in ihm.

Sein Organismus gleicht einer Herberge, in der beständig Gäste aus- und eingehen, mit denen der Wirt sich identifiziert. Sein physischer Körper nimmt Nahrung auf von der äußeren Natur, und sie gehört ihm so lange, bis sie durch den Stoffwechsel wieder ausgeschieden und durch Neues ersetzt ist. Die Leidenschaften, welche die Welt bewegen, dringen ins Gemüt ein wie der Wind, der durch die offenen Fenster bläst. Sie erregen in ihm Zorn und Lust, Neid und Begierde, und er denkt fälschlich: „Ich bin zornig und begierig", statt zu sagen: „Die Natur ist zornig, begierig und so weiter in mir." Die Ideen, die in der Welt der Ideen ihr Dasein haben, spiegeln sich in seinem Geiste wieder und er wähnt, dass sie sein dauerndes, beständiges Eigentum seien.

Alle diese Dinge stammen aus der Natur, aus dem physischen Organismus derselben, aus dem Astrallicht und der Gedankenwelt. Wenn der menschliche Organismus in die Bestandteile zerfällt, aus denen er zusammengesetzt ist, kehren alle diese Dinge wieder zu ihrem Ursprung zurück. Nach dem Tode des Körpers tritt die Erde die Erbschaft des Verlassenen an. Durch den *zweiten Tod* kehrt sein Astralkörper zu seinem Element zurück und das Wissen, das er aus der großen Vorratskammer des Weltgeistes geschöpft hat, liefert er schließlich wieder an diese zurück. Nur dasjenige, was zu seinem eigenen Wesen geworden ist, gehört ihm. Die Seele (Psyche), die nicht selbst leuchtet, kehrt, ohne vom Lichte bekleidet zu sein, nackt und dunkel zu ihrem Ursprung zurück.

Dasjenige im Menschen, das nicht vergehen kann, ist seine Seele, sein dauerndes *Ich*, welches leuchtet, wenn es zum Selbstbewusstsein gekommen ist. Es kann nicht vergehen, weil es selber ein Ausfluss des ewigen Lichtes ist. Aber solange der Mensch der Erde dieses sein wahres Ich nicht fühlt und erkennt, solange ist dieses Licht auch nicht für ihn da. Er lebt in der Finsternis, umgaukelt von den Irrlichtern seines geborgten Wissens, die aber nicht verschwinden; und die ihrer vermeintlichen Schätze beraubte Seele kehrt wieder zur Erde zurück, um aufs Neue nach dem Lichte zu suchen.

Wenn der Mensch Gott findet, so findet ihn Gott. Im Menschen selbst ist das göttliche Licht, das eins mit dem Lichte der Gottheit ist. Der menschliche Organismus ist nicht nur ein Wirtshaus, in dem die Geister der Erde verkehren, sondern ein Tempel des ewigen Lebens, welches nicht sterben kann, weil es nicht eine erzeugte Lebenstätigkeit, sondern der Ursprung allen Lebendigseins, des Lebens, in Wirklichkeit selber ist. Der Mensch, als ein von diesem Leben abgesondertes Wesen betrachtet, ist nicht unsterblich, wohl aber das unsterbliche Leben in ihm; und er wird dadurch unsterblich, dass dieses

Leben in ihm erwacht, in sein Bewusstsein tritt, und er sich selbst in demselben erkennt. *Gott* erlöst keinen Menschen, er erkennt nichts als sich selbst, und es ist außer ihm in Wirklichkeit nichts da. Denn was nicht Gott ist, ist nur Erscheinung und wesenlos. Durch den Tod erlöst Gott sich selber vom Menschen und das, was in der menschlichen Erscheinung wesentlich ist, erlöst sich mit ihm.

Was sind die Formen in der Natur, sei es in der sinnlichen oder übersinnlichen Welt, anderes als Bilder oder Symbole, in denen der Charakter einer bestimmten Lebenstätigkeit ausgeprägt ist? Der Charakter bestimmt die Tätigkeit des Willens, der Wille den Gedanken, und der Gedanke spricht sich aus durch den Willen im Wort, in der Tat, in der Körperform. Somit ist jedes Ding eine Dreieinigkeit von Geist, Gedanke und Offenbarung; und das Wesentliche darin ist der Geist, der durch den Gedanken offenbar wird. Was helfen uns da Heuchelei und Selbstbetrug? Wenn der Geist nicht nach dem Höchsten gerichtet ist, nützen alle Schwärmereien, selbst gemachte Vorstellungen, leere Worte und geistlose Taten nichts.

Jakob Böhme sagt: „Die Natur ist ein Spiegel, in dem die göttliche Weisheit sich selber beschaut.“ Die Symbole, die infolge dieser Selbstanschauung entstanden und durch die Mutter Natur ins Dasein geboren sind, beschränken sich aber nicht auf die uns sichtbare äußere Welt. Auch die Seele der Welt hat ihre Bewohner und im Reiche des Geistes sind vielerlei Intelligenzen enthalten. Wer sich selbst zu beobachten versteht, findet in sich die Astralwelt, den Himmel und die Hölle mit ihren Bewohnern. Wer in sein eigenes Inneres zu blicken versteht, für den öffnet sich ein unermessliches Reich. Wie über ihm im Äußeren der unermessliche Himmelsraum, so gähnt in seinem Innern der unergründliche Abgrund der Seele.

Da gibt es Tage voll Sonnenschein und andere, an denen Gewitterwolken vorüberziehen. Wie ein endloser Ozean breitet sich da das Meer der Gedanken aus und Ströme von Empfindungen durchrauschen das Herz. Die innere Welt ist nicht weniger wirklich als die äußere, ja sie ist noch viel näher. In dieser inneren Welt ist der Mensch selber der Herr, der Schöpfer ihrer Bewohner. In dieser Welt findet er die Ruhe, die er im Äußeren nicht finden kann, und die Unruhe darin ist schmerzhafter zu ertragen, als die Unruhe in der äußeren Welt.

In dieser Welt, wie im Universum als Ganzem, ist der Gedanke der Schöpfer der Formen und sie werden von seinem Willen belebt. Dies geschieht unbewusst in demjenigen, der noch nicht Herr seiner Gedanken ist, und bewusst in dem, der sich selber beherrscht.

In der tierischen Region unserer inneren Welt gibt es Tiere allerlei Art. Jede tierische Leidenschaft findet in der Seele ihren entsprechenden Ausdruck, dem Tiere entsprechend, das ein äußerliches Bild dieser Leidenschaft oder Begierde ist. Wie im Wassertropfen die Infusorien einander verschlingen, so frisst ein *Elementar* das andere auf, bis vielleicht eine Hauptleidenschaft von der Seele Besitz ergreift und sogar dem äußeren Menschen in Erscheinung, Haltung, Gang und Sprache, Gebärden und Handlungen den Stempel ihrer tierischen Eigenschaft aufprägt.

Desgleichen sind in der oberen Seelenregion Engel und Götter vorhanden. Da sind die Engel des Glaubens, der Hoffnung, der Liebe und der Geduld; da schlummern die Geister, aus denen Künstler und Poeten, große Genies entstehen. In jedem ist der Keim zu einem Mozart, einem Shakespeare und Napoleon Bonaparte verborgen. Heilige und Teufel schlummern darin und harren der Bedingungen, die zu Ihrem Erwachen und zu ihrer Entwicklung nötig sind. Wir brauchen sie nicht aus der Geisterwelt herbeizuzitieren. Ein Wort von uns weckt sie in uns selber auf. Jedes dieser Geschöpfe hat seine ihm eigentümliche Art von Lebenstätigkeit, und doch haben sie alle nur ein einziges Leben, das Leben des Menschen, der sie in seinem Inneren erschafft.

So ist jeder Mensch ein einziges Individuum und dennoch verschiedene Persönlichkeiten, denn er ist selber dasjenige, was er aus sich selber bildet; und die Bilder, die er in sich entstehen lässt, können ihn völlig beherrschen und sich sein ganzes Wesen zu eigen machen. Er kann heute ein Schwein, ein Wolf, eine Schlange, ein Tiger sein; morgen ein verliebter Narr, ein blutdürstiger Tyrann, ein Mörder, ein Dieb; übermorgen ein frommer Schwärmer, ein Moralprediger, ein Gelehrter, ein Heiliger. Oder er kann von dem einen Zustand zum anderen in einem Augenblick wechseln, denn alle diese Persönlichkeiten sind nur Masken, die er trägt, sie sind nur Erscheinungen und haben kein wirkliches Wesen. Nur wenn der Mensch sein eigenes Wesen erkennt, ist er auch wirklich er selbst. Deshalb sagt Theophrastus Paracelsus: „Non sit alterius quisuus esse potest“ — „Wer sich selbst angehören kann, darf keines anderen sein.“

Ohne diese geistige Selbsterkenntnis ist der Mensch, selbst wenn er noch so schön, gebildet, gelehrt, fromm, moralisch, tugendhaft und so weiter ist, doch nichts anderes als ein höher entwickeltes Tier. Man kann ein großer Künstler, ein guter Kaufmann, ein scharfsinniger Gelehrter, ein hinreißender Prediger oder Komödiant, ein schlauer Advokat, ein tüchtiger Feldherr, Arzt, Philosoph, Diplomat, Schriftsteller, Moralist, Schuster oder Schneider — und dabei doch nur Tier sein. Ohne geistiges Selbstbewusstsein gibt es keine wahre

Menschheit, keine geistige Entfaltung. Und alle Bildung, Kultur, Moral und dergleichen an solchen Menschen ist nichts als Dressur.

Und wie im Kleinen, so ist es im Großen. Viele bespötteln den Glauben an Scheinwesen (Elementale), und doch sind sie selbst nichts anderes, denn wenige haben sich selber gefunden und erkennen sich selbst! Sie sind nur wechselvolle und vorübergehende Gestalten im großen Körper der Menschheit, in dem sie eine mehr oder weniger bedeutende Rolle spielen, die man bald wieder vergisst. Sie haben scheinbar ein individuelles Leben, und doch ist ihr Leben nichts anderes als zeitweilige individuelle Tätigkeiten des einen unteilbaren Lebens, das den großen Körper des Ganzen bewegt.

Harmonie

Lasst niemanden hier eintreten, der nicht in der Musik und Mathematik bewandert ist.
Inschrift über dem Tor der Schule des Pythagoras

Da das ganze Weltall mit allen seinen Formen und Erscheinungen die Offenbarung einer einzigen ewigen Einheit und Wesenheit (Tat) darstellt, oder mit anderen Worten, da alle Daseinsformen Zustände des einen ewigen Seins sind, so herrscht auch überall, wo das Gesetz des Geistes in der Natur waltet, Ordnung und Harmonie, die gerade deshalb bestimmt und unveränderlich ist, weil sie nicht von außen her angeordnet ist, sondern von innen, aus dem Wesen der Dinge selbst stammt. Die Astronomie beweist die Regelmäßigkeit der Bewegungen der Weltkörper im Raum; und in der Seele herrscht dasselbe Gesetz, denn in der Tat sind alle Himmelskörper und alle Formen, die wir in der Natur wahrnehmen, nichts anderes als die äußeren Erscheinungen von Bildern, die in der Seele der Welt vorhanden sind. Da wächst aus einer Idee eine andere empor. Wie in der sichtbaren Welt Tag und Nacht aufeinanderfolgen, und wie ein Pendel von einer Seite zur anderen schwingt, so folgen Perioden von Unglauben auf Perioden des Aberglaubens und auf diese folgt wieder die Reaktion, die den Unglauben bringt. Der Gedankengang im Gehirn des Menschen ist gerade so wie der Umlauf der Planeten um die Sonne von gewissen Gesetzen abhängig und richtet sich nach ihnen, wo nicht der freie Wille des Menschen dazwischen tritt. Deshalb sehen wir, besonders in Träumen, das — sobald einmal der Schlüssel zu einer Vorstellung gegeben ist— sich der aus ihr folgende Ideengang regelmäßig und in logischer Weise abwickelt, ohne dass der Wille des Betreffenden hierbei etwas tut.

Ein Gedanke, eine Empfindung, eine Leidenschaft hängt mit anderen zusammen, erzeugt andere und geht aus anderen hervor. Aus dem Gefühl entspringt die Begierde, aus der Begierde die Idee, aus der Idee der Gedanke, aus dem Gedanken die Vorstellungen, aus den Vorstellungen die Taten. So wiederholt sich im Kleinen im Menschen in jedem Augenblick die Schöpfungsgeschichte des großen Ganzen im Weltall.

Überall im Weltall herrscht Ordnung und Harmonie, wo die Natur dem Gesetz des Geistes gehorcht. Die Unordnung und der Missklang beginnen erst dort, wo die Empfindung des Sonderseins den Wahn, den Eigendünkel ins Leben ruft, der dem Interesse des Ganzen entgegengesetzt ist. Wo Einigkeit ist, da ist Ruhe. Eine ungeteilte Einheit ist immer in Harmonie mit sich selbst.

Es ist nur ein Gott, der die Quelle von allem ist. Aus der ewigen Einheit gehen alle Dinge als aus ihrem Ursprung hervor. In ihr ist absolute Ruhe, denn die Einheit kann nicht im Widerspruch mit sich selber sein. Der Gegensatz findet sich nur in der Zweiheit. Eins mit sich selbst multipliziert oder dividiert bleibt immer Eins. Gott bleibt immer derselbe, wie zahlreich auch die Offenbarungen sein mögen, die aus ihm hervorgehen — so, wie die Zahlen aus der Eins. Die Eins wird nicht weniger, indem sie sich offenbart.

Die nicht offenbare Eins ist für uns die Null, das Nichts, denn wir selbst sind dieses Nichts, das die Einheit nicht kennen kann — weil die Einheit alles ist und es ohne sie keine Zahlen gibt. Erst wenn die Eins (Gott) sich mit der Null verbindet, ist das Nichts etwas und hat seinen Wert. Das Nichtoffenbare ist für uns das Nichts oder die Finsternis. Aus ihr wird die offenbare Einheit, das Licht geboren. Dieses Licht ist das Leben von allem, das ewig schaffende Wort. Wenn geschrieben steht, dass Gott sprach: „Es werde Licht!“[1] so ist damit nicht gemeint, dass dieses Wort etwas von Gott, dem Nichtoffenbaren, Verschiedenes sei, sondern „das Wort war Gott.“[2] Das göttliche Wort spricht sich selber in allem aus, das Licht leuchtet von selbst in allem, das Leben wirkt und schafft in allen Formen von selbst, ohne dass es jemand leuchten und leben macht.

Aber das Licht bedarf zu seiner Erkenntnis des Schattens. Gäbe es kein Dunkel, so wäre nichts da, von dem es sich unterscheiden könnte, und nur in der Unterscheidung liegt der Genuss. Gäbe es kein Leid, so hätte niemand Ursache, sich über etwas zu freuen. Das Wesen bedurfte der Form, um sich zu begreifen. So entsprang aus der Einheit die Zweiheit, ohne dass die Eins sich teilte oder etwas dabei verlor. Der Gegensatz, die vermeintliche Eigenheit, wurde geboren. Das Sprichwort sagt: „Diabolus est Deus inversus“ — „Der Teufel ist Gott umgekehrt.“

Zwei ist die Zahl der Täuschung, weil außer der Einheit, die das Wesen in allen Größen ist, nichts wesentlich ist. Es gibt keine wirkliche Trennung von Gott, sondern nur eine durch die Vorstellung der Eigenheit verursachte Illusion der Verschiedenheit. Könnte man die unteilbare Einheit trennen, die allem zugrunde liegt, so entstände nicht eine selbstständige Zwei daraus, sondern zwei Hälften der Einheit. Aus Gott würden zwei Götter und das All würde in

1) Genesis 1:3 2) Johannes 1:1

zwei Hälften geteilt. Soviel Zahlen auch aus der Einheit entspringen, so liegt doch jeder die Einheit zugrunde, und darin besteht ihre Einheitlichkeit.

Die Zwei ohne die Einheit an sich selbst betrachtet, ist nur ein Schatten- oder Spiegelbild ohne Wesen, eine zweidimensionale Erscheinung und körperlos. Sie ist aber auch die Zahl der Notwendigkeit, denn ohne sie gäbe es keine Bildung der Form und keine Entwicklung der Individualität. Aber die Vielheit ist nur eine Wiederholung der Einheit in ihren Erscheinungen. Sie sind alle von der Einheit durchdrungen und die Einheit ist der Anfang, die Ausbreitung und das Leben und Wachstum von allem.

Drei ist die Zahl der Form. In der vermeintlichen Zwei liegt der Gegensatz, der Zweifel, Kampf und Widerspruch. Durch die Wiedervereinigung der Zwei in der Einheit, das heißt im Verschwinden der Illusion der Getrenntheit durch die Erkenntnis der Einheit, wird die Einheit als Dreieinigkeit offenbar. Ein mathematischer Punkt oder eine Linie, oder eine aus Linien zusammengesetzte Hache, ist noch keine Form; drei Seiten sind nötig, um ein Dreieck zu bilden. Zwei Kräfte, die in entgegengesetzter Richtung wirken, gehen ins Unendliche voneinander; in der Dreiheit findet die Vereinigung statt.

In der Dreieinigkeit liegt das abgeschlossene Ganze, die Individualität. Somit bildet auch der zur Selbsterkenntnis gekommene Mensch ein Ganzes im Ganzen, eine selbstständige Einheit in der großen Einheit, von der er nicht getrennt und verschieden ist. Wohl aber ist er eine individuelle Offenbarung der Einheit des großen Ganzen und in seinem Wesen identisch mit ihr.

Vier ist die Zahl der Wahrheit, des vollkommenen Gleichgewichts, das intellektuelle Quadrat, dargestellt durch den Würfel oder das Kreuz. In der absoluten Einheit, wo kein Erkenner ist, gibt es nichts zu erkennen. Zum Erkennen ist ein Gegenstand nötig. Dieser ist in der Zweiheit vorhanden, aber sie wird erst durch das Hinzutreten der Kraft der Erkenntnis als Drittes möglich. Drei ist die Zahl der Form, in der diese Erkenntnis wächst und sich ausbreitet. Aus ihrer Ausbreitung entspringt, geistig betrachtet, das Quadrat, in dem alle vier Seiten in vollkommener Übereinstimmung sind und sich gegenseitig ergänzen; so wie auch die vier Himmelsrichtungen Ost, Süd, West und Nord die Quadratur des Kreises bilden, dessen Peripherie sich in das Unendliche erstreckt.

Fünf ist die Zahl des Geistes und seiner Formen, folglich auch die Zahl des Sinnlichen. Aus dem einen Geiste entspringen die fünf Daseinsformen oder *Elemente* (Tattwas), die fünf Sinne des sterblichen Menschen und so weiter.

Sechs ist zweimal drei und bedeutet die Verbindung zwischen dem Oberen und dem Unteren, dem Himmel und der Erde. Hier stößt das obere Dreieck V mit dem unteren A zusammen; Geist und Materie verbinden sich, wenn das Untere das Obere in sich aufnimmt. Deshalb ist auch die Sechs das Zeichen der Dienstbarkeit und des Gehorsams und dreifach genommen 6.6.6. die Zahl des dreifach gebundenen Menschen, der an der Materie, an der Sinnlichkeit und an falschen Begriffen hängt.

In der Zahl *Sieben* findet diese Vereinigung der beiden Dreiecke statt.

Hier ist der Geist wieder mit der Materie verbunden und die materielle Form vom Geist durchdrungen. In der Fünfzahl tritt der Mensch aus dem intellektuellen Quadrat und schafft sich Formen, indem er sich zerteilt. In der Siebenzahl findet er sich wieder, weshalb auch die Siebenzahl die Zahl der Vollkommenheit ist.

Acht ist die Zahl des Gleichgewichts, der Wiederherstellung und somit auch die Zahl des Todes, das heißt der Zersetzung von allem, was nicht tauglich zum ewigen Dasein ist.

Neun ist die Zahl der Natur, das heißt der dreifachen Offenbarung der Einheit als Dreiheit in den drei Welten; das Symbol der Wissenschaft und der menschlichen Kenntnisse.

Zehn ist die Zahl des Ganzen, die Verbindung der Eins mit der Null, das heißt Gottes mit dem Menschen — die Zahl der Vollendung. Hier findet die Einheit, der Mensch seine Ruhe, Harmonie und Seligkeit in der Null, im Nichts, das alles ist, denn er ist zum Bewusstsein gekommen, dass er selbst dieses Ganze ist und dass außer ihm nichts existiert.

Das *Eins* ist das Licht und Leben in jeder Form und jede Form stellt ein einheitliches Ganzes dar. Jede ist eine Leuchte für dieses Licht und ihr Wachstum ist bedingt durch die Ausbreitung dieses Lichtes und Lebens in ihr. Die Einheitlichkeit eines Dinges besteht in der Übereinstimmung seiner Eigenschaften und diese bildet seinen Charakter. Der Charakter eines aus der Natur geborenen Dinges drückt sich in seiner Erscheinung aus. Je mehr die äußere Form dem inneren Wesen entspricht, umso vollkommener ist sie. Die Form ist das Gefäß des Lichtes, das sie belebt, und deshalb hat auch jedes Geschöpf sein eigenes Licht, das seinem Charakter entspricht und von ihm gefärbt ist. Aber dieses Licht ist nicht in der Form eingeschlossenen, sondern durchdringt sie und umgibt sie mit einer Lichtsphäre oder *Aura*, weshalb der Charakter des Dinges schon an seinen Ausstrahlungen erkenntlich ist. Wohl erhalten die Planeten unseres Sonnensystems ihr Licht von der Sonne, aber dennoch hat jeder seine eigene Art zu leuchten. Mars erscheint in rotem Lichte; das Nordlicht der Erde zeigt verschiedene Farben. Der Charakter der Rose drückt sich in ihrer Farbe und ihrem Geruch aus, die Eigenschaften einer Glocke im Ton, die Sphäre eines unsichtbaren Wesens kann mitunter durch das Gefühl wahrgenommen werden und so weiter.

Es gibt materielle und geistige Ausstrahlungen; solche, die durch die äußerlichen Sinne, und andere, die nur innerlich wahrgenommen werden. Die leuchtende Aura (der Heiligenschein), die einen heiligen Menschen umgibt, ist ebenso wirklich wie die magnetische Ausstrahlung eines Magneten. In der Fotosphäre der Sonne werden durch das Spektroskop die Bestandteile ihres Körpers erkannt. Jedes Ding hat seine Aura, sein *Licht*. Kupfer, Kohle, Antimon zum Beispiel sind von roten, Blei und Schwefel von blauen Sphären umgeben, und die Aura des Eisens zeigt alle Farben des Regenbogens. Pflanzen, Tiere und Menschen haben ähnliche Ausstrahlungen.

Geistig hochstehende, edle Menschen sind von einer herrlichen Lichtsphäre umgeben; gemeine und leidenschaftlich erregte Personen in schmutziges Grau mit Rot gemischt gekleidet. Jedes Prinzip in der Natur und im Menschen hat seine bestimmte Farbe. Gold ist die Farbe der Weisheit, Rot der Begierde, Grün des Zweifels, Gelb der Intelligenz, Blau ist die Farbe des Glaubens und die Farbe der Dummheit ist Schwarz. Länder, Städte, Häuser, Meere, Gebirge, überhaupt jeder Ort hat seinen bestimmten Charakter, seine *Aura*, die von jedem, der die hierzu nötige Empfindung hat, wahrgenommen werden kann. Die Einflüsse, die an einem Ort haften, an dem ein Verbrechen begangen wurde, sind oft sehr störend für die Gemütsruhe sensitiver Personen. Der Aufenthalt an einem Ort, wo jemand einen Selbstmord beging, kann solche Personen verleiten, dasselbe zu tun. Beispiele solcher Art finden sich zahlreich in der metaphysischen Literatur.

Aber nicht nur jedes Ding hat seine Lichtsphäre, sondern auch seine Sprache. Sein Ton, sein Geruch, Geschmack und Gefühl drücken sein Wesen aus. Der Vogel singt seiner Natur gemäß, ohne darin unterrichtet zu sein. Der Selige braucht nicht erst das Harfespielen zu lernen, um im Himmel mitzuspielen. Aus der Stimmung der Seele selbst geht ihr *Halleluja* hervor. Licht und Ton, Empfindung, Geruch und Geschmack gehen alle aus einer und derselben Quelle hervor, die im Sanskrit *Akasha* (Schall oder geistiger Äther) genannt wird, und sind deshalb alle fünf miteinander verwandt. Sie sind sieben Tattwas oder Daseinszustände, von denen aber in unserer jetzigen Periode nur fünf offenbar sind.

Diese fünf Tattwas mit ihren Farben sind folgende:

	Tattwas	Vorstellung	Kraft	Farbe	Funktion
1	Akasha	Der Raum	Schal	Indigo	Hören
2	Vayu	Bewegung	Gefühl	Grün	Fühlen
3	Tejas	Ausdehnung	Licht	Rot	Sehen
4	Apas	Zusammenziehung	Geschmack	Violett	Schmecken
5	Prithivi	Widerstand	Geruch	Orange	Riechen

Infolge der Verwandtschaft dieser Zustände geht der eine aus dem anderen hervor. Manche Tiere verändern ihre Farbe je nach dem Gefühl, das sie beherrscht. Der Zorn macht erröten, die Furcht erblassen. Die Freude drückt sich in anderen Tönen aus als der Schmerz.

Das Dasein der Tattwas beschränkt sich nicht auf die für uns sichtbare Welt. Ob wir ein Ding hören oder sehen können, hängt nicht nur von den Eigenschaften des Dinges, sondern auch von unseren Wahrnehmungsfähigkeiten ab. Die Formen in der *übersinnlichen Welt* sind für ihre im wachen Zustand befindlichen Bewohner ebenso sichtbar und fühlbar, wie es die Bewohner unserer Welt für einen wachenden Menschen sind.

Es gibt nur ein einziges Grundgesetz in der Natur, und wo diesem Gesetz kein Widerstand entgegengebracht wird, herrscht vollkommene Ordnung, Gesundheit und Harmonie. Aber wo der Egoismus mit seinen Selbstinteressen auftritt, gibt es Verwirrung. Da beginnt der Kampf ums Dasein und um die Mittel zur Befriedigung der Begierden. Selbst die Unordnung in der äußeren Natur wird durch den Ungehorsam der Menschen hervorgebracht. Wäre die ganze Menschheit vollkommen, so gäbe es auch keinen Kampf der Elemente mehr in der Natur, denn auch den äußeren Naturerscheinungen liegen moralische und geistige Ursachen zugrunde.

Die Intelligenzen aller Menschen zusammengenommen bilden die Intelligenz der Menschheit, die Seele der Welt. Die Weltseele steht in denselben Beziehungen zur sichtbaren Erde wie die Seele des Menschen zu seinem Leib.

Wird das Gemüt des Menschen durch Leidenschaften erschüttert, so bringt dies in seinem Innern krankhafte Zustände hervor, die sich in äußerlichen Erscheinungen, Blutverderbnis, Schwäche, Epilepsie und dergleichen äußern können. In ähnlicher Weise bringen die allgemeinen moralischen Zustände der Menschheit Kriege, Hungersnöte, Pestilenz, ja sogar Erdbeben und dergleichen hervor. Die äußerlichen Zustände im Makrokosmos sowohl als im Mikrokosmos sind die Folgen innerlicher Ursachen, wenn auch diese nicht stets für jeden erkennbar sind.

Aber diese Zustände sind notwendig zu unserer Entwicklung; sie sind die natürlichen Folgen vorher geschaffener Zustände. Das Böse wird nicht dadurch beseitigt, dass man es ignoriert, sondern indem man es überwindet. Ein Mensch, der unfähig wäre, eine Leidenschaft zu haben, hätte auch keine Kraft, etwas Gutes zu tun. Ein schlafender Mensch ist auch gut — er tut niemandem etwas zuleide, ist aber auch unbrauchbar. Ein Friede, der künstlich geschaffen wird, ohne die Ursachen zu beseitigen, die ihn notwendig machen, wäre Fäulnis und Verderben. Der wahre Friede wird nur durch den Sieg errungen.

Die Wahrheit ist das Wesen, die Einheit. Zwei ist der Gegensatz derselben, folglich eine Täuschung, Lüge und Selbstbetrug. Die ganze sinnliche Welt ist gewissermaßen das Spiegelbild der geistigen und folglich erscheint alles in ihr verkehrt. So ist schließlich auch alles, was wir als ein Unglück betrachten — Leiden, Armut, selbst die Sünde — ein Glück. Wer niemals in seinem Leben eine Dummheit begangen hat, ist schwerlich zur Erkenntnis gekommen. Wer niemals gefehlt hat, hat auch den richtigen Weg schwerlich gefunden. Wer niemals arm war, kennt den Wert und Nutzen des Reichtums nicht. Wer niemals gelitten hat, weiß die Gesundheit nicht zu schätzen. Ohne das Dunkel gäbe es keine Erkenntnis des Lichts, ohne den Sieg über den Irrtum keine Erkenntnis der Wahrheit.

Der Teufel wird durch die Erkenntnis zu unserem Erlöser gemacht, indem wir ihn überwinden. Die Materie bildet die Stufen, auf denen wir festen Fuß fassen können, um zum Himmel emporzusteigen. Eckhart sagt: „Nicht die ursprüngliche Einheit, sondern die aus dem Bruche wiederhergestellte Einheit ist der wahrhafte Zweck der Schöpfung." Wäre der Mensch niemals *gefallen*, das heißt, hätte er sich niemals eingebildet, ein von Gott verschiedenes Wesen zu sein, so hätte er niemals die Gelegenheit gehabt, diese Täuschung zu überwinden und sich selbst in seiner Gottheit kennenzulernen.

Das Selbst kann sich nicht anders erkennen, als indem es sich selbst zum Gegenstand der Erkenntnis macht. Dadurch tritt es (scheinbar) aus sich selbst heraus, und es erscheint die *Anderheit*. Wird dann diese *Anderheit* als das erkannt, was sie ist, nämlich als bloßer Schein, so hat die Seele (das wahre Ich) sich selber in der Einheit gefunden, wo es kein *Ich* und *Du* mehr gibt, sondern nur das göttliche Sein, wo unter allen Kräften der innigste Einklang herrscht. Der Zweck der Evolution ist, dass der Mensch unterscheiden lernt; dass er den Missklang erfährt, um die Harmonie zu begreifen; dass er in seiner eigenen Haut das Leben des Menschentieres empfindet, damit er weiß, was es heißt, ein Tier zu sein und über dasselbe erhaben zu werden.

In der Dreiheit findet der Mensch das Bewusstsein des Ich. Wahres Glück, Zufriedenheit, Seligkeit ist nur in der Dreiheit zu finden. Gegenseitige Liebe ohne ein Drittes ist eine Illusion und kann nicht bestehen. Es bedarf zu ihrer Beständigkeit eines Dritten, eines gemeinsamen Ideals, und je höher dieses Ideal steht, um so fester wird die Vereinigung sein. Aus der Fünfheit entspringen die Geister, welche die Mittelregion und die Hölle bevölkern. Sie sind des Menschen eigene Schöpfungen, hervorgebracht durch die Wirkung seines Geistes in der noch ungeklärten Materie.

Sie sind die Produkte seines vom Eigendünkel durchdrungenen Wollens und Denkens und folglich Teile seines eigenen Wesens, mit denen er sich identifiziert. Sie sind seine falschen *Iche*, während sein wahres Ich nur ein einziges ist. In dem Grade, in dem er sich mit diesen seinen falschen Vorstellungen identifiziert, lebt und leidet er in ihnen. Alle Leiden, welche die Menschheit erduldet, sind von ihr selber geschaffen, und auch die meisten Leiden schafft der Einzelne sich selbst, weil er sein wahres Ich nicht kennt. Wäre ein Mensch dahin gelangt, sich ganz mit seinem göttlichen Ich zu identifizieren, so wäre auch sein ganzes Bewusstsein, seine ganze Empfindung in Gott. Er wüsste von seinem Körper nichts mehr und derselbe ginge ihn nichts mehr an. Dies ist in dem Zustande, den der Inder *Samadhi* (Verzückung) nennt, der Fall.

Zwei Töne machen noch keinen Akkord, hierzu gehören drei Töne: der erste, die Terz und die Quint. Kommt noch die Oktave dazu, ist der Akkord vollkommen. Dasselbe ist im Menschen der Fall. Wenn Körper, Seele und Geist in Übereinstimmung und mit dem Ersten der nächsten Skala seines Daseins verbunden sind, dann ist er in völliger Harmonie mit sich selbst. Tönt aber das vierte Prinzip (der Sitz der Leidenschaften) dazwischen, so entsteht Disharmonie. Alles in der Natur ist nicht nur Substanz und Licht, sondern auch Leben und Ton. Wo keine Störung eintritt, ist überall ursprüngliche Harmonie. Das höchste Glück des Menschen besteht darin, dass er sich selber findet. Dann kommt er in Einklang mit seiner Oktave, in Harmonie mit sich selbst. Wäre die ganze Natur in Harmonie mit ihrem himmlischen Ursprung, so wäre die Erde der Himmel.

Die Harmonie der Sphären ist kein poetischer Traum. Ordnung ist Harmonie und die Himmelskörper bewegen sich geordnet nach ihrem Gesetz. Jeder Planet hat sein eigenes Wesen, eigenes Licht und eigenen Ton. Die Zahl Sieben spielt eine große Rolle im Weltall — sowohl im Reich der Wirkungen, der physischen Welt, als auch im Reich der Ursachen, der geistigen Sphären. Wir wissen, dass eine Oktave sieben Töne enthält, dass ein Sonnenstrahl in sieben Farben zerlegt werden kann, und die Wissenschaft beginnt herauszufinden, dass Sieben in physischen, chemischen und organischen (physiologischen) Vorgängen die leitende Zahl ist.

Dies könnte im Reich der Wirkungen nicht abgeschaffte, aber wieder in die Mode gekommene Waren, frisch aufgeputzt und mit neuen Etiketten versehen. In der ganzen Natur herrscht ein periodisch sich drehender Kreislauf. Alles kehrt wieder am Ende zu seinem Anfang zurück, und nichts ist am Ende gewonnen, wenn es nicht dazu dient, den Menschen zur Erkenntnis des Ewigen zu bringen, ihn aus dem sich ewig drehenden Rad des Samsara zu erlösen und ihn dorthin zu führen, wo die ewige Ruhe und Seligkeit wohnt.

Aber nicht bloß auf der physischen Ebene herrscht dieses Gesetz der Periodizität, auch die höheren Sphären gehorchen ihm. Die Dauer des Lebens eines Menschen hängt nicht vom Zufall ab, sondern sie ist die Folge von Ursachen, die ihre bestimmten Wirkungen haben.

Wer die Freiheit seines Willens dazu benutzt, um diesem Gesetz entgegenzuhandeln und sich selber mutwillig das Leben verkürzt, wird dadurch nicht von diesem Leben erlöst. Er wird nicht seinen Körper, sondern bloß dessen materielle Erscheinung los. Er beraubt sich dadurch nur des Werkzeuges, um auf der physischen Ebene tätig zu sein.

Er ist wie ein Mensch, der sich die Glieder amputieren lässt und ohne dieselben leben muss, bis seine Stunde schlägt. Auch nach dem Tode folgt der Mensch bewusst oder unbewusst diesem Gesetz. Sein Aufenthalt in der Unterwelt oder im *Land der Seligen* ist von einer gewissen Dauer, die von den Ursachen abhängig ist, die er selber geschaffen hat. Sind die Wirkungen dieser Ursachen zu Ende, so schafft er sich eine neue Persönlichkeit für das irdische Leben, auf diesem oder vielleicht auf einem anderen Planeten.

Er ist derselbe Schauspieler in einer neuen Rolle, wenn auch der Mensch der Erde, solange er keine Selbsterkenntnis besitzt, von seinen früheren Rollen nichts wissen kann; und die Rolle, die er in seinem neuen Leben zu spielen bestimmt ist, hängt ab von der Art, in der er in seinem früheren Dasein aufgetreten ist. Sie wird durch sein Karma bestimmt, welches das Gesetz von Ursache und Wirkung auf der moralischen Ebene ist — mit anderen Worten, das Gesetz der göttlichen Gerechtigkeit (Nemesis).

So kann es sich fügen, dass mancher Große der Erde, der in diesem Leben seine Stellung missbraucht, in seinem nächsten Leben eine erbärmliche Rolle spielen muss, die dazu dienen kann, ihn zur Erkenntnis zu bringen; und mancher, der in diesem Leben mit Fußtritten vorlieb nehmen muss, mag in seinem nächsten Leben auf Erden in der Lage sein, sie zu vergelten.

Das Gesetz der Gerechtigkeit wirkt für den Menschen auch nach dem Tode seines Körpers fort. Es ist das Gesetz der Wiederherstellung der gestörten Harmonie, das Gesetz des Todes, aber auch des Lebens, denn das Untaugliche muss fortgeschafft werden, damit das Taugliche leben kann.[1)] Die Theologen haben einen großen Wirrwarr geschaffen, indem sie das *zukünftige Leben* irgendwohin über die Wolken versetzten. Die Reinkarnation ist ein Gesetz in der ganzen Natur.

Die Formen verschwinden, aber der Geist bleibt derselbe und offenbart sich in neuen Formen. Der Kirschbaum bringt seine Früchte hervor, die Kirsche fällt vom Baume und die Erde nimmt sie auf; und wenn das Leben im Frühjahr erneut in der Natur erwacht, keimt aus dem Kirschkern ein neuer Kirschbaum hervor, der alle die wesentlichen Eigenschaften seines Vaters besitzt. Der Mensch ist so ein Baum. Die Früchte, die er trägt, sind die von ihm während des Lebens erworbenen höheren Eigenschaften, die seinem unsterblichen Ich (seiner Seele) angehören. In diesem Kern ist alles enthalten, was nötig ist, um einen neuen Menschen zu schaffen, der denselben Charakter besitzt, den sein Vater hatte. So, wie der Kirschkern alles aus der Erde nimmt, was für ihn nötig ist, um ein Kirschbaum zu werden, zieht auch der wiedergeborene Mensch diejenigen Kräfte an, die seinem Charakter entsprechen.

Da alle Geschöpfe ihrem Wesen nach eins sind, stehen auch alle im innigsten Zusammenhang miteinander und wirken bewusst oder unbewusst aufeinander ein. Ein guter oder ein böser Gedanke ist wie ein Stern am Gedankenhimmel, dessen Strahl einen wenn auch noch so entfernt lebenden Menschen treffen und, wenn er dafür empfänglich ist, in seiner Seele Wurzel fassen und in ihm zur Tat werden kann. Man braucht dabei niemanden zu *hypnotisieren*; ein Mensch *hypnotisiert* den anderen, ohne zu wissen, dass er es tut. Ideen sind Dinge, geradeso gut wie äußerlich sichtbare Sachen. Ja, sie sind noch viel dauerhafter, denn die Erscheinung vergeht, die Idee aber besteht fort.

Da jedes Menschen Seele eins mit der Weltseele (Mahat) und daher jeder in seinem innersten Wesen der *andere* ist, ebenso gut wie *er selbst*, kann auch kein Mensch einem anderen ein Unrecht zufügen, das nicht auch ihn

1) So heißt zum Beispiel die Stelle aus dem Sad' dharma Pundarika („Lotus des guten Gesetzes" in der buddhistischen Tradition), aus welcher die Stelle der Bibel in Johannes 9:3 augenscheinlich stammt: „Sind Sünden, die in einem früheren Leben begangen wurden, die Ursache von dieses Mannes Blindheit?" Und wenn es heißt, dass die Sünden der Väter sich forterben bis ins siebte Glied, so ist, wie jeder Okkultist weiß, nicht der Erzeuger des Leibes, sondern der geistige Vater, die sich reinkarnierende Seele (Manas) gemeint. Dass aber nicht jeder diese Dinge begreift, ist in Matthäus 13:11 gesagt, wo es heißt: „Euch ist es gegeben, die geheimen Lehren von dem himmlischen Reiche zu verstehen; aber jenem ist es nicht gegeben." [F.H.]

selber in seinen Folgen betrifft. In der Tat kehrt jedes Geschöpf am Ende zu seinem Schöpfer zurück; der böse Gedanke kehrt dorthin zurück, wo er ausgebrütet worden ist. Der Wille ist ein Teil unseres Selbst. Wird er von uns ausgesandt, so kehrt er auch wieder bei uns selber ein und holt sich in uns neue Kraft.[1)]

Das Selbst ist alles. Die verschiedenen Persönlichkeiten sind nur Spiegelbilder, in denen der eine Mensch sich als Erscheinung vervielfältigt sieht. Was aus dem Bewusstsein der Einzelerscheinung hervorgeht, kehrt wieder zu demselben zurück. Die Tat an sich ist nichts. Würde jemand, ohne es zu wissen oder zu wollen, die ganze Welt zerstören, so träfe ihn keine Verantwortung. Der Wille und Gedanke (Bewusstsein) ist alles. Tritt die bewusste Tat ins Leben, so ist damit eine Kreatur geschaffen, die im Reiche der Schöpfung desjenigen, der sie geschaffen hat, lebt und sich für ihr eigenes Dasein an ihrem Schöpfer rächt. „So kehrt sich der Dolch des Mörders gegen ihn selbst; der ungerechte Richter spricht sein eigenes Urteil, der Lügner betrügt sich selbst, und der Dieb wirft sein Eigentum weg.“[2)]

Wie sich das Gute von selber belohnt, so bestraft sich das Böse von selbst. Außerhalb der Komödie des Menschen im irdischen Leben gibt es keine willkürliche Bestrafung oder Belohnung, sondern nur die bestimmten Folgen bestimmter Ursachen, wodurch wieder neue Ursachen geschaffen werden, die zu den unendlichen Verwicklungen des Schicksals Anlass geben, aus denen das Karma des Menschen besteht. Dies ist das Gesetz des Geistes in der Natur, dass alles wieder aus der Vielheit zur Einheit zurückgeführt wird, und hierzu bedarf es der nur durch die Überwindung selbstgeschaffener Missklänge ermöglichten Wiederherstellung der Weltharmonie.

---

1) Es ist eine in der „schwarzen Magie“ wohlbekannte Tatsache, dass, wenn der Magier seinen bösen Willen aussendet, um ein Unheil anzurichten, und es ihm nicht gelingt, diese (geistige) Willensform (Elemental) wieder zu ihm zurückkehrt und ihm selbst schadet. Aber auch die bösen Absichten und Taten eines gewöhnlichen Menschen kehren wieder zu ihm zurück, wenn nicht in diesem Leben, so doch im Folgenden, weil sich in der Zwischenperiode alles wieder zusammenfindet, was zu seinem Charakter gehört. [F.H.]

2) Edwin Arnold, „Die Leuchte Asiens“, Kap. 8 (S. 182 Reclam)

selbst in seinen Folgen berührt. [illegible] kehrt jeder Gedanke am Ende zu seinem Schöpfer zurück, der den Gedanken [illegible] zurück, wo er ausgedrückt worden ist. Der Wille ist ein Teil unseres Selbst. Wird er [illegible] ausgesandt, so kehrt er auch [illegible] zu seinem Schöpfer zurück und bot sich [illegible] neue Kraft.

Das Selbst ist alles. Die verschiedenen Persönlichkeiten sind nur Spiegelbilder, in denen der eine Mensch sich als Erscheinung [illegible] sieht. Was aus dem Bewusstsein der [illegible] Erscheinung hervorging, kehrt wieder zu demselben zurück. Die [illegible] nichts. Würde jemand, ohne [illegible] oder zu wollen, die ganze Welt zerstören, so träfe ihn keine Wiedervergeltung. Der Wille und Gedanke, Bewusstsein ist alles. Hat die Bewusstheit das Leben, so ist damit eine Kraft geschaffen, die im Bereiche der Schöpfung [illegible] zeigen, der sie geschaffen hat [illegible] und sich für ihr eigenes [illegible] ihrem Schöpfer nicht. [illegible] kehrt sich der Dolch des Mörders gegen ihn selbst, der ungerechte Richter [illegible] sein eigenes Urteil, der Lügner betrügt sich selbst, und der Dieb wird [illegible] weg.“[2]

Wie sich das [illegible] zum Selbst verhält, so beseitigt sich das Böse von selbst. Außerhalb der [illegible] des Menschentums ist seinem Leben [illegible] keine willkürliche Bestrafung oder Belohnung, sondern nur die bestimmten Folgen bestimmter Ursachen, welche durch wieder neue Ursachen geschaffen werden, die zu den unendlichen Veränderungen des Schicksals Anlass geben, aus denen das Karma des Menschen besteht. [illegible] ist das Gesetz der Gerechtigkeit der Natur, dass alles wieder aus der Vielheit zur Einheit zurückgeführt wird, und hierzu bedarf es der nur durch die Überwindung der Selbstsucht [illegible] ermöglichten Wiederherstellung der Weltharmonie.

1) [illegible]

2) Edwin Arnold, „Die Leuchte Asiens“, [illegible] 162 [illegible]

Der Zauber der Illusion

Durch den geheimnisvollen Zauber meiner Schöpfungskraft habe ich dieses ganze Weltall mit allen seinen Erscheinungen aus mir selber hervorgebracht.
Bhagavad Gita 9:4

Die Welt als Wille und Vorstellung
Schopenhauer

Es ist in Indien gerade nichts Seltenes, einen Gaukler zu finden, der uns ohne irgendwelchen Apparat die erstaunlichsten Dinge erscheinen lässt. Man sieht da Elefanten und Tiger, Schlangen und Skorpione, und doch ist nichts von alledem da. Ein nackter Fakir kommt auf offener Straße daher und schleudert einen Knäuel Bindfaden in die Luft, der Knäuel entrollt sich und bleibt wie eine Stange in der Luft stehen. Aus der zusammengelaufenen Menge wählt sich der Fakir einen Knaben aus und heißt ihn an dem Bindfaden hinaufklettern. Es geschieht, der Knabe klettert immer höher und höher und verschwindet schließlich oben in der Luft.

Nach einiger Zeit ruft der Fakir zu ihm hinauf, er solle herunterkommen. Der Knabe aber gehorcht dem Befehl nicht. Der Fakir gerät darüber in Wut, nimmt ein großes Messer zwischen die Zähne und klettert selbst an dem Faden hinauf. Auch er verschwindet vor den Augen der Zuschauer. Bald darauf ertönt dort oben ein Jammergeschrei. Ein blutiger Arm fällt herunter, dann ein Bein, der Kopf des Knaben, der Rumpf und der Rest seiner Glieder. Bald darauf klettert der Fakir herab, Hände und Körper mit Blut besudelt. Die Menge nimmt eine drohende Haltung an, doch der Fakir sammelt die zerstückelten Glieder auf einen Haufen und bedeckt sie mit einem Korbe. Die Zuschauer dringen auf ihn ein, empört über diese Herzlosigkeit, doch der Fakir stößt den Korb mit dem Fuße weg und der Junge springt lachend darunter hervor. Alle haben diesen Vorgang mit eigenen Augen gesehen, und doch geschah nichts. Eine fotografische Aufnahme während des Kletterns zeigt, dass weder ein Bindfaden noch irgendjemand, der daran hinaufklettert, vorhanden ist.

Dies klingt vielleicht dem Leser unglaublich und wunderbar, und dennoch steckt weder Taschenspielerei noch etwas Übernatürliches dahinter. Das Ganze beruht nur auf der außergewöhnlichen Kraft des Fakirs, die Bilder, die er sich in seiner Vorstellung geschaffen hat, durch seinen Willen auf den Geist der Zuschauer zu übertragen, sodass sie sehen, was er sich denkt, und nicht sehen, was er nicht will. Alles dies ist nicht wunderbarer, als dass man durch den festen Willen aus der Vorstellung ein Bild auf ein weißes Blatt Papier übertragen kann und dass dann ein Mensch, dessen Astralsinn offen ist, dieses Bild unter einer Anzahl nicht so imprägnierter Papiere herausfinden und sehen und beschreiben kann, ja dass er sogar ein solches Gedankenbild, wenn er es durch ein optisches Glas betrachtet, je nach der Beschaffenheit der Linse vergrößert, verkleinert oder auch vervielfältigt sieht.

Es ist im Grunde genommen nicht wunderbarer, als dass der Mensch sich selbst Bilder einbilden, das heißt, Vorstellungen machen kann und dass er damit nicht nur sich selbst, sondern auch andere betrügt. Jeder wirkt durch seine Vorstellungen, wenn auch ohne es zu wissen, auf andere ein.

Die Mode beherrscht die Welt. Jedermann lacht darüber und dennoch macht jeder sie nach. Die *öffentliche Meinung* ist ein Tyrann, der alles regiert. Suchen wir aber nach diesem Ungeheuer, so ist es nirgends zu finden. Jeder tut dieses und jenes, bloß weil er meint, dass *die anderen* es so haben wollen; und *die anderen* lachen ihn und sich selber gegenseitig, aber heimlich aus. Kriege werden zwischen Völkern erklärt, die keinen genügenden Grund haben, sich gegenseitig zu befeinden, bloß weil die Idee in den Köpfen spukt, dass es zum Krieg kommen müsse.

Das Volk wird von seinen Leithammeln an der Nase herumgeführt, obwohl dieselben in der Regel ganz andere Dinge im Sinne haben, als sie vorgeben. Das Geschrei von *Patriotismus*, *Frömmigkeit*, *Gerechtigkeit*, *Ehrlichkeit* und *Moral* dient oft nur als ein Vorwand, um Selbstsucht, Diebstahl und Unmoralität zu verdecken. So ist *die Welt* ein großes Narrenhaus, in dem der eine den anderen betrügt. Aber jeder betrügt auch sich selbst. Wo ist ein Mensch zu finden, der nicht seine Zeit, seine Mittel, seine Kräfte, ja oft sein ganzes Leben einem Wahn opfert, von dem er besessen ist — sei es nun, dass er die Welt reformieren oder verbessern, sich eine Stellung, rm Vermögen erwerben oder irgendeinen anderen Vorteil erringen will? Fällt doch alles, was *der Mensch*, das Nichts, geschaffen hat, wieder ins Nichts zurück.

Genau betrachtet, kann die Welt ohne Täuschung und Betrug nicht existieren. Jeder meint, die Wahrheit zu lieben, aber noch ist nicht jeder reif, um sie zu erfassen. Der Mensch liebt die Wahrheit nur, solange sie seinen Neigungen nicht widerspricht. „Die Welt will betrogen sein", aber sie will es nicht wissen, wenn man sie betrügt. Da sie selbst eine Täuschung ist, muss sie von Täuschungen leben. Die Wahrheit bedarf zu ihrer Offenbarung der Form, und die Form ist eine Täuschung. Der unvollkommene Mensch bedarf der Form, um die Wahrheit zu finden.

Wo ist eine Kirche, die ohne irgendwelche Formen bestehen und sich ausbreiten könnte? Wo ein Baum, dessen Mark nicht durch die Rinde geschützt wäre? Auf der Rinde mögen allerlei Auswüchse entstehen, und wer die Rinde für den Baum hält, betrügt sich selbst. Das Leben der Religion ist nicht im Äußeren, sondern im Inneren zu finden; nicht im Kirchentum, sondern im Geiste, der die Kirche beseelt.

Wo ist der Arzt, der seinen Patienten immer gerecht werden könnte, wenn er ihnen stets die Wahrheit sagen würde, so, wie er sie bei sich denkt? Würde er dadurch nicht in manchen Fällen dem Kranken allen Mut und alle Hoffnung und sich selbst jenes wichtigen Heilmittels berauben, welches ihm die Kraft des Glaubens und der Vorstellung bietet? Wer würde sich einer neuen Idee zuwenden, wenn nicht erst seine Neugierde, sei es auch durch eine Illusion, rege gemacht würde? Die Wissbegierde ist der Anfang des Weges zur Erkenntnis.

Wer von nichts etwas wissen will, sondern meint, schlafen zu können, bis die Erleuchtung zu ihm kommt, bleibt in der Dunkelheit. Die Form, der Schein, und somit auch die Illusion, ist für denjenigen, der im Dunkeln ist, eine Notwendigkeit, um ihn zu jenem Lichte zu führen, das jeder nur in sich selbst finden kann. Deshalb hat Gott dem Menschen den Gesellen beigegeben,

> „der reizt und wirkt und muss als Teufel schaffen."[1)]

Kein Mensch kann einem anderen die reine Wahrheit offenbaren. Er kann ihm nur dasjenige sagen, was er für wahr hält. Die Wahrheit ist in keines Menschen Macht. Sie offenbart sich ihm von selbst, wenn er bereit ist, sie zu empfangen.

Ein Strahl des ewigen Lichts, das seine Quelle in der Gottheit hat, ein einzelner Strahl, der schon tausendmal auf die Erde geschienen und jedes Mal sich ein Wesen zu seiner Behausung aufgebaut hat, in dem er auf der Bühne des Lebens eine Rolle spielte, scheint aus dem unendlichen wieder ins endliche Dasein herab. Ein Kind wird geboren und öffnet erstaunt über die neue Welt, von der es sich umgeben sieht, seine Augen. Und damit beginnt der Selbstbetrug, die Illusion des eigenen Selbst, die den Egoismus mit allen seinen Übeln zur Folge hat. Während der Kindheit hat der Mensch das Gefühl seiner ewigen Heimat in sich. Aber bald wird auch dieses hinwegdisputiert und erstickt.

---

*) Faust I, Vs. 343

Wenn der Genius in ihm sich zu regen beginnt, so stecken die Gelehrten die Köpfe zusammen, erklären es für einen abnormalen Zustand und verschreiben Rezepte dagegen. Die Klarheit seines inneren Schauens wird zur *Halluzination* erklärt. Man sagt ihm, dass es nichts in Wirklichkeit gibt, als was man mit den Händen greifen kann.

Er muss es schließlich glauben und die Verdummung beginnt. Als Entschädigung für die Anschauung des Höheren, Edleren und Idealen, die ihm genommen worden ist, wird sein Kopf mit allerlei Wissenskram vollgestopft, mit dem, was dieser oder jener meint, mit Hypothesen und Theorien, die dieser oder jener erfunden hat. Je mehr sich das Auge des Äußeren anstrengt, die Welt zu begreifen, umso mehr schließt sich das geistige Auge. Er verliert den Glauben an sich selbst und damit auch die geistige Erkenntnis, an deren Stelle nun der blinde Glaube an *Autoritäten* und die Sucht nach *Beweisen* tritt.

Von nun an dreht sich die ganze Welt um dieses närrische *Ich* und es ist von nichts anderem die Rede. „Ich will, ich weiß, ich wünsche, ich möchte, ich habe, ich liebe, ich hasse, ich glaube, ich denke, ich bin“ ist der Inhalt von allem, und es existiert nichts mehr ohne das *Ich*. Fragt man aber danach, was dieses *Ich* eigentlich ist, weiß es niemand zu sagen. Man findet es nicht, sondern an seiner Stelle nur eine Summe von Eigenschaften, die sich in jedem Augenblick ändern. Nicht nur ändern sich die Empfindungen, Wünsche und Vorstellungen, sondern sogar der materielle Körper des Menschen wird durch den Stoffwechsel mit jedem Atemzug ein anderer und erneuert sich im Verlaufe einiger Jahre vollständig. Somit ist der wahre Mensch zum Nichtbewusstsein seiner Individualität gelangt, und an seine Stelle ist eine sich stets verändernde Summe von Erscheinungen, ein Schattenspiel getreten, während das Licht im Inneren der Laterne verborgen ist.

Vorher war er das Vollkommene selbst, jetzt sucht er die Vollkommenheit objektiv kennenzulernen, ohne selber vollkommen zu sein. Vorher war er das Wesen, jetzt ist er zur Erscheinung herabgesunken, die das Wesen kennen möchte und doch selber wesenlos ist. Dasjenige, was er vorher erkannte und selber war, muss er jetzt, da er es nicht mehr erkennt, erst mühsam suchen und Schlüsse ziehen, die doch am Ende keine Erkenntnis bringen, sondern nur Meinungen sind.

Der größte Betrug ist die durch die Sinne erzeugte Illusion des *eigenen Selbst*, die tolle Idee, dass der Mensch das *Ich*, ein von seinem Gott verschiedenes und abgesondertes Ding, wäre. Da erkennt keiner sich selbst, sondern nimmt die von seinen Sinnen erzeugte Illusion für sein eigenes Wesen. Da hält jeder sich für etwas anderes, als was er ist, und kann deshalb das, was er ist, nicht erkennen. Da erblickt jeder sein eigenes Bild in der Erscheinung des anderen und hält es für et was Verschiedenes von sich selbst. Da täuscht einer den anderen und jeder hält sich selber zum Besten.

Aus dem Zauber dieses Selbstbetruges, der die Vernunft gefangen hält, entsteht eine endlose Reihe von Illusionen, mit denen die Welt sich betrügt.

An der Spitze der Komödie steht die äußerliche Scheinreligion, die sich — da sie kein Gottesbewusstsein hat — einen Popanz geschaffen hat, den sie durch Geschrei und Zeremonien, durch Heuchelei und Schmeichelei zu regieren versucht; und dazu einen Teufel, der die Leute mit der Peitsche der Furcht in die selig machende Kirche treibt— in die Kirche, die nicht auf den Fels der Erkenntnis der ewigen Wahrheit, sondern auf den Treibsand gegründet ist, der aus den verschiedensten Meinungen, Dogmen, Theorien und *Glaubensbekenntnissen* besteht.

Wie könnte aber auch ein Ding, das selbst nur ein Schein ist, eine andere als eine Scheinreligion, eine Scheinmoral, eine Scheinwissenschaft, ein Scheinwesen haben? Wie könnte derjenige Gott finden, der ihn außerhalb des Wesens, außerhalb der ewigen Einheit und die Wahrheit außerhalb der Wirklichkeit sucht? Kein Mensch soll sich erfrechen zu behaupten, dass er Gott liebe. Nur Gott allein kann Gott in Wahrheit lieben und er liebt sich, indem er sich selber im Menschen erkennt. Um der Liebe Gottes Platz zu machen, muss der Mensch aufhören, *ein Geschöpf* zu sein. Er muss sein eingebildetes *Ich* mit all seinem Begehren aufgeben, damit die Liebe des Schöpfers in ihm offenbar werden kann. Er liebt dann nichts Objektives oder Gegensätzliches mehr, er ist auch nicht mehr *er selbst*, sondern die Liebe selbst, die sich in ihm und in allem als Einheit erkennt.

Auf tausend Altären steht das Götzenbild des eigenen Selbst. Aus tausend Herzen steigen täglich Gebete zum Himmel auf, deren Sinn, wenn auch nicht den Worten, so doch dem Geiste nach lautet: „Oh Herr, lass, wenn du willst, die ganze Menschheit zugrunde gehen, aber errette meine teure Person. Hätte ich die Macht über dich, so läge ich nicht hier auf den Knien. Da ich aber nun einmal kein anderes Mittel habe, um mir zu helfen, so flehe ich dich an, nicht deinen, sondern meinen Willen zu tun.“

Aber das wahre Selbst des Menschen ist kein Mensch im gewöhnlichen Sinne dieses Wortes, sondern ein Gott. Der selbsterkennende Mensch erkennt sein Selbst in sich und in allen anderen Geschöpfen. Der Mensch, der sich selber gefunden hat, betet zu niemandem als zu sich selbst, dem Alleinigen, der über ihm, in ihm und in allem ist.

Beten ist nicht zu verwechseln mit *betteln*. Das Wort *Gebet* ist verwandt mit *geben* und nicht mit *nehmen*. Wer in seiner Eigenheit etwas von Gott verlangt, wird durch diese Eigenheit daran gehindert, es zu empfangen. Das richtige Gebet ist, sich selbst dem Göttlichen zu ergeben. Nur dadurch, dass der Mensch aus seiner angenommenen Selbstheit heraustritt und sich dem Ewigen nähert, kann sich das Ewige in ihm vereinigen und der Gottmensch in ihm offenbar werden, dessen Segen dann auf ihm ruht.

Um den Gottmenschen zu finden, muss man ihn nicht über den Wolken, sondern in der Menschheit suchen. Und um die Menschheit kennenzulernen, muss man selber aus einem Menschentier zum Menschen werden und menschlich sein. Wir müssen unser Selbstinteresse der Menschenwürde, die in uns selber ist, zum Opfer bringen. Dann erst kann in unserer Menschheit die Gottheit offenbar werden.

Eine andere Illusion ist das menschliche Wissen, denn solange der Mensch die Wahrheit nicht in seinem Herzen hat, kann er sie nicht erkennen, und solange er sie nicht erkennt, kann von keinem wahren Wissen die Rede sein. Wie könnte ein Ding, das sich selber nicht kennt, überhaupt etwas wirklich erkennen? Solange der Mensch selbst nur im Schein lebt, ist auch sein Wissen nur ein Scheinwissen und kennt nur den Schein.

Wohl haben die Naturwissenschaften in der Erforschung der Verhältnisse der Erscheinungen in der Natur große Fortschritte gemacht, das Oberflächliche hat sich das Oberflächliche zunutze gemacht, und wer vom Menschen nichts als dessen materielle Erscheinung kennt, mag vor den Errungenschaften der modernen Wissenschaft anbetungsvoll in den Staub sinken. Lasst uns aber nur einen einzigen der sieben Vorhänge hinwegziehen, die das Geheimnis verhüllen, und es ist sowohl mit dem Menschen als auch mit all seinem Wissen vorbei. Mit dem Ende seines Eintagslebens ist auch alles nutzlos, was er zu seiner Bequemlichkeit und zu seinem Lebensgenuss geschaffen hat.

Es ist eine unwiderlegbare Tatsache, dass die große Mehrzahl der Menschen dasjenige nicht kennt, was sie hat und was wirklichen Wert hat, ja es auch nicht kennen will und es sogar ableugnet; dass sie dagegen stets nach Dingen trachtet, die nicht dauerhaft sind. Deshalb besteht auch der größte Teil der Philosophie des einen aus Hypothesen und Meinungen, die ein anderer aufgestellt hat. Man weiß, was dieser oder jener Mensch geglaubt oder für Wahrheit gehalten hat und bildet sich nun ein, man hätte es selber als wahr erkannt. Dies dauert so lange, bis eine neue Hypothese aufgestellt wird, welche die vorhergehenden über den Haufen wirft.

Nur die Erkenntnis des Ewigen ist von ewiger Dauer. Selbst wenn ein Mensch große eigene Erkenntnis in Bezug auf vergängliche Dinge erlangt hat, ist dennoch sein Wesen vergänglich. Die von allem Körperlichen befreite Seele nimmt nur ihre Seelenerkenntnis mit sich, hin großer Gelehrter, dessen Seele nicht zum Selbstbewusstsein gekommen ist, kann in seiner nächsten Inkarnation als ein Idiot wieder auf der Erde erscheinen. Was von ihm am Ende übrig bleibt, ist nicht sein Wissen oder seine Gelehrtheit, sondern die Psyche. Tritt sie ohne Selbstbewusstsein in das Ewige ein, so kommt sie auch ohne dieses wieder zurück.

Damit ist nicht gemeint, dass ein Mensch auf seine Unwissenheit stolz sein und kein Verlangen haben sollte, etwas zu lernen. Kunst und Wissenschaft sind die höchsten Güter des sterblichen Menschen, aber die Göttlichkeit gehört dem Göttlichen an. Die Liebe zum Göttlichen erhebt die Seele, der Drang nach Forschung im Materiellen zieht sie zu diesem hinab.

Das höchste Ideal vieler Menschen ist die Befriedigung der wissenschaftlichen Neugier. Damit, glauben sie, wäre alles getan. Sie wollen nur *wissen*, aber nicht *werden*. Dennoch gibt es kein anderes wahres Wissen als die Selbsterkenntnis, und diese besteht darin, dasjenige zu erkennen, was man selber ist. Kein Ding kann von etwas anderem als von sich selbst Selbsterkenntnis erlangen. Was nützt es mir zu wissen, wie viele Schätze dieser oder jener besitzt, wenn ich selber nichts habe? Was nützt es mir zu wissen, was vielleicht auf einem anderen Planeten oder im Himmel geschieht, wenn ich den *Planeten*, den ich selber bewohne, nicht kenne und keinen Himmel darin finden kann?

Dauernden Genuss verschafft nur der Besitz, wahre Erkenntnis die eigene Erfahrung. Der Schein kann das Wesen nicht kennen. Wer das Wesen der Dinge kennen will, muss sich seiner eigenen wahren Wesenheit selbstbewusst werden. So sagt deshalb auch Goethe:

> Ich fühl's, vergebens hab ich alle Schätze
> Des Menschengeists auf mich herbeigerafft,
> Und wenn ich mich am Ende niedersetze,
> Quillt innerlich doch keine neue Kraft;
> Ich bin nicht um ein Haar breit höher,
> Bin dem Unendlichen nicht näher.[1)]

Das wahre Wesen der Dinge und die Erscheinung, die wahre Konstitution des Menschen, sein Ursprung, die Stellung, die er im Weltall einnimmt, der

1) Faust I, Vss. 1810-1815

Zweck seines Daseins, seine Verwandlungen und seine schließlichen Bestimmungen sind die Dinge, deren Kenntnis für jeden von höchster Wichtigkeit ist, weil er nur durch Selbsterkenntnis Selbstbeherrschung erlangen kann und hierdurch befähigt wird, selbsttätig in sein Schicksal einzugreifen, es zu lenken und seiner höchsten Bestimmung zuzuführen. Und gerade davon weiß die moderne Wissenschaft nichts, und die religiöse Erziehung schenkt ihr wenig Beachtung.

Wie viele Menschen gibt es, die vielerlei wissen, aber keine Ahnung davon haben, weshalb sie auf der Welt sind! Dennoch hängt das Ziel, das sie erreichen, von ihrer Erkenntnis ab. Wäre ihre Weltanschauung eine höhere, sie würden nicht dem Aberglauben anhängen, dass das irdische Leben der Endzweck des Lebens sei, sondern dasselbe als eine Schule zu einem höheren Dasein betrachten, welches in der Erkenntnis der Wahrheit besteht.

Die Wahrheit aber kann kein Mensch erschaffen, erkaufen, verfertigen oder aus eigenem Willen erlangen. Sie ist ein Geist, ein Licht, das niemand erkennen kann als derjenige, in dem sie sich offenbart. Alles Lernen und alle Erfahrungen haben daher nur den einen Zweck, die Hindernisse, die Irrtümer und verkehrten Anschauungen, die sich der Erkenntnis der ewigen Wahrheit in den Weg stellen, hinwegzuräumen. Sind diese hinweggeräumt, offenbart sich die Wahrheit von selbst.

Es ist nutzlos, die Welt und alle ihre Illusionen für Täuschung zu halten, solange man nicht das eigene Sondersein des *Selbst* als eine Illusion erkennt.

Der Misanthrop hasst die Welt, der Pessimist verachtet sie, der Narr erfreut sich seines Narrenparadieses, der Weise ist darüber erhaben. Er weiß, dass sein zeitweiliger Aufenthalt auf Erden nur eine vorübergehende Schulung ist und dass er, wenn er die Prüfung bestanden hat, unter besseren Verhältnissen wiedererscheinen wird. Er gibt sich deshalb mit seinem Los zufrieden und erträgt geduldig die Folgen der Ursachen, die er in einem früheren Dasein sich selber geschaffen hat.

Er trachtet nur danach, keine neuen Ursachen zu schaffen, die ihm künftiges Übel bringen. Der Rationalist lebt in der Illusion, dass dieses eine Leben auf Erden sein Ganzes, sein Alles ist. Er sucht es unter Aufbietung aller seiner Kräfte zu genießen und wirft zu diesem Zweck seine unsterblichen Reichtümer fort, während der Fromme sich das Leben recht sauer werden lässt, um sich dadurch einen guten Sperrsitz im Himmel zu erhandeln. Beide opfern ihr Leben einer Illusion. Wer aber von der Täuschung der Eigenheit frei wird, erlangt den Besitz von Genüssen, von denen der Weltmensch nichts weiß. Er braucht auch auf kein Leben *im Jenseits* zu lauern; er tritt sogleich in den Himmel ein.

Eine der größten Illusionen, die mit ihrem Zauber die halbe Welt gefangen hält, ist dasjenige, was man gewöhnlich *Liebe* nennt, aber Begierde ist. Sie ist jene Leidenschaft, von der ein indischer Weiser sagt, es sei gut, dass es nur eine einzige solche gäbe, da, wenn es zwei solche gäbe, niemand in den Himmel (zur Selbsterkenntnis) gelangen könnte. Alles spricht von Liebe und dennoch kann niemand in Wahrheit lieben, als Gott.

Gott ist die Liebe selbst und nur, wenn Gott im Herzen des Menschen liebt, ist wahre Liebe vorhanden. Diese Liebe wird *göttlich* genannt, weil sie allgemein ist und nicht auf eine einzelne Erscheinung beschränkt. Sie liebt nichts als sich selbst, aber sie liebt sich in allem, wo sie sich findet. Sie ist die Freude, die der wahre Mensch empfindet, wenn er sein eigenes Ideal in einer anderen Form erblickt.

Die Begierde wird von einem Gegenstand der Wahrnehmung erzeugt. Die Liebe ist selbstexistierend und ewig. Sie ist, wie die Wärme, eine Kraft, die auch ohne einen Gegenstand vorhanden ist, der sie anzieht, aber sie wärmt und belebt alles, was sie berührt. Ein Mensch kann voller Liebe sein, ohne einen Gegenstand zu besitzen, an den er sie heftet. Aber diese Liebe strömt in alles ein, wo sie Eingang findet. Die Liebe kräftigt, die Begierde verzehrt.

Die Liebe ist die Kraft, die keine Trennung gestattet. Als *Anziehung* (Gravitation) hält sie die Welten zusammen, verbindet die Atome zu Körpern, stiftet Wahlverwandtschaften zwischen chemischen Substanzen, Pflanzen und Tieren, führt ihnen Nahrung zu und befähigt Gleiches, sich mit Gleichem zu verbinden. Aus Liebe zur Sonne kreisen die Planeten um die Sonne und drehen sich um ihre Achse, weil jeder Punkt das Licht zu erhaschen strebt, denn das Licht ist das Leben und das Leben die Liebe. Aus Liebe zum Licht und zum Leben öffnen sich die Kelche der Blumen und wachsen die Pflanzen dem Licht entgegen. Im Tier wirkt sie als Instinkt und führt — wie auch im Menschen — die Geschlechter zusammen. Durch ihren Zauber erweckt sie die Leidenschaft, die größte von allen, die am schwersten zu überwinden ist.

Die Leidenschaft liebt in der Tat nichts als sich selbst. Das Tier ebenso wie der Mensch, der sich selber liebt, liebt nicht den Gegenstand, sondern den Genuss, den ihm der Besitz desselben bereitet. „Ich liebe dich" heißt oft soviel wie „ich liebe den Besitz deiner Person, deiner Schönheit, deines Geldes, deiner Geschicklichkeit oder Fürsorge; das Ansehen, das ich durch dich erlange, dein Einkommen, die Bequemlichkeit oder das Vergnügen, das du mir verschaffen wirst“, und so weiter. Überall steckt das liebe *Ich* hinter dem Vorhang, das gepflegt, unterhalten und belustigt sein will, wobei dann bald die Enttäuschung folgt. Aber so groß ist der Zauber dieser Illusion, dass wenige stark genug sind, sich aus ihr zu befreien, wenn sie einmal davon ergriffen sind.

Die Geschlechtsliebe ist die stärkste von allen Anziehungen, sie raubt manchem sogar die Vernunft. Sie gehört dem tierischen Teil des Menschen an; der geistige Mensch empfindet sie nicht, denn er ist weder männlich noch weiblich. Die Zweiteilung in Geschlechter fand erst dann als eine Naturnotwendigkeit statt, als der Körper des ätherischen Lichtmenschen so materiell und verdichtet wurde, dass er sich nicht mehr durch innerliche Kraft in seiner eigenen Substanz fortpflanzen konnte; und wenn er wieder in seinen höheren Zustand gelangt, hört dieses Hindernis wieder auf.

Aber Mann und Weib sind nicht in ihrer Menschheit voneinander verschieden, jedes hat in sich noch einen Abglanz des ursprünglichen Wesens. Wer das wahre Selbst findet, findet in sich selbst alles — der Mann das Weib und die Braut ihren Bräutigam. In ihm ist die Ehe vollkommen.

Zwei Kräfte sind es, welche Welten erschaffen: der Wille und der Gedanke. Der Gedanke ist die erzeugende (männliche), der Wille die gebärende (weibliche) Kraft. In jedem Menschen, sei er Mann oder Frau, sind beide zusammen. Aber dennoch ist das Weib als Gebärerin seiner Natur gemäß die Repräsentantin des Willens oder der Liebe, der Mann als der Erzeuger der Repräsentant des Gedankens.

Ein Weib, das nur klug und gelehrt sein will und dabei lieblos wird, verliert seinen weiblichen Charakter, wie auch der Mann, der nur von der Liebe träumt und nicht denkt, ein Schwächling und Fantast wird. Eine Gleichstellung der Geschlechter, wenn sie keine Karikaturen hervorbringen soll, kann erst dann stattfinden, wenn der Mann und das Weib ihre höhere Natur erkannt haben und dadurch vollkommenere Menschen geworden sind.

Die selbstlose Liebe, das heißt, die Liebe ohne Begierde, gehört nicht dem tierischen Menschen, sondern dem göttlichen Geist im Menschen an. Ihr Dasein hängt nicht von der äußeren Erscheinung oder von irgendwelchen äußerlichen Vorteilen ab. Sie ist unerschaffen. Sie verlangt nichts, sondern bestrebt sich zu geben; und was sie gibt, ist sie selbst — so viel von ihr selbst, wie *das andere* zu empfangen fähig ist. Diese Liebe ist dauernd und deshalb sind auch nur jene Ehen glücklich, in denen der persönlichen Anziehung die göttliche Liebe zugrunde liegt. Dies sind die Ehen, die *Gott zusammengegeben* hat, nicht diejenigen, die der Priester oder das Standesamt schließt, denn der

Mensch ist nicht Gott. Wäre er Gott, so wäre er allmächtig und seine Werke vollkommen.

Der ursprüngliche Zweck der kirchlichen Zeremonien war nicht die Zeremonie selbst, sondern die Anregung, die der Andächtige durch sie erhält. Ob der die Messe lesende Priester oder der opfernde Brahmine ein Heiliger ist oder nicht, ist seine eigene Sache. Die *heilige Handlung* wird erst dadurch für den Zuschauer heilig, dass er sie selbst heiligt und sich dadurch für höhere Einflüsse fähig macht. „Wenn ein Tier in die Kirche geht", sagt Jakob Böhme, „so kommt es als Tier wieder heraus." Die kirchlichen Zeremonien stellen sinnbildlich innerliche Vorgänge dar. Finden diese nicht statt, nützen auch die Sinnbilder nichts.

Die christliche Religion enthält tiefe Wahrheiten, aber sie werden nur von wenigen erfasst und begriffen. Selbst die Hüter dieser Geheimnisse haben den Schlüssel zu ihnen, die innere Erkenntnis, verloren. Der Geist verschwindet immer mehr und die Menge sieht nur die Form. Liebe ist heutzutage Verlangen. Der Glaube ist zu einer Annahme gewisser Meinungen geworden. Hoffnung bedeutet die Erwartung eines Vorteils zum eigenen Besten. Aus dem allgegenwärtigen Gott, *der in den Herzen von allen thront*, ist ein Tyrann geworden. Der Himmel, der sonst in der Menschenbrust seinen Sitz hatte, ist jetzt so weit weg, dass ihn kein Fernrohr erreichen kann. Nur die Hölle ist noch mitten unter uns. Man sagt, es gäbe keine Magie. Und doch ist die ganze Welt verhext durch den magischen Zauber ihrer eigenen Illusion.

Eine große Illusion ist der Glaube an die Freiheit des menschlichen Willens, da doch der Wille erst dann frei wird, wenn der Mensch nichts mehr für sich begehrt, denn solange er nach etwas Verlangen hat, ist der Wille an seine Selbstsucht gebunden. Um seinen Willen zu beherrschen, muss der Mensch Herr über sein Wollen sein. Wie selten aber ist ein solcher Herrscher zu finden! Meistens besteht der Grund aller Verbrechen darin, dass der Mensch sich nicht selbst beherrschen kann, sondern sich von seinen Begierden und Leidenschaften leiten lässt. Aus seinen Wahnvorstellungen entspringen Neigung und Hass, Neid, Zorn und Lust, Geiz und Eifersucht, Habsucht und Unvernunft.

Würden unsere Gesetzgeber die Zusammensetzung des Menschen kennen, so würden sie wissen, dass dasjenige, was den Menschen zu Verbrechen antreibt, weder gehenkt, noch geköpft, noch erschossen werden kann, sondern durch den Tod des Verbrechers nur freigesetzt wird, um sich in anderen Seelen einen Spielplatz zu suchen. Nicht der Mensch begeht ein Verbrechen, sondern die Kraft der Leidenschaft, die durch ihn wirkt, und die, wenn sie seinen

Leichnam verlässt, auf andere Menschen übergeht, wodurch aus einer einzelnen Krankheit eine Epidemie geschaffen werden kann. Sie ist der wahre Verbrecher, den wir in Freiheit setzen. Der Mensch ist der Stock, mit dem der Mörder den Totschlag beging. Den Stock henken wir, den Mörder lassen wir laufen.

Die menschliche *Justiz* verlangt nach Rache, Bestrafung; die göttliche Gerechtigkeit befiehlt die Belehrung. Sie verlangt nicht den Tod des Sünders, womit in Wirklichkeit nichts gewonnen ist, sondern dass ihm der Weg zur Erkenntnis gewiesen wird. Wie für Kranke nicht das Zuchthaus, sondern das Spital der richtige Platz ist, so wäre auch für große Verbrecher ein gut geleitetes Narrenhaus der geeignetste Aufenthalt zu ihrer Kur, wo sie von der Unvernunft zur Vernunft geführt werden könnten.

Kein Mensch glaubt heutzutage mehr an die Zauberei, und doch hält die Zaubermacht des Goldes die meisten Menschen in ihrem Bann. Das Gold macht sie geistig blind, sodass sie sich selbst nicht mehr kennen. Sie werfen ihre unsterblichen Schätze fort, um ein Stück glitzerndes Metall oder ein Stück Papier, das den Wert desselben repräsentiert, zu erhaschen, und haben sie es erlangt, so schreien sie nach mehr. „Mehr Gold! Mehr Gold!" ruft die Begierde in ihnen und übertönt die Stimme der Menschlichkeit.

Dennoch ist der Besitz des Goldes eine Illusion. Nicht sein Besitz, sondern der Nutzen, der durch es erlangt werden kann, gibt ihm seinen Wert. Nicht das Kapital zu vermehren, sondern es so zu verwenden, dass es den größten allgemeinen Nutzen bringt, ist die große Kunst. Wird es dazu verwendet, die Aufklärung zu fördern, dann wird sein falscher Schein in der Tat zum wahren Licht, das die Menschheit erleuchtet. Wird es aber zu selbstsüchtigen Zwecken verwendet, so ist sein Wert für den Betreffenden dahin, wenn der Besitzer verschwunden ist. Der Geizhals ist eine vom Wahn der Selbstsucht geschaffene Seifenblase. Platzt sie, so ist es mit ihm zu Ende. Er ist ein Nichts, und was nur für ihn Wert hat, hat Wert für nichts.

Woher stammt der Kampf zwischen Arbeit und Kapital, als aus dem von der Selbstsucht geschaffenen Selbstbetrug, infolgedessen weder die eine noch die andere Partei den Zweck ihres Daseins erkennt. Jeder ist nur für sich selbst auf der Welt und erkennt nicht die Rechte des anderen. Dennoch liegt allem Gemeinwesen, jeder staatlichen Verfassung ein gemeinsamer Zweck zugrunde, dessen Erreichung der Zweck der sozialen Vereinigung ist. Würden die Menschen mehr auf das Ganze als auf sich selber bedacht sein, so könnte auch jeder einzelne in Wohlstand und Frieden leben und die menschliche Gesellschaft gliche nicht einer Herde, die nur da ist, um von ihrem Hirten und

Beschützer ausgenutzt und schließlich aufgefressen zu worden. Der Staat würde sich nicht bemühen, durch allerlei Kunstgriffe das Volk auszusaugen, und der einzelne würde nicht sein ganzes Bestreben darauf richten, sich vom Staate zum Nachteil anderer Vorteile zu verschaffen.

Auch gegen diese Illusion gibt es kein anderes Mittel als die Aufklärung, das heißt, die eigene Erkenntnis der eigenen höheren Menschennatur. Äußere Mittel nutzen nicht viel, solange die Ursachen, die das Übel schaffen, vorhanden sind. Üble Wirkungen sind die notwendige Folge übler Ursachen. Werden sie unterdrückt, so tritt das Übel schließlich nur auf eine andere Weise hervor. Nicht um Personen handelt es sich, sondern um Prinzipien; nicht darum, dass man Tyrannen stürzt, sondern darum, dass man die Ursachen beseitigt, durch welche Tyrannen hervorgebracht werden. Das Dunkel der Unwissenheit brütet alle möglichen Arten von Unterdrückern aus. Wenn aber das Licht der Erkenntnis erscheint, werden vor seiner magischen Kraft alle die Teufel, die jetzt die Gemüter beherrschen, in den Abgrund der Hölle versinken.

Wer kennt nicht die Zaubergewalt, welche die Illusion der Furcht über die Menschen hat? „Es gibt keinen Geist und keine Gespenster!" doziert der Professor auf seinem Katheder. Aber da alles in der Welt nur Erscheinung ist, gibt es nichts als Erscheinungen; und jede geistlose Erscheinung ist ein Gespenst.

Die Furcht ist ein Gespenst, ein wesenloses Ding, das die Hälfte der Welt beherrscht. Das *Ich*, das Produkt der Täuschung, ist beständig um sein vorübergehendes Dasein und Wohlergehen bedacht und fürchtet sich, es zu verlieren. Wie viele werden von der Furcht vor der Zukunft gehindert, die Gegenwart zu genießen! Und doch hängt die ganze Zukunft eines Menschen unabänderlich von seinem Karma (Vorsehung) ab. Er kann die Wirkung dieses Gesetzes verzögern, aber nicht hindern. Damit ist nicht der blinde Fatalismus gemeint, denn „Jeder ist seines Glückes Schmied". Gott und die Natur bieten uns ihre Schätze dar, aber wir müssen selbst unsere Hände gebrauchen, um sie zu nehmen. Jeder sollte aber mit Eifer selbstlos dasjenige tun, was ihm das Schicksal in seine Hand gelegt hat. Ist es mein Karma, krank zu werden, und finde ich die Mittel zu meiner Gesundung, so ist es auch mein Karma, sie anzuwenden, denn sonst hätte ich sie auch nicht gefunden.

Eine andere Illusion ist die Reue. Sie hat keinen anderen Zweck, als den Menschen zur Erkenntnis zu führen. Tritt die Erkenntnis ein, ist auch die Reue zu Ende, weil wir die begangenen Irrtümer dann nicht als unser eigenes Erzeugnis, sondern als das Resultat unserer früheren verkehrten Weltanschauung erkennen. Wer sich damit die Zeit vertreibt, die Vergangenheit zu betrauern, gleicht einem Menschen, der freiwillig auf einer wüsten Insel inmitten des Paradieses lebt.

Eine andere Illusion, welche der Nichterkenntnis entspringt, ist die Trauer um verstorbene Freunde oder Verwandte. An dem Verstorbenen selbst ist nichts zu betrauern, denn das, was ihm wesentlich war, ist noch immer vorhanden.

Nur seine Erscheinung verschwindet und man betrauert deren Verlust. Diese Trauer entspringt folglich dem Egoismus und dem Wunsch nach Besitz und ist eine Illusion des eigenen vergänglichen Selbst, die den geistigen Verkehr mit der Seele des Verstorbenen hindert.

Der Verkehr mit den Geistern der Seligen ist kein äußerlicher oder intellektueller, sondern ein geistiger. Geist spricht zu Geist; dieser Geist ist die Liebe. Wenn zwei Seelen in der Kraft der geistigen Liebe vereinigt sind, kann sie der Tod nicht trennen. Die Kraft der Liebe gibt der Seele Flügel, sich zur Wohnung des seligen Geistes zu erheben und an seinem Gefühlsleben teilzunehmen. Aus diesem aber entspringt das Denken und aus diesem die Sprache. Die Trauer drückt nieder, sie hindert diese Erhebung, und die Gier nach Besitz hält den Menschen in seinem Egoismus zurück.

Um die Täuschungen und Gefahren zu begreifen, die der Spiritismus mit sich bringt, ist eine eingehende Kenntnis der Metaphysik nötig; und der uns zugemessene Raum ist viel zu klein, um sie auseinanderzusetzen. Es muss genügen zu versichern, dass erfahrungsgemäß diese angeblichen Mitteilungen Verstorbener einen ganz anderen Ursprung haben und dass in ihnen in der Regel ein Kern von Lügen mit Hirngespinsten umgeben ist.

Hochtrabende und salbungsvolle Mitteilungen dieser Art sind kein Beweis für die Echtheit ihrer Abstammung, denn salbungsvoll predigen kann auch ein Komödiant. Wer die Beschaffenheit der Astralwelt mit ihren Bewohnern kennt, hält sich von ihr fern. Wer sich aber gern mit Larven und Teufeln abgibt, zieht sich am Ende Irrsinn und Besessenheit zu.

Da der Mensch, in dem der Selbstwahn herrscht, eine Illusion ist, sind auch alle seine Tugenden nicht seine eigenen Produkte, sondern die Erzeugnisse von Naturkräften, die in ihm schaffen, ohne dass er es weiß. Seine Wohltätigkeit hat ihren Ursprung in seiner Eitelkeit, in der Furcht, Missfallen zu erregen, oder in der Begierde, einen Vorteil dadurch zu erlangen. Seine Bescheidenheit entspringt der Furcht, dass man ihn für unbescheiden halten und dadurch seine Eitelkeit verletzen könnte. Seine Mäßigkeit hat ihren Ursprung in der Furcht, seine Gesundheit zu schädigen.

Seine Handlungen sind darauf berechnet, in seinen eigenen Augen oder in den Augen anderer etwas zu scheinen, was er nicht ist. Er streut sich beständig Sand in die Augen und hält sich beharrlich blind. Nur wer das Gute tut, weil ihn der Drang zum Guten dazu antreibt, handelt gut, denn es ist nicht *er*, der da handelt, sondern das Gute in ihm.

Solange der Mensch selbst ein Gebilde der Täuschung ist, ist auch sein Leben wie sein Tod eine Illusion. Das, was nicht in Wirklichkeit ist, kann auch nicht in Wirklichkeit leben. Das, was nicht wirklich lebt, kann auch nicht sterben. Es war nie da und geht auch nicht fort, es hat nur zu leben geschienen. Wenn es aufhört zu scheinen, ist nichts weg als der Schein.

Der Schatten, den dieser Schein ins Dasein geworfen hat, wird vielleicht mit Gepränge zu Grabe getragen und ihm ein Monument mit lügenhafter Inschrift gesetzt. Das wahre Leben aber kann nicht aufhören, weil es auch keinen Anfang hat; nicht erschaffen, sondern selbst das Erschaffende ist. Es ist die Kraft, die aus sich selbst kommt und in sich selbst wieder zurückkehrt. Die Erscheinung, die es erzeugt, geht vorüber wie der Schatten einer vorbeiziehenden Wolke. Das Leben bleibt, und wer in ihm zum Bewusstsein erwacht, lebt in ihm. Deshalb sagt der Dichter:

Vor dem Tode erschrickst Du und wünschest, unsterblich zu leben?
Lebe im Ganzen! Wenn du lange dahin bist, es bleibt!

Das wahre Leben beginnt erst dort, wo die Zauberkraft der Illusion aufhört und die Erkenntnis der Wahrheit beginnt.

Diese Erkenntnis entsteht durch keinerlei äußerliche Offenbarungen; sie findet dadurch statt, dass die Vernunft des Menschen vom Licht der Wahrheit erleuchtet wird. Dies ist die einzige echte Offenbarung, die es gibt. Sie lässt sich nicht durch menschliche Verordnungen dekretieren, wie man es zur Zeit der Französischen Revolution versuchte, als man eine Ära der Vernunft inaugurieren wollte, da doch die Vernunft nicht zu finden war.

Diese Offenbarung wird erst dann stattfinden, wenn der Mensch die Zauberkraft überwindet, welche die Illusion des Sonderseins in ihm geschaffen hat; wenn er erkennt, dass er in seiner Eigenheit ein Nichts und dass nur das Wesen, die Gottheit, in ihm Wirklichkeit und in der Tat alles ist, was er besitzt.

[illegible] Handlungen und [illegible] in den Augen anderer [illegible] zu scheinen, [illegible] bestätigung Sand in die Augen und [illegible] rt, weil ihn der Drang [illegible] er", der da handelt, sondern das [illegible].

Solange der Mensch selbst [illegible] Leben wie sein Tod eine Illusion. [illegible] Wirklichkeit ist, [illegible] in Wirklichkeit leben. [illegible] wirklich [illegible] nicht sterben. Es war nie da und geht [illegible] fort, es [illegible] Wenn es aufhört zu scheinen, ist [illegible] weg als der Schein.

Der Schatten, den [illegible] Dasein [illegible] mit Gepränge zu Grabe getragen [illegible] Menschen [illegible] Inschrift gesetzt. Das wahre Leben aber kann [illegible], weil es auch keinen Anfang hat; nicht [illegible] die Kraft, die aus sich selbst [illegible] Erscheinung, die es erzeugt, [illegible] einer [illegible] Wolke. Das Leben [illegible] Bewusstsein erwacht, [illegible] in ihm. Deshalb sagt der Dichter:

Vor dem Tode erschrickst [illegible] unsterblich zu leben?
Lebe im Ganzen! Wenn du lange dahin bist, es bleibt.

Das wahre Leben beginnt erst dort, wo die Zauberkraft der Illusion aufhört und die Erkenntnis der Wahrheit beginnt.

Diese Erkenntnis entsteht durch keinerlei äußerliche [illegible], sie findet dann statt, dass die Vernunft des Menschen vom Licht der Wahrheit erleuchtet wird. Dies ist die einzige [illegible], die es gibt. Sie lässt sich nicht durch menschliche Verordnungen dekretieren, [illegible] Zeit der Französischen Revolution versuchte, als man eine Art der Vernunft [illegible] wollte, da doch die Vernunft nicht zu finden war.

Diese [illegible] ist das [illegible], wenn der Mensch die Zauberkraft überwindet, welche die Illusion des Sinnenseins [illegible] hat, wenn er erkennt, dass er [illegible] Wesen, die Göttlichkeit in der Wirklichkeit und in der [illegible] besitzt.

Das Selbstbewusstsein

Ich bin der ich bin.
Die Bibel

Weshalb überlieferst du dich dem Tode, da du doch die Macht hast, an der Unsterblichkeit teilzunehmen? Stehe auf und umfasse mich mit deinem ganzen Herzen und Gedanken, und alles, was du wissen willst, will ich dich lehren.
Hermes Trismegistos

Die Vernunft sagt uns, auch ohne dass wir es in der Schule gelernt haben, dass sie nur eine einzige ist und dass der Grund des Selbstbewusstseins, aus dem die verschiedenen Bewusstseinsformen entspringen, in allen Wesen ein und derselbe, selbstexistierend und ewig ist. Die Logik bestätigt die Erkenntnis dieser Wahrheit, denn wäre die Vernunft ein Erzeugnis der Form, so müsste zum Beispiel ein verkrüppelter Mensch eine ganz andere Vernunft haben als einer, der gerade gewachsen ist.

Für den einen wäre zwei mal zwei vier und für den anderen etwas anderes. Auch ist es noch niemandem gelungen, aus etwas Unvernünftigem Vernunft und aus etwas Unbewusstem Bewusstsein zusammenzusetzen. Die Vernunft wird nicht gemacht, sondern sie offenbart sich, wenn die Unvernunft schwindet. Das Bewusstsein tritt in die Form, wenn die Form fähig ist, es zu empfangen.

Allen Bewusstseinsformen liegt ein absolutes Bewusstsein zugrunde, das für alle Wesen, in denen es nicht offenbar wird, auch nicht existiert, weil sie selbst nicht für dasselbe vorhanden sind. Alles in dieser Welt, sogar das Dasein selbst, ist nur relativ. Was nicht in mein Bewusstsein eintritt, ist für mich nicht vorhanden. Was in meinem Bewusstsein lebt, ist für mich da, wenn es auch kein anderer Mensch wahrnehmen kann.

Ich bin tot in Bezug auf dasjenige, was nicht in meinem Bewusstsein ist, und was ich erkenne, das lebt in mir auf. Die besten Theorien der Welt können höchstens dazu dienen, mir von diesem oder jenem, das ich nicht kenne, eine Vorstellung zu machen; aber ich kenne dann nur meine selbst gemachte Vorstellung und nicht das Ding selbst. Und wenn auch meine Vorstellung annähernd richtig ist, so ist sie doch nichts anderes, als mein eigenes Erzeugnis und nicht die Erkenntnis, die dem eigenen Besitze und dessen Betrachtung entspringt.

Solange die Kraft eines Dinges nicht in unser Bewusstsein getreten ist, können wir auch in Wirklichkeit nicht wissen, was das Ding ist. Das Bild, die Vorstellung, die Form oder Erscheinung eines Dinges zeigt an, was es zu sein scheint, wie es aussieht, aber nicht, was es ist. In seiner Kraft liegt sein Wesen. Tritt seine Kraft in unser Bewusstsein ein, dann sind wir uns der Kraft dieses Dinges als unserer eigenen Kraft, als einem Teil unseres Wesens bewusst. Dann ist die Vorstellung davon in uns selber verwirklicht.

Die Vorstellung allein ist noch keine Verwirklichung. Wir können das Äußere eines Dinges betrachten oder uns durch logische Schlussfolgerungen eine Vorstellung von etwas noch Unbekanntem machen. Aber eine Vorstellung ist noch keine Verwirklichung und keine wahre Erkenntnis. Diese entspringt aus dem Gefühl. Durch den Augenschein offenbart sich uns die Erscheinung und durch die Empfindung die Kraft. Das Gefühl entspringt der Berührung. Wenn wir mit einer Kraft in Berührung kommen, können wir sie empfinden.

Was nutzen uns zum Beispiel alle gelehrten Theorien über das Wesen der Liebe, des Glaubens, der Hoffnung, Geduld, Weisheit, Gerechtigkeit und so weiter? Wir können diese Dinge nicht mit unseren Augen wahrnehmen, sie nicht wiegen oder sezieren. Solange sie nicht in unser Bewusstsein getreten sind, sind sie für uns nicht vorhanden. Deshalb sind auch die Vorstellungen, welche die meisten sich davon machen, so voneinander verschieden und so verkehrt, dass man gewöhnlich heutzutage unter diesen Worten etwas ganz anderes versteht, als was sie zu bezeichnen bestimmt sind.

So versteht man unter *Liebe* die Habsucht, unter *Glauben* das Festhalten an einer Meinung und so weiter. Sind diese Kräfte aber in unser Bewusstsein getreten, so erkennen wir sie auch ohne Unterricht als das, was sie sind, als lebendige Kräfte der Seele. So haben sich die Philosophen und Theologen seit undenklichen Zeiten über das Wesen Gottes die Köpfe zerbrochen und jeder stellt sich darunter etwas anderes vor. Ist aber Gott in uns selbst in unser Dasein getreten, treten auch wir dadurch in das göttliche Dasein ein.

Da erkennen wir ihn nicht als Vorstellung, Mildern als Macht und er sich in uns als den, der er ist, ohne weitere Erklärung, als unser göttliches Sein. Wir können nur dasjenige erkennen, was wir wahrnehmen, und dazu brauchen wir die Sinne. Der Sinn für die Wahrnehmung der Liebe ist die Liebe in uns, der Sinn für die Wahrnehmung des Glaubens der Glaube in uns, der Sinn für die Gotteserkenntnis ist die Erkenntnis Gottes in uns.

Es ist ein großer Irrtum, wenn man den äußerlichen Besitz mit dem innerlichen verwechselt. „Wenn ich sechs Hengste zahlen kann, sind ihre Kräfte dann nicht die meinen?“, fragt Mephisto im Faust. Dem oberflächlichen Denker scheint es so, aber tatsächlich gehören die Kräfte nur den Hengsten an, wenn auch der Mensch sie benutzt. Nur diejenigen Kräfte, die in uns selber sind, sind unsere eigenen. Alle anderen sind nur erborgter Besitz. Was mir ein anderer Mensch gesagt hat, ist nicht mein eigenes Wissen. Nur das, was ich in mir selber entdecke, weiß ich selbst.

Es gibt nur ein einziges absolutes Bewusstsein, aber es offenbart sich auf verschiedene Weise auf den vier Ebenen des Daseins. Was das absolute Bewusstsein, die reine Vernunft, im Weltall ist, darüber zu spekulieren ist zwecklos.

Meister Eckehart sagt darüber: „Erst wenn alle Formen abgelöst werden und die Seele das einig Eine schaut, findet das reine Wesen der Seele das reine gestaltlose Wesen der göttlichen Einheit, welches — ein überwesentliches Wesen ohne Wirken — in sich selber ruht. Die Seele schwingt sich empor in die Einfachheit über alle Dinge hinaus in das Unerkennbare: gestaltlos stürzt sie sich in den gestaltlosen Gott.“

In den Upanishaden heißt es: „Im Anfange war Brahma alles. Er war das Eine und unendlich. Das höchste Sein und Nichtsein, das Selbst kann nicht beschrieben werden. Es ist unbegrenzt, ungeboren, unbegreiflich und unerfassbar. Es ist wie der Äther allgegenwärtig, und wenn das Weltall verschwindet, ist es allein wach. Aus diesem Äther erweckt es die ganze Welt; sie besteht nur aus Gedanken. Durch dies allein ist alles dies vorgestellt, und in ihm löst es sich wieder auf.“

Bewusstsein ist Leben und Licht. Nur durch das Licht können wir das Dunkel besiegen und zum Licht gelangen. Nur das Licht in uns kann das Licht im Weltall zum Bewusstsein bringen. Um das Licht in seiner ganzen Fülle, frei von allen Schatten, zu genießen, müssen wir selbst ganz zu diesem Licht werden. Dies haben auch die christlichen Mystiker erkannt, und Johannes Schettler (Angelus Silesius) sagt:

„Gott wohnt in einem Licht, das keiner kennen kann; Sei du, du selbst, dies Licht, und du erkennst ihn dann.“

Christus sagt: „Ich bin das Licht der Welt“. Im Sanskrit wird dieses Licht *Buddhi* (Intelligenz) genannt. *Atma* ist die Seele, *Bodh* das Licht, *Atma Bodhi* das Seelenlicht. Ein *Buddhist* in diesem Sinne ist ein Mensch, der diesem Licht folgt, ein wirklicher Christ desgleichen ein Nachfolger dieses alleinigen Lichts, von dem Christus spricht. Ein Buddhist ist ein Anhänger der

Lehren Gautama Buddhas, ein Buddha ein ganz zum Licht gewordener Mensch.

Dies ist somit der Zustand, den die Buddhisten *Nirvana* und die Christen die *ewige Seligkeit* nennen. Es ist nicht, wie von vielen fälschlich gelehrt wird, eine Verwandlung in Nichts. Dasjenige, was dabei vernichtet wird, ist nur der Selbstwahn und Eigendünkel, an dessen Stelle die volle Selbsterkenntnis der Wahrheit tritt.

Es ist, wie wenn der Funke des Feuers in Flammen aufgeht und zu Licht wird. Er existiert dann als Funke nicht mehr, wohl aber als Licht. So ist auch die ins Nirvana eingegangene Seele nicht eins mit dem Dunkel, sondern eins mit dem Licht. In der Vereinigung mit der Gottheit verschwindet die Illusion und der Schatten der Sonderheit.

In der Tat steht es jedem frei, schon hier auf Erden das Nirvana kennenzulernen, denn mit dem innersten Grund seines Wesens wurzelt jeder Mensch darin, wie ein Sonnenstrahl in der Sonne wurzelt und seinem Wesen nach die Sonne selber ist.

Will er aber sich selbst als die göttliche Sonne des Weltalls erkennen, muss der Mensch in den tiefsten Grund seiner Seele eindringen und aufhören sich einzubilden, dass er etwas von seiner Quelle Verschiedenes sei. In diesem Selbstvergessen besteht seine *Vernichtung*, die aber in Wirklichkeit ein Erwachen zu einem höheren, geistigen, selbstlosen Dasein ist, das keine Beschränktheit kennt.

Der Mensch ist nur dann glücklich, wenn er sich selber vergisst. Weshalb läuft man ins Theater oder ins Konzert oder sucht andere Unterhaltung und Zeitvertreib, als um für ein paar Stunden den Gedanken an das eigene Selbst und die damit verbundenen Sorgen loszuwerden, hingerissen zu werden von etwas anderem als dem eigenen *Ich*? Man verliert dadurch nicht seine Individualität und stirbt deshalb nicht; man hört, sieht und fühlt mehr, als wenn man sich selbst überlassen ist. Man verliebt sich, um in einem anderen Menschen zu leben, und hört doch deshalb nicht auf zu sein, sondern lebt höher auf. Weshalb sollte es die *Vernichtung* sein, in das Höchste einzugehen, das über alle menschlichen Begriffe erhaben ist, und eins mit dem Allselbstbewusstsein Gottes, Herr über alle Vorstellungen, aus denen die Welt besteht, zu werden? Das unsterblich werden besteht darin, dass man aus der vergänglichen Eigenheit herausgeht und das Unsterbliche wird.

Ein Mensch, der ganz in sich selbst versunken ist, ist sich nichts Äußerlichem bewusst. Eine Sonne, die all ihr Licht in sich selbst verschlossen hielte, hätte wohl selbst ihr Licht, wäre aber für uns nicht vorhanden und auch für uns keine Sonne mehr. Erst wenn sie ihr Licht aussendet, wird dieses Licht für sie selbst objektiv und erleuchtet die Welt. Brahma ist in seinem höchsten Selbstbewusstsein, wenn die ganze Schöpfung verschwunden ist und er sein ganzes Licht und Leben in sich selbst zurückgezogen hat.

Auch der ganz in sich selbst zurückgezogene Mensch ist er selbst. Sobald wir aber beginnen, uns etwas vorzustellen, gehören wir nicht mehr gänzlich uns selber an. Wir leben dann in unserer eigenen Schöpfung, in der Welt unserer Vorstellungen, ohne deshalb unser Selbstbewusstsein zu verlieren, es wäre denn, dass wir uns gänzlich von unseren Vorstellungen hinreißen ließen. Dies sind alles Dinge, die jeder an sich selber beobachten kann und die deshalb keines *Beweises* bedürfen.

Das Nichtoffenbare ist (für uns) das Dunkel, aus dem das Licht in die Dunkelheit scheint. Wenn die Sonne zu scheinen beginnt, tritt (für uns) das Licht ins Dasein und das Nichtoffenbare wird offenbar. Das Licht, das der geistigen Sonne des Universums entströmt, ist das Licht des Weltalls, der göttliche Geist, der die drei Welten erleuchtet, das Bewusstsein, dessen Widerspiegelung in den drei Daseinsebenen offenbar wird.

Da es nicht möglich ist, sich von Zuständen, die unendlich und daher dem beschränkten Verstände nicht fassbar sind, anders als durch Vergleiche und Sinnbilder eine annähernde Vorstellung zu machen, kann man auch das Licht der Seele der Welt (des Logos) in seiner Tätigkeit nicht anders beschreiben, als indem man sich auf bekannte Vorgänge in der Natur bezieht.

Subba Row vergleicht das Licht des Logos mit dem Licht der Sonne, das von einem Spiegel aufgefangen, auf eine Metallplatte reflektiert und von da wieder auf einen dunklen Gegenstand — zum Beispiel eine Mauer — zurückgeworfen wird[1)]. Diese drei Widerspiegelungen stellen die drei Arten des Bewusstseins auf den drei Daseinsebenen dar.

Betrachten wir nun zuerst die unterste Stufe des Daseins, die Körperwelt der materiellen Erscheinungen, so finden wir, dass diese an sich selbst gar kein eigenes Selbstbewusstsein hat. Ein Leichnam hat kein Bewusstsein. Er tut nichts, nimmt nichts wahr und fühlt nichts; er folgt bloß den Gesetzen der Schwerkraft und der Zersetzung.

Er ist kein Mensch, sondern nur das Bild eines gewesenen Menschen. Das allgemeine Lebensprinzip (Prana) ist auch in ihm, denn sonst könnten in

1) vergl. Subba Row, „Die Philosophie der Bhagavad Gita". Verlag Heliakon

ihm keine chemischen Veränderungen stattfinden. Aber es ist in ihm nicht individualisiert. Dasjenige, was in ihm Bewusstsein hervorbrachte, ist ein tief erliegendes Ding. Es ist Jiv'Atma, der Geist, der Hauch Gottes im Weltall. Durch ihn hauchte Gott dem Menschen eine lebendige Seele ein, und in dieser besteht sein Ich, seine unsterbliche Individualität.

Alles ist Leben und Bewusstsein, alles ist Geist, alles ist Licht. Aber je weiter wir von der Sonne entfernt sind, um so schwächer scheint uns ihr Licht. Je mehr wir uns in unserer Entwicklung der Sonne des Geistes nähern, um so mehr kann ihr Licht in uns offenbar werden. Überall ist Leben, aber dieses Leben in den niederen Reichen der Natur ist nicht das ursprüngliche Licht des göttlichen Geistes selbst, sondern nur dessen Widerschein.

Aus dem Reich des Göttlichen scheint es herab in die himmlischen Regionen der Seele, durchdringt, von dieser zurückgeworfen, die Mittelregion und tritt in die sichtbare Körperwelt ein.

In jedem Ding ist Kraft, aber nicht jedes Ding ist sich der ihm eigenen Kräfte bewusst. Dasein ist Bewusstsein, aber nicht alles, was Dasein hat, ist sich des Daseins bewusst. Auch ist in jedem selbst die Quelle seines Daseins enthalten, aber nicht jeder ist sich dessen bewusst.

Von denen, die sich des Daseins bewusst sind, zum Beispiel die Tiere, sind wieder nur wenige, die das Bewusstsein des Ich, das heißt, Selbstbewusstsein, in sich tragen, denn dieses gehört dem Menschen an. Und unter diesen sind wieder wenige, die den Grund dieses Selbstbewusstseins empfinden, das heißt, in denen die Allgegenwart des wahren göttlichen Ich zu ihrem Selbstbewusstsein gekommen ist.

Bewusstsein ohne Selbstbewusstsein gehört dem Leben der Instinkte an; persönliches Selbstbewusstsein dem denkenden Menschen; Allbewusstsein, in dem es kein *ich* und kein *du* mehr gibt, dem göttlichen Menschen. In dem Selbstbewusstsein eines Wesens ist dessen Individualität begründet. Ist dieses Selbstbewusstsein nur die Folge der Sinneseindrücke, so ist es vergänglich und verschwindet mit deren Erinnerung. Das wahre Selbstbewusstsein der Seele hat nichts mit diesen zu tun.

Das äußerliche Bewusstsein gehört dem sterblichen Menschen an. Fr ist gleichsam ein lebendiger Spiegel, in dem sich die durch die körperlichen Sinnesorgane von der Außenwelt kommenden Vorstellungen und Eindrücke widerspiegeln und in ihm zum Bewusstsein kommen. Aus diesem Grunde hat der Mensch, in dem das wahre, göttliche Bewusstsein noch nicht erwacht ist, auch kein wahres Selbstbewusstsein, sondern führt eine Scheinexistenz. Er ist wie ein Haus, in dem durch die Fenster und die Türen die Naturkräfte ein- und ausgehen, in ihm zum Bewusstsein kommen, in ihm denken, fühlen und wollen und ihn dann wieder verlassen.

Er bildet sich ein, dass er Herr seiner selbst sei und tue, was ihm beliebt, und ist dabei doch nur den auf ihn wirkenden Eindrücken unterworfen, der Sklave seiner Instinkte und Launen, Gewohnheiten und Begierden.

Er ist nicht Herr über seine Natur, sondern muss tun, was die Natur in ihm fordert. Sein Dasein ist ein Scheinleben, denn das einzig Wahre in ihm ist der in ihm schlummernde Funke des Lichts, das er noch nicht kennt.

Auch findet von diesem Scheinbewusstsein kein Übergang zu einem höheren statt, denn man mag den Schein drehen wie man will, es wird kein Wesen daraus. Erst wenn die durch die Sinne hervorgerufene Täuschung durch Geisteskraft überwunden wird, tritt eine höhere Stufe des Bewusstseins ein.

Jedes der Prinzipien oder Elemente, aus denen der Mensch zusammengesetzt ist, stellt eine Form des Lebens dar. Deshalb ist er befähigt, Eindrücke aus allen Daseinsebenen in sich aufzunehmen und in sein Bewusstsein zu bringen.

Aus der äußerlichen Sinneswelt erhält er seine Wahrnehmungen äußerlicher Gegenstände. Je nach der Beschaffenheit seines Inneren strömen ihm die Einflüsse der Traumwelt, das heißt des Astrallichts, zu.

Das Himmlische in seiner Seele ist den himmlischen Einflüssen, die niederste Region derselben den höllischen Einflüssen zugänglich. Ist aber in seinem Innersten der göttliche Funke der wahren Selbsterkenntnis erwacht, steht ihm auch das Reich des Göttlichen offen, denn der Mensch selbst in seinem wahren Wesen ist Gott.

„Aham eva naram Brahman", spricht der indische Weise zu sich selbst, „Ich bin in Wahrheit der höchste Brahma". Und er tut gut, sich daran zu erinnern und das Gefühl dieser Wahrheit in seinem Herzensbewusstsein lebendig zu erhalten, denn der Mensch muss sich vor allem der ihm innewohnenden göttlichen Kraft bewusst werden, ehe er durch diese die niederen Elemente und den Drachen des Selbstwahns besiegen kann.

Um uns einen Begriff davon zu machen, woher die Wahrnehmungen des Menschen kommen und was die Kräfte sind, durch die er sie empfängt, stellen wir uns die Beziehungen des Mikrokosmos zu den im Makrokosmos herrschenden Zuständen folgendermaßen vor:

	Prinzipien im Mikrokosmos	Prinzipien im Makrokosmos	
		Himmlische Zustände	Höllische Zustände (Gegensätze)
1	Der persönliche Mensch mit seinen fünf Sinnen	Die Erde und ihre Bewohner im Zustand der Unschuld	Die Erde und ihre Bewohner durch Egoismus beherrscht
2	Das Astralbild des Menschen	Die Region des Astrallichts, die höhere Astralregion; die Ebene der Instinkte und Naturgeister	Das Schattenreich der niederen Astralregion; Aufenthalt der Schatten und Larven verstorbener Menschen. Hier nimmt der *Schatten* (Astralleib) diejenige Form an, die seinem Charakter entspricht
3	Kama Die Sehnsucht oder Begierde	Devachan, das *Paradies*	Die Unterwelt (Kama Loka), der Zustand der erdgebundenen Seelen
4	Kama Manas Intellekt und Begierde	Die Engelswelt, die Sphäre der Heiligen, das Reich der Liebe	Die Welt der Dämonen, die Region des krassen Egoismus und der Leidenschaft
5	Buddhi Manas Die höhere Seelenregion, der erleuchtete Teil des Gemüts	Der Himmel, die Region der Erkenntnis und des Lichts. Die Wohnung gottähnlicher Wesen, die Selbstbeherrschung erlangt haben	Die *Hölle*, der Zustand derjenigen Wesen, die gänzlich der Leidenschaft unterworfen sind
6	Buddhi Direkte Erkenntnis	Das Reich der Freiheit; Überwindung	Gebundenheit, Verlust der Unsterblichkeit, Vertierung
7	Atma (Aura), Geist	Das Reich der Vollendung; Vollkommenheit	Vernichtung; Materie

Die Wahrnehmungskräfte, durch die der Mensch befähigt ist, auf den verschiedenen Ebenen des Daseins im Weltall Wahrnehmungen zu machen, sind folgende:

I. Auf der physischen Ebene nimmt der Mensch die Gegenstände derselben durch seine fünf Sinnesorgane wahr.

II. Die Region des Astralen ist die Region der magnetischen Anziehungen und Abstoßungen (Instinkte), und der Astralleib des Menschen befähigt ihn, die Annäherung von deren Bewohnern instinktiv zu fühlen und je nach deren Beschaffenheit Sympathie oder Antipathie zu empfinden. Manche Orte flößen den Menschen gewisse Empfindungen ein; man fühlt sich behaglich oder unangenehm berührt, ohne sich darüber Rechenschaft geben zu können. Sind aber die inneren Sinne des Menschen entwickelt, so entspringen aus seinem Gefühlssinn auch die übrigen Wahrnehmungskräfte, sodass er die Gegenstände im Astralen mit allen Sinnen erkennen kann.

Aus dieser Region stammen die Einflüsse, welche dem Menschen — ohne dass er weiß, warum — Traurigkeit, Furcht, Schrecken einflößen, ihn in Melancholie, Hypochondrie, Hysterie oder Besessenheit versetzen und ihn zum Selbstmord bewegen können. Auch stammen aus ihr allerlei Arten von Gespenstererscheinungen und andere den Spiritisten bekannte Phänomene. Der Sitz der Empfindung für astrale Einflüsse ist die Milz, die auch das Zentralorgan für den Astralkörper des Menschen ist. In vielen Tiergattungen ist diese Wahrnehmungsfähigkeit weit mehr ausgebildet als bei einem normal beschaffenen Menschen.

III. Mit der Region der Begierdenwelt steht der Mensch durch seine eigenen Begierden in Verbindung. Seine Sehnsucht nach dem Höheren zieht ihn hinauf und entwickelt seine höhere, geistige Wahrnehmungsfähigkeit; seine dem Egoismus entspringenden Leidenschaften machen ihn für das Höhere blind. Pflegt er in sich das Gefühl für das Himmlische, so zieht das Paradies in ihm ein; gibt er sich dem Sinnlichen hin, so hängt er daran und ist durch seine eigenen Wünsche gebunden.

Die Seele des Menschen ist dort, wohin sie sich denkt. „Wo das Aas ist, versammeln sich die Geier." Himmel und Hölle schafft sich der Mensch selbst, und Gleiches verbindet sich mit Gleichem. Was er aus der objektiven Welt in sich aufnimmt, wird ein Gegenstand seines subjektiven Bewusstseins und tritt im subjektiven Zustande wieder objektiv hervor. Die Ideale, die ein Mensch gesammelt hat, werden in ihm im Paradies zu objektiven Bildern. Da findet er dasjenige wieder, was er liebt, und zwar nicht mit seinen Fehlern behaftet, sondern idealisiert, so wie wir auch auf Erden, wenn wir an eine geliebte Person denken, uns nicht deren Fehler vorstellen, sondern ihr Ideal. Im Paradies aber erscheint dieses Ideal uns als Wirklichkeit, ohne Anhängsel, während wir hier auf Erden auch die Anhängsel sehen. Wer hier auf Erden in allem nur das Ideale sieht und die Anhängsel nicht beachtet, der sieht das Wahre und ist hier schon im Paradies. Die Wahrnehmungsfähigkeit des Menschen auf dieser Ebene besteht somit in seinem geistigen Blicke, in seiner Anschauung, die aus der Liebe entspringt.

IV. Die Region von Kama Manas ist die Welt der Gedanken, der guten sowohl als der bösen. Hier ist die Sehnsucht oder Begierde mit dem Verstande verbunden. Sein Intellekt kann seine Liebe zum Guten leiten oder ein Diener seiner Leidenschaften sein. Das Gemüt des Menschen (Manas) hat die Fähigkeit, mit der Welt der Ideen in Berührung zu kommen, Ideen zu sammeln und in sich aufzunehmen. Folglich findet hier die Wahrnehmung durch geistige Berührung statt. Aus dieser Region erhält der Mensch alle seine guten Gedanken, wie auch aus ihrer Kehrseite alle bösen, und durch die Kraft seines Willens kann er sich mit den Bewohnern der Engelswelt oder der Welt der Dämonen verbinden oder identifizieren. Denn ein Gedanke, den er in sich aufgenommen und durch seinen Willen befestigt hat, ist dann ein Teil seiner selbst. Die Wahrnehmungskraft, durch welche der Mensch mit dieser Ebene in Verbindung tritt, ist deshalb sein Wille. Durch diesen zieht er das Gute sowohl als das Böse an, es tritt als Bild in seiner Vorstellung auf, und diese Bilder können ihn zu guten oder bösen Taten verleiten, je nach der Richtung, die er verfolgt.

Hiermit verlassen wir die Regionen des Geformten und treten in die Zustände des körperlosen Geistigen ein. Hier haben wir es nicht mehr mit Erscheinungen, sondern mit Wesenheiten zu tun.

V. Mit denjenigen Kräften, welche wir als die Bewohner des *Himmels* und der *Hölle* bezeichnet haben, tritt der Mensch durch die intellektuelle Wahrnehmungsfähigkeit seines Geistes in geistige Verbindung und unterscheidet zwischen ihnen durch die Stimme seines Gewissens. Der *Himmel* ist der eine *Pol*, die *Hölle* der ihm entgegengesetzte andere.

VI. Die Wahrnehmungsfähigkeit auf dieser Ebene besteht darin, dass die himmlische Seele des Menschen gleichsam ein Spiegel ist, in welchem sich das göttliche Licht widerspiegelt.

VII. In diesem Zustande der Allgegenwart und Allwissenheit ist von keiner objektiven Wahrnehmung mehr die Rede. Der göttliche Funke im Herzen des Menschen ist im Feuer der Gotteserkenntnis aufgegangen und er ist selber das alles durchdringende Licht. Der Gegensatz hierzu ist der geistige Tod. Der vertierte, geistlose Mensch verwest und kehrt wieder in die große Vorratskammer der Natur zurück, in das Element der Materie.

Werfen wir nun noch einen Blick auf die Erscheinungen in der *übersinnlichen* Welt.

Wenn wir bedenken, dass jede Erscheinung, besonders dort, wo es sich nicht um grobe Materie handelt, dem Charakter entspricht, den sie vorstellt, und dass die Menschen fortwährend die Astralwelt mit Vorstellungen bevölkern, in welchen das tierische und das menschliche Element vermischt sind, so ist es auch nicht zu verwundern, dass wir in der Astralwelt alle möglichen Kombinationen von Geschöpfen (Elementen) finden, welche halb tierisch, halb menschlich geformt sind, und die Erzählungen von Erscheinungen, welche gewisse Menschen hatten, deren Astralsinne eröffnet waren, wie sie z. B. im Leben des heiligen Antonius usw. berichtet sind, erscheinen und dann weniger fabulös. Dass solche Geschöpfe auch unter gewissen Umständen äußerlich sinnlich wahrgenommen werden können, ist eine Tatsache, die in der Geschichte der *Hexerei* des Mittelalters sowohl als in der des modernen Spiritismus vielfach bestätigt ist, und wir könnten aus eigener Erfahrung hierher gehörende Belege anführen.

Es handelt sich dabei nicht um die Wiederbelebung einer *explodierten Superstition*. Auf den Aberglauben des Mittelalters, der in jedem krankhaften Gemütszustande die Wirkung eines teuflischen Einflusses sah, folgte der noch viel kurzsichtigere Rationalismus, welcher das Kind mit dem Bade ausschüttete und den Geist für ein Produkt des Körpers hielt. Allmählich beginnt man sich zu der Erkenntnis emporzuringen, dass weder Geist noch Materie voneinander getrennt existieren, und dass, wo das eine sich offenbart, auch das andere ist. Wo eine Idee ist, da muss auch ein Träger derselben vorhanden sein; wo eine Gedankenübertragung stattfindet, da muss ein stofflicher Leiter zugegen sein. Ohne diesen könnten sich Gedanken ebenso wenig fortpflanzen, wie der Schall im luftleeren Raume.

Dieser lebende, geistige *Stoff* oder *Lebensäther* ist das *Astrallicht* mit seinen verschiedenen Regionen, es ist die *anima mundi* oder Seele der Welt. Ohne sie gäbe es keine sichtbare Körperwelt, da diese Körperwelt nichts als die äußerliche, verkörperte Erscheinung von Bildern ist, welche im Astrallichte geboren wurden.

Das Astrallicht ist wie ein lebendiger Spiegel, in welchem alles, was auf Erden existiert, für lange Zeit als lebendiges Bild vorhanden bleibt. Nicht nur existieren dort die Bilder von allen Vorstellungen, die aus dem menschlichen Gehirn entspringen, sondern auch die Worte, welche gesprochen werden, Form, Ton, Geruch, Geschmack, alles findet sich in jenem „Buche des Lebens“ naturgetreu *fotografiert*. Jenes Reich ist nicht nur von den Überbleibseln der Toten bevölkert, sondern auch von den *Gespenstern*, welche die noch Lebenden erzeugt haben, und die Erkenntnis dieser Tatsache liefert ohne Weiteres die Erklärung für eine ganze Menge *unerklärbarer Geistergeschichten*, für die der gebildete moderne Kulturmensch keine andere Theorie linden kann, als die sehr billige, dass sie erlogen seien. Wer das Gesetz kennt, nach welchem bestimmte Phänomene stattfinden können, der kann sich auch diese Phänomene selber erklären, ob er sie nun gesehen hat oder nicht.

Es ist eine weise Einrichtung der Natur, dass sich im gewöhnlichen Laufe der Dinge die Astralsinne des Menschen erst dann öffnen, wenn sich sein höheres geistiges Bewusstsein entfaltet hat. Wer aber auf künstlichem Wege diese Eröffnung der inneren Sinne herbeiführt, ehe er die geistige Reife erlangt hat, über diese Vorstellungen und Gebilde erhaben zu sein, sei es durch narkotische Mittel oder durch gewisse Übungen, der geht dem Wahnsinn oder der moralischen Verkommenheit entgegen.

Er verfällt vielleicht der religiösen Schwärmerei, indem er die Produkte seiner Einbildung für göttliche Offenbarungen hält, er kann von selbst geschaffenen, aber nichtsdestoweniger wirklich erscheinenden Schreckbildern zum Selbstmord getrieben werden. Oder er knüpft mit jenen Wesen Verbindungen an, in deren Folge er von diesen Wesen, da er sie nicht beherrschen kann, besessen wird und zugrunde geht, oder er wird von solchen Einflüssen unwiderstehlich zu Taten getrieben, die der Vernunft und dem Gesetz widersprechen. Eine Kenntnis dieses Teils der okkulten Wissenschaften würde unsere Jurisprudenz auf eine bessere Grundlage stellen und auch für die Mediziner und Psychologen von Nutzen sein.

Wie der physische Körper des lebenden Menschen das *Gefäß* oder die Hülle des innerlichen Bewusstseins ist, so ist der Astralkörper der Sitz eines höheren geistigen Bewusstseins, das sich dem göttlichen Bewusstsein nähert. Auch hier findet kein Übergang oder eine Umwandlung vom Niederen zum Höheren statt. Man kann ein Tier noch so gut dressieren und man wird ihm dennoch keine menschliche Vernunft beibringen, keinen Menschen aus ihm machen können. Die tierische Leidenschaft lässt sich nicht in menschliche Vernunft verwandeln, sie muss verschwinden, damit die Vernunft in Tätigkeit treten kann.

Der Astralkörper ist der Boden, auf welchem die Pflanze des geistigen Bewusstseins wächst. Wenn der Mensch sich während seines Lebens zu diesem höheren Bewusstsein erhoben hat, oder nachdem er sich nach dem Tode von den tierischen Elementen (Kama Rupa) getrennt hat, so ist er über alle tierischen Leidenschaften, Begierden und den daraus entspringenden Vorstellungen erhaben. Er hat nur noch Sinn für das Edle und Gute in ihm, das seiner höheren Natur angehört, und seine Vorstellungen entsprechen dann diesem Charakter. Wenn er sich zu den höheren Regionen des Geistes erhebt, sei es während des Lebens oder nach dem Tode, so treten sein höheres Selbstbewusstsein und seine höhere Wahrnehmungskraft hervor, und alles in seiner Natur, was den niederen Regionen angehört, bleibt in ihnen zurück.

Die Bibel sagt: „Das Himmelreich ist in euch.“ Wie jeder Mensch seinen eigenen Himmel in seinem Bewusstsein hat, so hat auch die Menschheit als Ganzes, der Makrokosmos, die Weltseele, ihr Devachan, und es herrscht dort dasselbe Gesetz des Geistes, dessen Wirkung wir überall in der Natur zu beobachten Gelegenheit haben, nämlich die Anziehung der zwischen gleich gestimmten Elementen bestehenden Harmonie. Wenn daher die oft gestellte Frage auftaucht, ob ein Verkehr mit der höheren Geisterwelt möglich sei, und ob wir diejenigen, welche wir lieben, nach dem Tode wiederfinden, so ergibt uns die Erkenntnis dieses Gesetzes selbst die Antwort darauf: Das, was harmonisch zusammengestimmt ist, gibt einen harmonischen Klang.

Aber auch im Reiche der Seligen (Devachan) befinden wir uns noch im Reiche der Erscheinungen und folglich in dem der Täuschung. Auch dort herrscht noch der Wahn des Sonderseins, wenn auch der niedere Egoismus infolge des Wegfalles der leidenschaftlichen Natur verschwunden ist. Auch dort noch ist „das Leben ein Traum“, wenn er auch der Wahrheit viel näher steht als der Alp, welcher uns drückt. Auch dort nimmt das Leben ein Ende, wenn es auch Jahrtausende dauert, und der freigewordene Geist tritt wieder ins irdische Leben ein, um eine neue Rolle zu spielen, bis er endlich zum Bewusstsein seines wahren Wesens erwacht.

„Niemand kommt zum Vater als durch den Sohn.“ Um den Vater, den Gegenstand der höchsten Erkenntnis, das göttliche Selbst, kennenzulernen, muss der Mensch selbst zum Sohne, zum Erkenner seines göttlichen Wesens, werden. Er muss sich selbst zum Gegenstand seiner Erkenntnis machen, eins mit dem Vater zu werden, in jenes Selbstbewusstsein eintreten, wo aller Unterschied der Erscheinung aufhört, und nur noch göttliche Kräfte walten. Dort ist das Ganze nur ein einziger geistiger Organismus, in dem keine Misstöne auftreten können, sondern jedes Glied sich im Ganzen und als eins mit der Harmonie des Ganzen erkennt.

Der Mensch kann nur zu diesem göttlichen Selbstbewusstsein kommen, indem er aufhört, in Bezug auf *sich selber* etwas sein zu wollen oder zu glauben, dass er *selbst* etwas Besonderes sei. Es gibt vielerlei Kräfte, aber nur einen einzigen Gott, dessen Geist die ganze Welt umfasst. Das Licht ist nur eines, wenn es auch vielerlei Leuchter gibt, und der Leuchter leuchtet nicht ohne das Licht. So ist auch das göttliche Selbstbewusstsein in allen Menschen, wenn es sich in ihnen offenbart, eins und dasselbe. Sie sind alle zusammengenommen der ganze Gottmensch, der in jedem einzelnen offenbar wird.

Es gibt nur ein einziges Selbstbewusstsein, aber dieses tritt in verschiedenen Formen auf. Ist das wahre Selbst einmal erkannt, so ist auch in seinem Selbstbewusstsein das Ganze enthalten. Das Wesen ist das Wahre, die Erscheinung ist nur Illusion. Shankaracharya lehrt, dass sogar der verklärte Körper eines Bewohners des Himmels (Ananda Maya) nur das Produkt einer Selbstbespiegelung der ewigen Einheit darstellt, und deshalb ist alles Sondersein das Resultat einer Vorstellung.[1)]

Jakob Böhme sagt: „Gottes Geist wohnt von Ewigkeit in Ewigkeit nur im Himmel, das ist in seinem Wesen, in der Kraft seiner Majestät. Als er sich aber in des Menschen Bildnis einblies, so war der Himmel im Menschen; denn Gott wollte sich im Menschen als in einem Bilde nach ihm offenbaren, und die großen Wunder seiner Weisheit durch den Menschen eröffnen."[2)]

An einer anderen Stelle sagt er: „Das soll der Philosoph wohl merken, sowie auch der Theologe, dass im Paradies ein vollkommen Leben ohne Wanken, auch ohne falsche Begierde sei, und ein immerwährender Tag, da der Paradiesmensch heller als ein durchsichtiges Glas sei, in dem die göttliche Sonne durch und durch scheinet, gleich wie das Gold durch und durch rein ist, ohne Makel."[3)]

In allen diesen Dingen gibt es keine Meinungsverschiedenheit unter den wirklichen Weisen, den *Christen* sowohl als auch den *Heiden*. Denn die Wahrheit ist nur eine, und alle, die sie einmal erkennen, erkennen dasselbe. Böhme nennt diesen innerlichen Zustand *das Paradies*, Jane Leade nennt ihn das *Neue Jerusalem* und sagt: „Das Neue Jerusalem ist ein Prinzip und eine Welt (Zustand), zu welcher niemand als Christus (Atma Buddhi) in seiner verklärten Menschheit (Manas) und die Seligen, welche in seiner Herrlichkeit verklärt, d. h. eins mit diesem Lichte geworden sind, Zutritt haben können. Niemand kommt dort hinein als durch das gläserne Meer, auf welchem niemand gehen und stehen kann, als diejenigen Geister, welche dazu befähigt und bekleidet sind mit derselben Substanz, die durchaus ein kristallinisches Wasser und durchscheinendes Feuer ist. Oh wie verliert sich mein Selbst, wenn diese Lichtwelt mit allen ihren Herrlichkeiten sich eröffnet."

Aber auch hier stellt sich noch ein Unterschied zwischen dem Erkenner und dem Erkannten dar, welcher erst dann aufhört, wenn das Bewusstsein in jenen unbeschreiblichen Zustand eintritt, von welchem oben die Rede war und den der Buddhist *Nirvana* und Jane Leade „die stille Ewigkeit" nennt. In der Geheimlehre lesen wir:

„Im Pralaya (der Ruhe) zwischen zwei Manvantaras (Schöpfungsperioden) verliert die Monade (Individualität) ihren Namen, wie auch, wenn das wirkliche eine Selbst des Menschen während des Samadhi, oder schließlich in Nirvana in Brahma aufgeht, oder wenn, wie Sankara sagt, „der Schüler jenes

1) Sankarasharya, Tattwa Boda.
2) Jakob Böhme, Stiefel, I. 36
3) Jakob Böhme, „Signatura Rerum", II. 51

ursprüngliche Bewusstsein, absolute Seligkeit (Unschuld) erlangt hat, dessen Wesen die Wahrheit ist, welche wider Form noch Tätigkeit hat, wobei er seinen illusorischen Körper, mit dem sich sein Atma wie ein Schauspieler mit einer Maske bekleidete, abgelegt hat. Buddhi (das Licht, der Erlöser) ist nur ein Spiegel, welcher absolute Seligkeit zurückstrahlt, und außerdem ist diese Widerspiegelung noch nicht ganz frei von Täuschung, und nicht der höchste Geist selbst, sondern gewissen Bedingungen unterworfen. Es ist eine geistige Form von Prakriti und eine Wirkung; Atma allein ist die eine wirkliche und ewige Grundlage von allem, das Wesen und absolute Erkenntnis selbst.“[1)]

Desgleichen sagt Jane Leade: „Als ich das erhabene und wichtige Werk betrachtete, zu dem wir berufen sind, wurde mein Geist sogleich in jene hohe Region erhoben, wo alles Ruhe und Stille war, und wo ich weder Figuren noch Bilder sah. Aber es war da ein wunderbares Licht, das wie ein Fluss in mich einströmte. Dann wurde mir eröffnet, dass dies das schaffende Licht sei, aus dem alle Geschöpfe entspringen, und dass dasjenige, was nun als eine neue Schöpfung erwartet werde, aus der Ruhe dieses Lichtes entspringen müsse, mit welchem sich das Wesen der Seele vermischen muss, und dass aus dieser Vereinigung die Verschiedenheit von all dem Wunderbaren, was die Welt erfüllt, hervorgeht.“[2)]

Der Weise Shankaracharya lehrt uns drei Zustände des Bewusstseins, nämlich 1. den äußerlich wachen Zustand (Jâgrad Avasthâ), welcher durch die äußerlichen Sinneseindrücke erweckt wird; 2. das Seelenbewusstsein oder den Traumzustand (Swapna Avasthâ), in welchem die durch die Sinneseindrücke erhaltenen Empfindungen und Vorstellungen sich stets wiederholen, und 3. das geistige Selbstbewusstsein (Sushupti), während welchem alle äußerlichen Sinne wie tot sind, der Geist (Atma – das Selbst) aber in voller Klarheit sich selber erkennt.

Aber dies alles ist für denjenigen ein Unsinn, der keinen Sinn hat, um es zu begreifen. Das Studium der okkulten Wissenschaft, der Mystik, Magie usw. besteht nicht darin, dass man verschiedene Theorien miteinander vergleicht und sich diejenige auswählt, die den eigenen Vorurteilen am besten behagt, sondern dass man in sich selbst den Sinn auszubilden strebt, welcher nötig ist, das *Übersinnliche* zu fühlen, es wahrzunehmen und zu begreifen. Dadurch hört das Übersinnliche auf, *übersinnlich* zu sein. Die hierzu nötige Kraft ist das Wahrheitsgefühl im Herzen, welches jeder haben muss, der sich diesen Wissenschaften und Künsten widmen will, und welches *der Glaube* genannt wird.

---

1) Blavatsky, „Die Geheimlehre“, Vol. I, S. 570 2) Jane Leade, „Wonders of God's creation“

Dieser Glaube ist unabhängig von irgendwelchen Theorien oder Meinungen, Dogmen, Hypothesen oder Vernunftschlüssen. Er ist das Vorgefühl des erwachenden Selbstbewusstseins der Wahrheit im Herzen des Menschen, das durch das Licht des Verstandes zum Erwachen gelangt.

Er ist die *Morgenröte der Weisheit*, welche am inneren Himmel des Menschen als die Verkünderin des anbrechenden Tages der Selbsterkenntnis erscheint, noch ehe die Sonne aufgegangen ist. Ohne diese *Götterdämmerung* findet kein Erwachen der Gottesnatur im Menschen statt, und es ist gerade der verkehrte Glaube an äußerliche Erlöser, an Meinungen anderer, Autoritäten, Dogmen usw., der die Welt in der Nacht der geistigen Unwissenheit gefangen hält und dieses Erwachen verhindert. *Selbst ist der Mann*, im Äußeren sowohl als auch im Inneren. Ein anderer kann ihn wohl belehren, aber nicht auf seinen Füßen stehen. Nur was er selber ist, selbst erfasst und erkennt, hat für ihn wirklichen Wert.

Der Tod

Bis duo sunt hominis: manes, caro, spiritus, umbra;
Quatuor ista loca bis duo suscipiunt
Terra tegit carnem, tumulum circumvolat umbra,
Orcus habet manes, spiritus astra petit.
Lucretius

Omne donum perfectum a Deo, imperfectum a Diabolo.
Theophrastus Paracelsus

Der Wahn, dass die Erscheinung des Menschen sein Wesen sei, hat den närrischen Irrtum erzeugt, dass, wenn diese Erscheinung aus dem sinnlichen Leben verschwindet, es dann auch mit seinem Wesen und Sein zu Ende sei. Allerdings hat dies in einem gewissen Sinne seine Richtigkeit, denn wenn der Mensch ganz in der bloßen Erscheinung lebt, so ist er sich auch seines Wesens nicht bewusst, hat nie in Wahrheit gelebt und kann deshalb nicht aufhören zu leben. Wenn sein Körper stirbt, so hört er auf, etwas zu scheinen, was er nie war. Der Schein ist zu Ende, eine Lüge ist tot, das ist alles. Das Wesen, das dieser Erscheinung zugrunde lag, ist da, aber wenn es im Leben nie zum Selbstbewusstsein gekommen ist, so kann ihm auch der Zierfall des Körpers nicht zu diesem Selbstbewusstsein verhelfen. Tod ist Verfall, Trennung, er kann nichts Neues erschaffen. Bewusstsein ist Leben, das Unbewusstsein ist Tod.

Ein Mensch, der gänzlich vertiert ist oder ganz im Sinnlichen, im Materiellen, in Fantasien oder Hirngespinsten aufgegangen oder auch im Rationalismus versunken und keiner höheren Empfindung fähig ist, ein Gelehrter ohne irgendwelche Spiritualität, oder überhaupt ein Mensch ohne geistiges Bewusstsein, ist allerdings nicht unsterblich, wenn auch nach dem Verlassen seines Körpers noch etwas den Tod des Letzteren überdauern kann. Allerdings hat auch er eine Seele (Psyche), aber sie ist sich ihres Daseins nicht bewusst und kann deshalb dasselbe nicht genießen. Sie kehrt, nachdem sie ihre irdischen Errungenschaften abgestreift hat, wieder bewusstlos dorthin zurück, woher sie gekommen ist. Sie hat von der Erde nichts mitgebracht und bringt auch nichts auf die Erde zurück. Sie hat bei ihrer nächsten Inkarnation kein Material, um sich etwas anderes als einen Idioten zu schaffen.

Es ist irreführend, zu sagen: „Ich habe eine Seele.“ Viel richtiger heißt es: „Die Seele hat mich.“ Denn die Seele ist unser Ich und hat unsere Persönlichkeit zu ihrer Wohnung genommen.

Wenn unsere Seele uns verlässt, so bleibt unsere Persönlichkeit als ein seelenloser Schatten zurück. Nur diejenigen unserer persönlichen Eigenschaften, welche sich die Seele angeeignet hat, können sie bei ihrer Rückkehr zu ihrem Ursprung begleiten.

Die Seele ist unser wirkliches Ich, der persönliche Selbstwahn geht aus dem Eigendünkel hervor. Wer noch kein Gefühl des wahren Selbstbewusstseins in sich trägt, dessen Seele ist noch im Schlafe befangen. Wer das Gefühl der wahren Menschenwürde nicht hat, der ist noch kein Mensch. Seine Tugenden sind Dressur, und seine Moral ist angelernt und hat keinen Gehalt. Nur was der Seele entspringt, gehört zu unserem Ich.

Leben und Tod sind relative Begriffe. Dasjenige, von dem ich nichts fühle, nichts weiß, nichts erkenne, ist für mich tot, wenn es auch für sich und andere noch so lebendig ist, und ich bin tot für alle, die mich nicht kennen. Ich lebe für eine Idee nur so lange, als diese Idee in meinem Bewusstsein lebt. Tritt sie aus meinem Bewusstsein in die Vergessenheit, so bin ich für sie tot und sie für mich.

Wacht sie wieder in meiner Erinnerung auf, so wird sie in mir wieder lebendig, und ich trete in Bezug auf sie wieder ins Dasein ein. Wir begegnen auf der Straße Tausenden von Menschen, die für uns ebenso tot sind, wie wir für sie. Wir sehen wohl gegenseitig unsere Erscheinung, aber von dem wahren Wesen, das dahinter steckt, wissen wir nichts.

Wir sehen unser Bild im Spiegel und wissen aus Erfahrung, dass dies nur eine Erscheinung ist. Wir sehen unseren eigenen Körper und halten ihn für uns selbst, da wir nicht wissen, dass auch er nur das Produkt einer Widerspiegelung des Wesens in der Materie ist. Gehe ich vom Spiegel weg, so verschwindet mein Bild darin, ohne dass dies mir etwas schadet.

Verlasse ich meinen Körper, so hat es mit meiner irdischen Erscheinung, nicht aber mit meinem wirklichen Selbst ein Ende, und dieses Selbst kenne ich, sobald es in mir zu meinem Bewusstsein gekommen ist.

Dieses Selbstbewusstem ist dann nicht mehr vom Dasein des Körpers abhängig, ebenso wenig als mein physisches Dasein nicht davon abhängt, dass ich meinen Rock anbehalte. Sobald ich in meinem wahren Wesen lebe, kann ich nach Belieben in meinem Körper aus- und eingehen, und *leben* oder *sterben* so oft und wenn ich will.[1] Wenn aber, wie es oft der Fall ist, der *Rock* das einzig Wertvolle von einem Menschen ist, dann bleibt allerdings nach dem Verluste des Rockes nichts von Wert übrig.

Dasjenige, was man Lebenstätigkeit nennt, ist nichts weiter als eine Erscheinung. Der Tod ist das Aufhören dieses Zustandes, das Verschwinden dieser Erscheinung, deren Quelle die Seele ist. Die Seele ist die verborgene Sonne, das persönliche Leben ihr Licht. Die Seele ist die versunkene Glocke, die Lebenstätigkeit ist ihr Schall. Die Sonne hört nicht auf zu scheinen, wenn sie auch von unserem Horizonte verschwindet. Das Leben ist, was es ist, wenn es auch nicht in die Erscheinung tritt. Wenn der Körper zerfällt, so hört die äußere Lebenstätigkeit auf, aber die innerliche, das Leben der Seele, bleibt. Es gibt somit keinen *Tod*, sondern nur ein Abstreifen des Äußerlichen vom Innerlichen, ein Ablegen des Unreinen vom Reinen.

Das Abfallen der Hülle ist die Enthüllung des Kernes, das Hinwegräumen des Niedrigen, die Auferstehung des Höheren. Wenn alles an uns stirbt, was nicht vollkommen ist, so können wir uns dazu nur Glück wünschen, denn es bleibt uns dann die Vollkommenheit, welche im innersten Grunde verborgen ist. Der wirkliche Tod aber, den viele Menschen sterben, ohne dass sie es wissen, besteht darin, dass der Mensch seinen höheren Ursprung vergisst, dass das höhere Selbstbewusstsein in ihm verschwindet und er seiner besseren Natur unbewusst wird. Dadurch stirbt er für seine höhere Natur, denn Unbewusstwerden heißt sterben. Das Unbewusstsein ist der Tod, es gibt keinen anderen. Es wäre besser, wenn wir, anstatt uns davor zu fürchten, das Leben zu verlieren, vielmehr danach trachten würden, zum wahren Leben zu erwachen. Solange wir nicht zum wahren Selbstbewusstsein gekommen sind, haben wir noch kein wirkliches Leben.

In jedem Augenblicke stirbt der Mensch für dieses oder jenes. Der persönliche Mensch kann nicht in Bezug auf alles auf einmal leben, da er nur einen Gedanken nach dem anderen auf einmal festhalten kann. Je länger er an einer Form des Bewusstseins, an einer Idee festhalten kann, umso mehr lebt er

1) Vor einigen Jahren riefen in Europa die „unglaublichen" Erzählungen von indischen Fakiren, welche sich lebendig begraben ließen und, nachdem sie so wochenlang in der Erde gelegen hatten, wieder aufwachten, großes Interesse hervor. Wenn wir aber die wahre Konstitution des Menschen kennen und wissen, wie sich das Zentrum des Bewusstseins und Lebens von einer Daseinsebene auf eine höhere und wieder zurückversetzen lässt, so erscheinen uns dergleichen Dinge nicht nur nicht mehr „unglaublich" und „wunderbar", sondern selbstverständlich. Das Leben mit seinem daraus entspringenden Bewusstsein, mit Empfindung, Wahrnehmung usw. ist eine Kraft, welche sich nicht nur von einer Oktave zur anderen „schrauben", sondern sogar auf andere Personen oder Dinge übertragen lässt, wie jeder Okkultist oder Metaphysiker weiß.

in ihr und sie in ihm. Ideen kommen zum Menschen, um in ihm Leben und Bewusstsein zu erlangen. Da drängt eine die andere. Gelänge es ihm, auch nur eine einzige Stunde lang an einer einzigen Idee festzuhalten, ohne eine andere dazwischen treten zu lassen, so würde diese Idee für ihn tatsächlich zum Leben gelangen und objektiv wahrnehmbar sein.

Aber ebenso schwer es ist, an einem Gedanken festzuhalten, wenn ein anderer vorspricht, ebenso schwer ist es, einen Gedanken, der sich uns aufdrängt, davonzujagen oder ihm den Eingang zu verschließen. Dies kann nur durch die Kraft des Geistes geschehen. Da das Denken keinen Geist erzeugt, sondern vielmehr eine Funktion des menschlichen Geistes ist, so kann auch nur der über alles Denken erhabene Geist die Gedanken beherrschen.

Jakob Böhme sagt: „Wenn du dich magst einen Augenblick in das schwingen, da keine Kreatur (kein Gedanke) wohnet, so hörest du, was Gott redet. Es ist in dir, und so du magst eine Stunde schweigen von allem deinem Wollen und Sinnen, so wirst du unaussprechliche Worte Gottes hören.“[1)]

Die Kunst, seine Gefühle und Gedanken zu beherrschen, ist die Grundlage aller Magie. Der Gedanke kann sich nicht selber beherrschen, wohl aber beherrscht ihn die Liebe. Wer einen Gegenstand von Herzen liebt, der denkt an ihn auch von Herzen. Sein Denken richtet sich auf ihn, auch ohne dass er es beabsichtigt, ja, es ist schwer, seine Gedanken von ihm zu trennen. Wer das Höchste liebt, das über alles Denken erhaben ist, der findet Gott. Aber um es zu lieben, muss er den Geist Gottes in seinem Innern fühlen, und dieser Geist ist die Liebe.

Sterben heißt in der Tat nichts anderes, als eine Idee, eine Vorstellung, eine Empfindung und die damit zusammenhängenden Erscheinungen aufzugeben und in einen anderen Bewusstseinszustand überzugehen, in welchem andere Ideen, andere Empfindungen, andere Wahrnehmungen, andere Vorstellungen und daraus hervorgehende Erscheinungen herrschen. Wer während des Lebens zu sterben gelernt hat, der braucht keine Mitteilungen *abgeschiedener Geister*, um sich von dem Dasein nach dem Tode eine richtige Vorstellung zu machen. Die dabei eintretenden Umstände werden durch seine eigene Erfahrung offenbar.

Diese Vorgänge finden alle nach einem und demselben Gesetze statt, aber die Wirkungen dieses Gesetzes sind verschieden, je nachdem ob in einem Menschen die Tätigkeit des einen oder des anderen Prinzips vorherrschend ist.

---

1) Jakob Böhme, „Vom übersinnlichen Leben“

Wenn die Seele den Körper eines Menschen verlassen und die vorher darin bestehende Lebenstätigkeit aufgehört hat, so sagt man, *der Mensch ist tot*. Es sollte aber richtiger heißen, *sein Körper hat aufgehört zu leben*. Nicht immer aber ist der Körper tot, wenn es äußerlich den Anschein hat, er habe aufgehört zu leben, denn wie wir wissen, ist während des Lebens der feinere (ätherische) Körper (Linga Sarîra) der Sitz der Lebenstätigkeit (Prana) des sichtbaren Körpers (Sthula Sarîra). Dieser Ätherkörper bildet die Verbindung zwischen der Seele (Manas) und dem sichtbaren Körper, und wenn nicht wenigstens eins der zur Wiedererweckung der Lebenstätigkeit unumgänglichen nötigen Organe des letzteren gänzlich unbrauchbar geworden ist, so kann auch die Lebenstätigkeit im äußerlichen Organismus wieder eintreten und der Mensch wieder zum Bewusstsein kommen, solange die Seele mit ihm durch diesen Ätherleib in Verbindung steht.[1] Eine solche Trennung findet gewöhnlich erst nach ca. 36 Stunden statt, bei Scheintoten kann die Verbindung aber noch viel länger erhalten bleiben Falle, dass Personen, die nur scheintot sind, seziert oder begraben werden und im Grabe wieder erwachen, kommen vielleicht viel häufiger vor, als man gewöhnlich glaubt, umso mehr, als sich solche Vorgänge naturgemäß der Beobachtung entziehen. Die Ursachen eines Wiedererwachens sind häufig die verkehrten theologischen Vorstellungen, welche sich der *Verstorbene* während seines Lebens gemacht hat. Er hat vielleicht in großer Furcht vor dem Teufel gelebt und sich bei seinem Tode die Hölle recht lebendig vorgestellt. Tritt er nun in sein Astralbewusstsein über, so findet er die Produkte seiner Wahnvorstellungen, die Hölle mit all ihren Schrecknissen objektiv vor sich. Die entsetzte Seele flieht wieder in den Körper zurück, um in ihm Zuflucht zu finden, und der Mensch erwacht und sieht sich im Sarge eingeschlossen, wo er dann zum zweiten Male stirbt. Das beste Mittel gegen solche Vorgänge wäre die Feuerbestattung und auch der zur Aufklärung nötige Unterricht.

Der Ätherleib trennt sich auch nach dem Tode des physischen Körpers nicht von diesem, denn er ist selber materiell und der Zersetzung unterworfen. Er kann von sensitiven Personen über Gräbern schwebend gesehen werden, und zwar in derselben Lage, in welcher der Leichnam liegt und in demselben Grade von dessen Zersetzung. Die Kenntnis der Beziehungen des Ätherleibes zum Kadaver einerseits und zum Begierdenleib (Kama Rupa) und Gemüt (Manas) andererseits schafft uns Erklärungen für viele, angeblich unerklärbare, geheimnisvolle Erscheinungen in der Natur, die unglaublich scheinen, solange man die Gesetze, auf denen sie beruhen, nicht kennt. Von solchen wollen wir nur einige als Beispiel erwähnen.

---

1) Vergleiche F. Hartmann, „Lebendig begraben"

Solange das Bewusstsein seinen Sitz im Astralkörper hat und der Letztere durch den Ätherleib mit dem physischen Körper verbunden ist, können Fälle von Vampiren vorkommen, wenn auch die moderne Wissenschaft solche Dinge als *Aberglauben* bezeichnet[1)]. Während der physische Körper vorher der Ernährer des Astralkörpers war, tritt nun das Umgekehrte ein, und der Astralkörper sucht *magnetische* Nahrung für den *Kadaver*. Dies kann aber nicht vorkommen, wenn die edlere Natur des Menschen vorherrschend ist und er sich nicht an das tierische Leben anklammert, mit anderen Worten, wenn er sich nicht mit seinem *Spiegelbild* identifiziert und sein höheres Ich von sich stößt. Diese Identifizierung des Menschen mit seinem materiellen Körper und seiner irdischen Persönlichkeit ist aber gerade die Ursache davon, dass er an allen Leiden teilnehmen muss, die diesen Körper und diese Persönlichkeit sowohl im Leben als auch im Tode betreffen, von dem kleinsten Unbehagen die Stufenleiter des Leidens hinauf bis zu jenen Zuständen, wovon das Leben des Vampirs nur ein extremes und selten vorkommendes Beispiel ist.

In gewöhnlichen Fällen bleibt der Ätherleib als ein bewusstloser Schatten am Grabe zurück. Aber bei einem heilig gewordenen Menschen, der alle irdischen Anziehungen von sich abgestreift hat, zieht der Astralkörper selbst diesen vergeistigten Ätherleib an sich und er bildet aus diesem seine *fleischliche Hülle*, den *unverweslichen Leib*, von dem Paulus spricht.

Bei jener großen Mehrzahl der Menschen, die, noch mit irdischen Begierden behaftet, in das Dasein auf der Astralebene treten, bildet sich aus dem Astralkörper der Begierdenleib (Kama Rupa), dessen Form dem ihm innewohnenden Charakter entspricht. Waren die Begierden und Vorstellungen des Menschen edler Art, so ist die Erscheinung leuchtend und schön. War er beim Tode noch von tierischen Instinkten oder teuflischen Eigenschaften beherrscht, so drückt sich auch dieses in seiner Erscheinung aus, und er kann dunkel, ja sogar in der Gestalt eines Tieres erscheinen.

Dieser Zustand wird *Kama Loka*, *Hades*, *Orkus* oder *Fegefeuer* genannt. Die niederen Seelenschwingungen und Disharmonien müssen sich ausschwingen und erschöpfen, damit die Harmonie im Innersten hervortreten kann.

Die Leidenschaft bestraft sich da selbst. Das Unreine muss *verbrennen*, damit das Reine sich zum Himmel erheben kann. Da erscheinen die Geschöpfe, die der Mensch durch seine Begierden und Leidenschaften geschaffen hat, in derjenigen Gestalt, die ihrem wahren Charakter entspricht. Sie sind die

1) Interessante Fälle solcher Art finden sich in „Die entschleierte Isis", in „Horsts Zauberbibliothek" und in Prof. M. Pertys „Mystische Erscheinungen in der Natur".

Bewohner der Welt, deren Schöpfer der Mensch selber ist. Der *Hüter der Schwelle*, der ihn am Tore des *Jenseits* empfängt, ist sein eigenes Erzeugnis, das Kind seiner Taten. Ob er schön oder hässlich ist, hängt davon ab, wie ihn sein *Vater* geschaffen hat.

Bei einem gänzlich verkommenen Menschen, in welchem nichts Harmonisches oder Ideales enthalten ist, kann auch nichts Höheres frei werden und sich *zum Himmel erheben*, d. h. in einen höheren Zustand eintreten. Er bleibt als geistlose Larve bis zu seiner Zersetzung in dieser Daseinssphäre zurück, aber wohl die große Mehrzahl der Menschen besitzt im Innersten ein Gefühl für ein höheres Ideal und für Vorstellungen, die sich über das Reich der Sinnlichkeit erheben, und darin liegt ihre Erlösung. Je mehr sich das Gemüt dem Niederen entwindet, umso mehr kommt das Höhere in ihm zur Offenbarung, umso mehr erhebt sich die Seele zu höheren Zuständen, wird verklärt und geht in den Himmel (Devachan) ein. Auch kann diese Erlösung, solange die Trennung der Seele vom Niederen noch nicht stattgefunden hat, durch selbstlose Liebe, Sympathie und erhabene Gedanken beschleunigt werden, welche ihr die Lebenden zusenden. Denn die uneigennützige, begierdenlose Liebe ist eine erhebende Kraft, die alle Geister verbindet, und folglich auch bis jenseits des Grabes wirkt, während die Begierde, den Verstorbenen wieder zu besitzen, in ihm Gefühle erregen kann, die seiner Entwicklung hinderlich sind. Darin liegt eine große Gefahr der Sucht nach dem Verkehr mit Verstorbenen und des *Spiritismus*.

„Aber alles das ist ja ein Aberglauben, den die Wissenschaft ausgekehrt hat! Alles das ist nur Fantasie!“ So ruft der *Aufgeklärte*, und er hat in gewissem Sinne recht. Denn wie hier, so ist auch dort die Welt das Produkt von Wille und Vorstellung, aber wir haben kein Recht, die Unwirklichkeit der Dinge auf der Astralebene zu behaupten, solange wir die Erscheinungen in der sinnlichen Welt für Wirklichkeit halten. Die Vorstellungen der Astralebene sind für uns noch *wirklicher* als hier, da dort der freie Wille, die Vernunft, welche den höheren Grundteilen angehört, dem Menschen nicht zu Hilfe kommt, um ihn von diesen Vorstellungen zu befreien. Was wir im Traume sehen, ist für uns ebenso wirklich, solange wir träumen, wie der Traum des irdischen Lebens beim sogenannten Erwachen. Alles Dasein ist relativ; es gibt nichts Wirkliches als die Wahrheit.

Eine Idee folgt, wie jedes andere Ding, dem Gesetze der Evolution. Sie liegt als Keim in unserem Gemüte verborgen, das Herz ist der Mutterschoß, in dem sie dem Dasein entgegenquillt. Sie wird täglich größer, und wenn wir sie nicht im Keime ersticken, so wird sie zuletzt als Gedanke geboren und erhält Wirklichkeit durch die Tat. Sie mag dann in den Hintergrund treten und uns nur von Zeit zu Zeit einen Besuch abstatten, aber solange wir Gefallen an ihr finden, zieht sie uns an. Unsere Vorstellung mag durch die Reize der Sinne von unseren Schöpfungsprodukten abgelenkt werden, aber wenn wir uns, nachdem die äußere Welt durch den Tod unseres Körpers für uns verschwunden ist, im Kama loka umsehen, so ist die ganze Familie wieder da, sowohl die bösen Kinder als auch die guten, und jedes trägt die Maske, die seinem Charakter entspricht. Wer niemals egoistischen Einflüsterungen Gehör geschenkt hat, für den ist auch diese Welt nicht vorhanden. Sein irdischer Teil verfliegt wie eine Wolke, und er tritt in das höhere Dasein ein.

Das *Fegefeuer* wird unter verschiedenen Namen beschrieben, Jakob Böhme nennt es die *Turba*, „wo alle ihre Figuren wie in einem Spiegel stehen". Er sagt: „Was die Seele für ein Fegefeuer habe, ehe sie mag mit dem Fünklein in sich einzugehen, ist nicht zu beschreiben. Wir sagen aber von keiner fremden Qual, sondern nur von der, welche in der Turba ist, und auch von keiner anderen Macht des Teufels über die arme Seele, als nur sein Schrecken und gräulich Fürstellen, dass also der Seelen Imagination genug darin gequält wird."[1] Gegen diesen von der eigenen Imagination geschaffenen Teufel ist aber das Licht der Erkenntnis das einzige Mittel. Es vertreibt durch seinen magischen Zauber alle die Ausgeburten der Fantasie, mit denen sich die Seele quält.

Da es keinen Zweck hat, darüber zu philosophieren, wie es im *Fegefeuer* oder in der *Hölle* aussieht, umso mehr als es jeder aus Erfahrung weiß, wenn er vom bösen Gewissen geplagt worden ist, so haben wir auch nur noch hinzuzufügen, dass naturgemäß diese Astralwelt ihre eingeborenen Geschöpfe, sowie ihre vorübergehenden Erscheinungen hat. Sie ist der Sammelplatz der Überbleibsel verstorbener Menschen, der zeitweilige Aufenthalt von Selbstmördern, Hingerichteten und Ermordeten. Und da eine Verbindung zwischen dieser Welt und der physischen aus dem Grunde möglich ist, dass der Mensch, der im Besitze aller seiner Prinzipien ist, sich in alle Daseinssphären versetzen kann und den Einflüssen von allen zugänglich ist, somit ist auch eine gegenseitige Einwirkung nicht ausgeschlossen. Ja es können sogar die *Elementarwesen* Verstorbener, d. h. deren *Larven* oder *Astralleichen*, aus denen die menschliche Seele entflohen ist, zu Zwecken der *schwarzen Magie* verwendet werden, umso mehr, als diese keine eigene Vernunft oder freien Willen mehr haben. Auch können solche sich ans Irdische klammernden Wesen unter gewissen Umständen auf der physischen Ebene offenbar werden, wie jedermann weiß, der mit den Phänomenen des Spiritismus bekannt ist. In der Regel sind die sich

1) Jakob Böhme, „Vierzig Fragen", XVIII. 19

in spiritistischen Sitzungen kundgebenden angeblichen *Geister verstorbener Menschen* nichts anderes als Betrügereien gewisser geistloser Bewohner der Astralwelt, die unter den verschiedensten Masken auftreten, aber eine eingehende Besprechung der Ursachen, die den spiritistischen Phänomenen zugrunde liegen, gehört nicht hierher.

Der Kama Rupa ist eine Erscheinung, welche gleich dem physischen Körper aufgelöst wird, wenn die Kräfte verschwinden, welche denselben zusammenhalten. Dies ist der zweite Tod, den jeder sterben muss, wenn er ihn nicht schon in diesem Leben erfahren hat. Beim ersten Tode legt der Mensch nichts weiter als seinen materiellen Körper ab. Jetzt aber muss sich das Edle in seinem Charakter vom Unedlen trennen, damit das Reine sich zum Reinen erheben kann. Wenn nichts Edles in einem Menschen vorhanden ist, so kann sich auch nichts zur höheren Bewusstseinssphäre erheben. Das Unedle geht als geistlose Larve der Vernichtung entgegen.[1] Aber nicht in allen Fällen ist es eine geistlose und bewusstlose Larve, die der Vernichtung entgegengeht, denn wenn ein Lichtstrahl der höheren Erkenntnis (ein Strahl des heiligen Geistes) in die Seele des Menschen gedrungen ist und in ihm magische Kräfte erweckt hat, und er diese zu teuflischen Zwecken missbraucht, so reißt sich dadurch gleichsam seine Seele vom Göttlichen los, hängt der Materie an und geht mit dieser zugrunde. Solche intellektuellen Astralwesen werden *Teufel* genannt.

Der Mensch ist ein Wesen, das in allen vier Welten zugleich existiert. Sein Gottesbewusstsein wurzelt in Gott (Nirvana), sein geistiges Bewusstsein macht ihn zu einem Bewohner von Devachan (Swarga). Durch seine Lüste und Leidenschaften ist er an Kama Loka gebunden, und sein Astralkörper verbindet ihn mit der äußeren materiellen Welt. Wir können den Menschen mit einem Saiteninstrumente vergleichen, das vier Oktaven hat. Er kann nach Belieben auf einer dieser vier Oktaven, auf welcher er will, den Ton anschlagen, indem er dieselbe zum Gravitationspunkte seines Bewusstseins macht. Deshalb steht es auch jedem Leser frei, sich selbst in sein eigenes Kama Loka oder Devachan zu versetzen, und er braucht sich auf keine in Büchern enthaltene Beschreibung dieser Zustände zu verlassen.

Wenn der Mensch stirbt, so geht der im himmlischen Zustande bereits befindliche Teil seines Wesens deshalb nicht aus seinem Himmel heraus. Der obere Teil des geistigen Lichtstrahls des in Kama Loka befindlichen Menschen

---

1) Wir dürfen, um Irrtümer zu vermeiden, nicht vergessen, dass der wahre Mensch nicht zugrunde gehen kann. Aber dasjenige, was als ein von den höheren Prinzipien verlassenes Wesen in Kama Loka als „Mensch" figuriert, ist ebenso wenig ein wirklicher Mensch, als ein gottloser Mensch auf dieser Erde ein wahrer Mensch ist. Beide sind geistlose Elementarwesen, wenn auch vielleicht von großem Scharfsinn und Intelligenz.

ist bereits im Himmel (Devachan) und zieht von dem unteren Teile dasjenige an, was mit seiner höheren Natur vereinbar ist. Dadurch wird sich die Seele ihres himmlischen Daseins bewusst. Schließlich reißt der Faden (Sutratma) entzwei, und damit ist das Schicksal des Menschen entschieden. Was der Erde gehört, kehrt zur Erde zurück. Was der höheren Natur angehört, kommt näher zu seinem göttlichen Selbst.

Viel steht sowohl in den Büchern der indischen Weisen als auch in denen der europäischen Mystiker über die Welt der Seligen verzeichnet. Den Visionen Swedenborgs, wenn er gleich seiner Fantasie oft zu viel die Zügel schießen ließ, liegt auch viel Wahres zugrunde. Jeder existiert dort je nach dem Grade der Erkenntnis, den er errungen hat, jeder findet dort das Ideal, nach welchem sein Herz begehrt.

Da die Leidenschaften wie Neid, Hass, Zorn, Habsucht, Eifersucht, Selbstsucht usw. in Kama Loka zurückgeblieben sind, so herrscht dort auch nichts als die Liebe. Aber alle Vorstellungen, die wir uns ohne die Hilfe der Intuition von himmlischen Zuständen machen, sind unvollkommen. Denn nur wer den Himmel in sich fühlt, kann darüber urteilen.

Wir können das himmlische Leben nicht nach dem Maßstabe des irdischen Daseins messen. Wir müssen uns über unsere Vorstellungen von Zeit und Raum erheben, um das Ewige zu erkennen. Der *Himmel* oder das *Sommerland* vieler Spiritisten ist nur ein idealisierter Materialismus und beruht auf einer unvollkommenen Erkenntnis der Gesetze des Geistes in der Natur.

Auch dieses himmlische Leben ist in einem gewissen Sinne ein Traum, und auch auf dieses wartet der *Tod*, und zwar ein Tod, der in einem Wiederherabsteigen in die Materie, in einem Wiederbeginn des Traumes des Erdenlebens besteht. Dieser Tod ist der schlimmste von allen, weil er in einem Verlassen des höheren Lebens besteht.

Der Mensch, welcher wieder als eine neue Persönlichkeit in diese sinnliche Welt eintritt, vergisst nur zu leicht die geistigen Wahrheiten, welche er in einem früheren Dasein kennengelernt hat. Der Geist muss von Neuem in die Schule gehen, um das bereits Gelernte zu wiederholen, oder richtiger gesagt, er nimmt von Neuem einen Schüler an, in welchem er sich verkörpert, den er auf dem Wege der Intuition unterrichten und führen muss, und mit dem er eins werden soll, durch welchen er aber ebenso gut erniedrigt wie auch erhöht werden kann.

Der Zweck aller Religionssysteme liegt darin, aus diesem fortwährenden Wechsel zwischen *Leben* und *Tod*, zwischen himmlischem (geistigem) und irdischem (materiellem) Dasein loszukommen.[1] Dies geschieht durch den mystischen Tod, welcher die Auferstehung zum wirklichen Leben ist. Wird durch den Engel der Tugend der Egoismus, welcher der Fels ist, der den Eingang zum Grabe verschließt, hinweggerollt, so dringt das Licht der Weisheit ein, und der Mensch erwacht zur Erkenntnis seines wahren Wesens, in dem es keinen Tod, keine Veränderung, kein Sondersein gibt.

Dieser mystische Tod ist nicht das Resultat von sogenanntem Asketentum, von *Weltverachtung*, Selbstquälereien des Märtyrertums, Pessimismus und ähnlicher Torheiten, wie überhaupt nichts, was der Mensch aus seinem eigenen tierischen Willen tut oder tun kann, ihn der Vollkommenheit näher bringt. Er ist auch nicht das Resultat der Gunstbezeugung irgendeines höheren Wesens außerhalb des Menschen selbst, sondern er ist das Resultat des Gehorsams gegenüber dem Gesetz des Geistes in der Natur. Er kann weder durch die gewaltsame Unterdrückung des Ausflusses der Leidenschaft noch durch eine Förderung derselben erlangt werden. Weder *Gebete* noch Geschenke, weder Bitten noch Wehklagen führen zu ihm, wohl aber die Ergebung; nicht die Willenlosigkeit, der *Quietismus* oder die Gleichgültigkeit, sondern das Eingehen und Aufgehen des menschlichen Willens im göttlichen Willen, was seinerseits wieder das Resultat der geistigen Erkenntnis ist.

Dies ist der schwierige Punkt, um den sich die ganze Mystik und Religion dreht, und über den schon unzählige Bücher geschrieben wurden, der aber stets nur von den Wenigen verstanden wird, welche bereits die Kraft des Gehorsams besitzen. Die Bhagavad Gita handelt davon, denn die *Schlacht*, welche sie beschreibt, ist der Kampf zwischen dem menschlich-tierischen und dem menschlich-göttlichen Wollen. Das *Neue Testament* ist eine sinnbildliche Darstellung des im Menschen *gekreuzigten* Himmelsbewohners und der Erlösung der Menschheit, die damit verbunden ist. Böhme, Eckehart, Paracelsus, Molinos, Thomas von Kempen und tausend andere predigen dieselbe Lehre vom Selbst, das sich verleugnen muss und sich doch nicht verleugnen kann, wenn nicht das höhere Selbst, der Gottmensch im Menschen, ihm den Weg dazu zeigt.

Aus der Zweiheit der Menschennatur und der Unerfassbarkeit des höheren Ichs, solange es nicht im Menschen offenbar geworden ist, ergeben sich die endlosen scheinbaren Widersprüche sowohl in der Bibel als auch in aller

1) Auch das Christentum, wenn es richtig verstanden wird, lehrt die Reinkarnation unter dem Titel der „Auferstehung des Fleisches". Denn das „Fleisch", von dem hier die Rede ist, ist nicht der tote Kadaver, sondern die dem Geiste noch anhängenden Neigungen (Skandas), wodurch er wieder zum Erdenleben angezogen wird.

okkulten Literatur. *Kämpfe*, sagt Krishna zu Arjuna, *gib dich nicht unwürdiger Schwäche hin*, und doch lehrt er ihn bald darauf, dass alles eigene Tun und Lassen nur eine Torheit sei.

> Alles, was du aus eigener Machtvollkommenheit tun kannst, ist viel weniger wert als die Ergebung in den göttlichen Geist. Suche deshalb deine Zuflucht in der Kraft des Gehorsams.[1)]

Unsere innerliche Erleuchtung hängt nicht von unserem eigenen Wollen, noch von unseren persönlichen Tugenden ab, sondern von der Wirkung der oberen, geistigen Kräfte. Selbst der größte Tugendheld ist keiner Erleuchtung fähig, solange er im Wahne der Selbstheit befangen ist, während auch der größte Sünder zur Selbsterkenntnis kommen kann, wenn ihn der Selbstwahn verlässt. Dem irdischen Menschen, der im Besitze seiner sieben Prinzipien ist, stehen alle Tore des Himmels offen. Er kann in alle Daseinsebenen eindringen, vorausgesetzt, dass er durch Geisteskraft seine Eigenheit überwindet. Er kann auf diese Weise bis zum Throne Gottes empordringen, selbst wenn er dann wieder fällt. Aber um im Himmel zu bleiben, dazu bedarf es des Absterbens aller niederen Anziehungen durch den mystischen Tod.

Das Geheimnis des mystischen Todes besteht darin, das illusorische *Selbst* mit allen seinen Begierden und Leidenschaften sterben zu lassen und ihm keine Nahrung durch Befriedigung seiner Lüste zu geben. „Hoffe auf den Krieger und lass ihn in dir kämpfen“, heißt es in *Licht auf den Weg*. „Du brauchst selbst nichts zu tun, hüte dich nur, für die Feinde Partei zu ergreifen, und ich will für dich kämpfen“, spricht Krishna (die Gottheit) zu Arjuna (dem Menschen).

Molinos sagt: „Du sollst wissen, dass deine Seele der Mittelpunkt, die Wohnung und das Reich Gottes ist, und damit der höchste Herr sich auf diesem Throne deiner Seele niederlassen kann, solltest du dir Mühe geben, dieselbe rein, ruhig, friedlich zu erhalten, rein von Schuld und Fehlern, unberuhigt von Sorgen, frei von persönlichen Neigungen, Begierden und Gedanken, friedvoll in Versuchungen und Trübsalen.“[2)]

Mancher Asket bildet sich ein, dass er Gott bewegen könne, ihn für seine Entbehrungen zu belohnen. Der missverstandene Quietismus will die ganze Arbeit Gott auf den Hals laden, während er selbst seinen Neigungen folgt. Wer aber die obigen Lehren im richtigen Lichte betrachtet, der findet bald, dass die Ergebung in den göttlichen Willen nicht im Nichtstun besteht, sondern einen

---

1) Bhagavad Gita, II: 29 2) Molinos, Der geistige Führer.

fortwährenden Kampf mit jenen Elementen bedingt, welche dieser Ergebung hinderlich sind, dass aber dieser Kampf nicht aus egoistischen Rücksichten geführt werden soll, sondern dass wir selbst das selbstlose Gute sein sollen, das in uns kämpfend das Böse besiegt. Das *Selbst* kann sich nicht selbst besiegen. Der Mensch ist nicht frei, solange seine Eigenheit seinen Willen beherrscht. Er wird erst dann frei, wenn er für sich selbst nichts mehr will und der Wille seines Gottes (seines unpersönlichen Ichs) sein Wille geworden ist.

> Wisse, dass das Ich (Atma) der Herr des Streitwagens ist, der Körper (Sarîra) ist der Wagen. Wisse, dass die Seele (Buddhi) der Wagenführer ist, und die Zügel sind das Gemüt (Manas). Die körperlichen Kräfte sind die Pferde und die Außenwelt die Straße. Das Gemüt, wenn es durch das *Selbst* beherrscht wird, ist dasjenige, was die Seligkeit genießt.[1)]

Es findet da nicht, wie so viele meinen, eine Veredlung des *Selbst*, eine Vergrößerung des Menschen in seiner Eigenheit statt, sodass er zuletzt ein *Übermensch* wird, sondern der Wahn der Eigenheit muss vergehen, das falsche Selbst im wahren Selbst sterben, damit das wahre Selbst im Menschen auferstehen und offenbar werden kann.

Das ist es, was die alten Rosenkreuzer meinten, wenn sie sagten:

Ex Deo nascimur, in Jesu morimur, reviviscimus in Spiritu sancto.

Aus Gott (dem Unbewussten) werden wir geboren, in der Erkenntnis des Gottmenschen erstirbt der Wahn unserer Selbstheit, und in dem Geiste der Selbsterkenntnis gelangen wir zum Bewusstsein unseres unsterblichen göttlichen Ichs.

Der Wille des Menschen ist ein Nichts ohne den Willen Gottes, und der Wille Gottes ist machtlos ohne den Willen des Menschen. Diese Lehre ist uralt, und dennoch versteht sie nur der, der sie befolgt.

Aus einem Briefe eines Rosenkreuzers entnehmen wir Folgendes:

„Als es mir gelang, mein persönliches Ich zu vergessen, da war es auch nicht mehr da; alles, meine Umgebung, meine Seele, mein Körper wurde Licht, und es kam eine Ruhe in mich, die man sich nicht erdenken kann. Das persönliche Herz geht ins Nichtsein über, und stattdessen entfaltet sich die Seele zu unsagbarer Seligkeit, Ruhe und Gewissheit. Eine unwillkürliche, reine und lichte Liebe zur Gottheit ergießt sich in die Seele, die jedoch nicht

1) Katha Upanishad

mehr eine Liebe von Subjekt und Objekt, sondern von einem Wesen ist, das man nur als *göttliche Liebe* bezeichnen kann.

Nun wusste ich aus Erfahrung, wie widersinnig es ist, wenn ein Mensch in seiner Persönlichkeit sagt: „Ich liebe Gott (mit meinem persönlichen Herzen)." Er kann höchstens seine Gottesvorstellung lieben, die ein Spiegel seiner eigenen Person ist. Die Liebe Gottes oder die göttliche Liebe kann der Mensch in seiner Person niemals erlangen. Erst wenn er als Person nicht mehr ist, wird ihm diese Liebe gegeben, die über alle Herzensvorstellungen erhaben ist und gar nichts mit diesen zu tun hat.

Nach diesen Erfahrungen kann man eigentlich gar nicht sagen, dass es einen Weg zur Gottheit gäbe. Man taucht unter in das Nichtsein, überlässt alles der Gottheit, ohne sich jedoch seiner Ergebung bewusst zu sein, und die Gottheit waltet in allem, alles ist in ihr, und das, was für uns undenkbar ist, ist für den Glauben, der nun lebt, Selbsterkenntnis, Selbstbewusstsein. So erwächst aus dem Tode, dem Nichtsein, in demselben Augenblicke ein neues Leben.

Eins kann ich gar nicht genug betonen, dass es mir ein ganz neues Reich erschlossen, dass der Mensch zu diesem Glauben und dieser Liebe niemals fähig ist, und wenn er sich zu Tode abmühte. Der Glaube und die Liebe sind ein ganz übermenschliches Sein und Wesen, das in einer ganz anderen Sphäre, oder richtiger gesagt, nur in sich selbst lebt, sich selbst weiß und sich selbst genügt. Der göttliche Glaube und die Liebe werden nicht durch Mühe erzeugt, sie bestehen unentstanden in sich selbst und sind für unser Bewusstsein da, wenn dasselbe vom persönlichen Menschen nichts mehr weiß."

Der physische Tod ist das Anhalten auf einer Station während einer Reise zur Quelle des ewigen Lebens. Durch den mystischen Tod wird diese Quelle erreicht.

Verwandlungen

Bildet euch nicht nach der jetzigen Welt, sondern bildet euch durch Erneuerung eures Sinnes.
Römer XII:2

Es ist mit der Erkenntnis geistiger Wahrheiten wie mit der Zauberkraft der Musik. Wer zum ersten Male eine Symphonie von Beethoven anhört, der wird, wenn er nicht aus einem früheren Leben ein großes Talent für Musik mitgebracht hat, schwerlich ihren tiefen Sinn vollkommen begreifen, und wer die Veden, die Bibel oder ein anderes mystisches Buch in die Hand nimmt, der findet beim erstmaligen Lesen ungefähr gerade so viel darin, wie er schon weiß. Erst nach und nach werden ihm die Bilder klarer, die in seinem Geiste verborgen sind, indem er sie in dem Geiste eines anderen widergespiegelt sieht. Geistige Dinge lassen sich weder durch Schwärmereien und Träumereien noch durch die Spitzfindigkeiten des grübelnden Verstandes begreifen und in Besitz nehmen. Dazu gehört die magische Kraft der geistigen Wahrnehmung, die Intuition. Sie erhebt den Menschen zu jener Erkenntnis des Höheren und ist zugleich diese Erkenntnis selbst. So *ruft die Wahrheit den Menschen zu sich*, und er kann diesem Rufe nur insofern folgen, als er tot für den Irrtum ist. Er muss die Täuschung der Form überwinden, um den Geist, der in ihr lebt, wahrnehmen zu können.

Der Geist der Wahrheit enthält keinen Irrtum. Aber so wie das Licht, durch farbige Gläser gesehen, verschiedenfarbig erscheint, so werden durch den Schein des Wahren, der sich im menschlichen Gemüte widerspiegelt, die verschiedensten Geister geboren.

Würden die Menschen die Wahrheit in sich selber erkennen, so kämen nicht täglich neue Ungetüme zur Welt, welche die Leiden der Menschen vermehren. Die Zahl Neun ist die Zahl des Leidens, aber auch der menschlichen Freuden. Denn was wäre die Welt, wenn keine neuen Formen geschaffen, keine Verwandlungen, keine Fortpflanzungen stattfinden, keine neuen Theorien erzeugt werden könnten, solange keine wahre Erkenntnis vorhanden ist? Wie würde der Mensch in der Nacht der Unwissenheit schmachten, wenn nicht der Irrtum käme, durch dessen Überwindung er sich zur Erkenntnis emporschwingen kann. Wäre das Sinnliche nicht da, so könnte er sich auch nicht über dasselbe erheben. Hätte er nie gesündigt, so hätte er keine Erfahrung und keine Erkenntnis des Guten erlangt. Der Irrtum ist ein nötiges Glied in der Kette der Evolution, wie der Tod der alten Form notwendig ist, damit die sie bewohnende Idee in einer neuen Form offenbar werden kann.

Der Mensch ist selbst nichts anderes als die Verkörperung einer Idee, und es ist an ihm gerade soviel Wahres, als diese Idee Wahrheit enthält. Erst wenn er die seinem Dasein zugrunde liegende Idee erkennt, erkennt er den Sinn seines Daseins, und nur indem er die darin enthaltene Wahrheit erkennt, erkennt er sich selbst. Da es aber nur eine einzige Menschheit gibt, so liegt auch dem ganzen menschlichen Dasein die Idee der Menschheit zugrunde, und in dem Grade, in dem der einzelne diese Idee erkennt und den Zweck ihres Daseins erfüllt, wächst auch seine Individualität und erstreckt sich schließlich durch das Ganze, sodass sie mit der ganzen Menschheit identisch wird.

Wie jeder Mensch, so ist auch jede Form oder Erscheinung, jede Pflanze, jedes Tier der verkörperte Ausdruck und das äußerliche Symbol einer seinem individuellen Dasein zugrunde liegenden Idee, eines Charakters. Und diesem Charakter liegt wieder derjenige der Klasse, zu welcher die Form gehört, und schließlich der Charakter des Ganzen zugrunde.

Man braucht weder Kant noch Schopenhauer studiert zu haben, um zu wissen, dass man eine Falschheit nicht in eine Wahrheit verwandeln kann. Die Vernunft sagt uns, dass, wenn eine wahre Vorstellung ins Leben treten soll, die ihr entgegengesetzte falsche Vorstellung aufhören muss. Da aber der Mensen aus Vorstellungen zusammengesetzt ist und jede derselben ein aus seinem Stoffe geschaffenes, von ihm erzeugtes individuelles, wenn auch nur scheinbares *Ich* ist, so ist das Aufgeben einer falschen Idee eine Art von Selbstmord, gegen den sich seine Natur sträubt. Das Absterben einer Begierde oder Idee, die ein Teil unseres Selbst geworden ist, ist der Verlust eines Teils unseres teuren *Selbst*, an dem ja jeder mehr oder weniger hängt. Man unterzieht sich ebenso ungern der *Amputation* einer lieb gewordenen *Überzeugung*, als man sich der Amputation eines Körpergliedes unterwirft. Mancher opfert lieber sein Leben als seinen *Glauben*, weil die Idee, an welche er *glaubt*, sein Leben ist, oder mit anderen Worten, weil er gänzlich in dem Leben der ihn beherrschenden Meinung oder Theorie aufgegangen ist, sei sie auch noch so falsch. Ob nun der Calvin den Servetus verbrennt oder Servet den Calvinus, weil der eine meint, dass Christus der ewige Sohn des Vaters sei, während der andere ihn für den Sohn des ewigen Vaters hält, bleibt sich am Ende gleich. Jeder bleibt seiner Torheit treu und hält an seiner Meinung fest. Würden beide den Sohn des Vaters in sich selber erkennen, so gäbe es zwischen ihnen keinen Streit.

Jede Idee enthält ein Fünkchen von Wahrheit, sonst könnte sie nicht existieren. Denn die Wahrheit ist das Dasein, die Wirklichkeit selbst. Jede Idee gleicht einem Samen, in dem ein Keim von Wahrheit verborgen ist, wenn auch die Hülsen, die ihn umgeben, noch so verkehrte Vorstellungen sind. So auch der Mensch. Nehmen wir alles Unwahre weg, so bleibt schließlich nichts als das Wahre zurück. Ist aber der Funke in seiner Umhüllung nicht zur Flamme geworden, so ist auch nach der Entfernung der Hülse kein Licht und keine Erkenntnis der Wahrheit vorhanden.

Die Wahrheit verändert sich nicht, ihre Erkenntnis verändert sich nicht. Ob aber diese Erkenntnis eintritt, das hängt von dem Grade ab, in welchem ihr Licht offenbar wird. Das Licht ist in seinem Wesen immer dasselbe, wie stark es aber leuchtet, das hängt von seiner Umgebung ab. Es wird in seiner Umhüllung erst dann erkannt, wenn es dieselbe durchleuchtet. Die Wahrheit erzeugt auch nichts, sie ist bereits alles. Sie gebiert nur sich selbst, indem sie offenbar wird. Sie vermischt sich nicht mit der Lüge, wohl aber muss die Lüge verschwinden, wenn das Wahre offenbar wird.

Jeder Körper ist eine verkörperte Idee, jede Idee ist ein Ding, in welchem ein Sinn verborgen ist. Wie die Pflanzen und Tiere der Erde, so wachsen die Samen der Ideen im Gemüte des Menschen, keimen, breiten sich aus, reifen und bringen Blüte und Frucht, begatten sich und erzeugen neue Formen nach ihrer Art, veralten und verschwinden, um wieder in einer neuen Form geboren zu werden. Es entsteht dabei keine neue Wahrheit, sondern nur eine neue Form. Der Sinn bleibt derselbe, die Form der Idee und des Ausdrucks wandeln sich. Jede wieder erscheinende Idee findet dort Eingang, wo sie aufgenommen wird, und entfaltet sich dort, wo der Boden für ihre Entwicklung am geeignetsten ist. Es existiert keine Idee der Welt, die nicht schon in irgendeiner Form früher einmal vorhanden war. Eine heilige Idee findet Aufnahme im Herzen des guten Menschen, eine wüste Idee im Herzen des Wüstlings, ein Finanzprojekt wird im Kopfe des Geldmenschen geboren, eine mechanische Erfindung im Kopfe des Mechanikers usw. und dieselben Ideen kehren periodisch wieder, wie die Weltgeschichte bezeugt.

Auch der Mensch ist eine solche Idee, die sich dem Gesetze der Natur gemäß verkörpert, geboren wird, reift, altert, verschwindet und in einer neuen Form periodisch wieder erscheint, wobei sie stets dort Wurzel fasst, wo der Boden am besten den Eigenschaften ihres Charakters entspricht. Wenn alles, was an ihm nicht wesentlich ist, abgestorben ist, so bleibt der Sinn der Idee übrig, dessen Ausdruck er war. Dieser Sinn ist der Geist und Charakter, er kann sich während des Daseins in der Erscheinung ändern. Während der Zeit der Ruhe tritt keine Änderung ein. Mit denselben Neigungen und Talenten, die der

Mensch während seines Daseins auf Erden gesammelt hat, tritt er wieder von Neuem in die Erscheinung ein. Mann und Frau verbinden sich, und aus dieser Verbindung entspringt kein neuer Menschengeist, wohl aber eine neue menschliche Erscheinung, eine neue Verkörperung einer bereits vorhandenen Idee. Es wird dabei kein neuer Charakter geschaffen, sondern nur ein neues Gewand für die Bekleidung der bereits bestehenden Menschenidee, und wie ein Gedanke nicht plötzlich in seiner Vollkommenheit im Menschengehirne entspringt, es sei denn durch die Eingebung oder Erleuchtung von oben, so tritt auch der sich wieder verkörpernde Menschengeist nicht plötzlich in seiner Vollkommenheit ins irdische Dasein ein, sondern die neu entstandene Form nimmt so viel von ihm auf, wie sie fähig ist, und der Geist bedient sich derselben als seines Werkzeuges und zu seiner Weiterentwicklung, je nachdem die Form hierzu tauglich ist. Der Charakter des Menschen, die Summe seiner Talente, Neigungen und Fähigkeiten, wird nicht von den Eltern erschaffen, der Geist ist nicht deren Machwerk, sondern war schon vorher da, gelangt zur Reife im Körper, bildet sich durch die Entfaltung neuer Eigenschaften aus und nimmt eine neue Richtung je nach dem Grade der Erkenntnis, welchen der Mensch erlangt. Auch ist der sich wiederverkörpernde Geist kein so engelreines Wesen, als man anzunehmen geneigt ist. Denn in diesem Falle zögen ihn keine irdischen Neigungen zur Erde zurück.[1)] Repräsentiert er eine gute Willensform, so gibt es einen gutartig angelegten Menschen; repräsentiert er einen bösen Charakter, so wird ein bösartig angelegter Mensch daraus. Es werden nicht nur *Engel vom Himmel* auf der Erde geboren, sondern auch *Teufel aus dem Abgrund der Hölle*, weshalb auch so viel Hölle auf Erden ist. Die Sünden der *Väter* erben sich fort auf die *Söhne*, weil jeder Mensch in einem gewissen Sinne sein eigener Vater ist und in seinem nächsten Leben das Karma erntet, was er in diesem gesät hat.

Wie der am Baume hängende Same sich nicht weiter entwickeln und zu einem neuen Leben entfalten kann, solange er nicht ein neues Erdreich gefunden hat, so kann sich auch der Mensch ohne das Dasein des Materiellen nicht geistig weiterentwickeln. Allerdings findet auch nach dem Tode eine gewisse Entwicklung, d. h. ein Aufblühen des Vorhandenen, aber keine neue Nahrungsaufnahme statt. Eine vom Stamme abgeschnittene Rosenknospe kann sich zur Rose auch nach dieser Trennung entfalten und blühen, bis dass die in ihr aufgespeicherten Kräfte erschöpft sind. Desgleichen blühen auch die Ideale, die der Mensch mit sich bringt, in seinem himmlischen Dasein auf, aber zur

---

1) „Der Gute, welcher aber in der Ergebung wankelmütig ist, wird, nachdem er den Himmel Indras ungezählte Jahre bewohnt hat, wieder in dem Hause eines guten und edlen Menschen geboren." (Bhagavad Gita)

neuen Nahrungsaufnahme bedarf er des neuen Erdreichs, der Wiederverkörperung. Ohne den Körper ist er kein vollständig organisierter Mensch. Aus dem Samen eines Baumes wird ein neuer Baum, der schließlich doch kein neues Ding, sondern nur eine neue Erscheinung derselben Art von Bäumen ist, denen der Same entsprang, und die den Charakter ihres *Vaters*, dem der Same entstammte, besitzen. So vollzieht sich vor unseren Augen der Vorgang, welcher die Wiederverkörperung des Menschen darstellt, wenn auch das hierbei in Betracht kommende *Samenkorn* unsichtbar ist. In einen neuen Boden verpflanzt entwickelt sich die Psyche weiter. Erde, Wasser, Licht und Luft, Wille, Empfindung, Gedanke und Vorstellung, Materie und Kraft, Geist und Gott wirken wieder auf die neue Persönlichkeit ein und ringen in ihr nach Leben. Da entfalten die in der Natur des Menschen wirkenden Kräfte der großen Natur in ihm neue Eigenschaften und Tugenden, das Wesentliche in ihm aber ist das Ich, dessen Substanz sich nicht ändert, aber dessen Wollen und Denkweise sich ändern kann.

Diese Veränderung des Wollens ist nichts anderes als eine Veränderung der Richtung, in welcher sich der Wille bewegt, und diese Richtung hängt von demjenigen ab, was der Mensch als den Zweck seines Daseins erkennt. Ist dieser Zweck ein verkehrter, so ist sein Wollen verkehrt, ist er ein niedriger, so ist es niedrig, ist er ein hoher, so ist es hoch. Erkennt der Mensch den höchsten Zweck seines Daseins, so ist auch sein Wollen nach der höchsten Vollkommenheit gerichtet. Somit kann der Mensch während seines Daseins auf Erden ein *ganz anderer Mensch* werden. Nach dem Tode des Körpers aber bleibt er das, was er ist, und kommt wieder als das, was er war. Bei seinem Eintritte in das irdische Dasein zieht er auch wieder die Kleider an, die zu diesem Dasein gehören. Seine bösen Neigungen sind ebenso notwendig für ihn wie seine Tugenden, denn gerade darin besteht die Tugend, dass sie die zur Überwindung der bösen Neigungen taugliche Kraft ist. Wo nichts zu überwinden ist, da gibt es auch keinen Überwinder. Wer auf einen Berg hinaufklettern will, der braucht einen festen Boden unter seinen Füßen. Die Felsen bieten ihm einen sicheren Halt, sodass er nicht in den Untergrund versinken kann. Von Stufe zu Stufe steigt er empor und gelangt schließlich zum Gipfel. So sind auch die Leidenschaften des Menschen die Stufen, auf denen er zur Erkenntnis emporsteigt. Nicht um in ihnen zu versinken, sondern um seine Füße darauf zu setzen sind sie da.

Entkleiden wir den Geist aller Vorstellungen, so bleibt schließlich nichts als der Geist, das Bewusstsein selbst übrig. Entkleiden wir den Stoff aller seiner relativen Eigenschaften, so bleibt schließlich nichts als die Urmaterie übrig. Soll der Wille ein anderer werden, so muss die Richtung, in welcher er sich bewegt, gänzlich aufgegeben werden, damit ein neues Wollen stattfinden kann. Soll ein Ding in ein anderes verwandelt werden, so muss der Zweck seines Daseins ein anderer werden. Der Zweck, zu dem ein Ding bestimmt ist, und nicht dessen äußerliche Erscheinung bestimmt dessen Charakter. Wird eine Trommel zum Trommeln benützt, so ist sie eine Trommel, wird sie aber in Ermangelung eines besseren Gegenstandes als Tisch benützt, so ist sie ein Tisch, solange sie dazu benützt wird, wenn sie auch wie eine Trommel aussieht. Ebenso bestimmt auch der Zweck, den der Mensch im Leben erfüllt, seinen Charakter.

Ist sein ganzer Sinn auf die Befriedigung tierischer Begierden gerichtet, so ist er ein Tier. Gibt er sich gänzlich dem Hange zur Ausübung teuflischer Bosheit hin, so ist er ein Teufel. Ist er ganz von Eitelkeit, Neid, Habsucht, usw. besessen, so sind diese Naturgewalten in seiner menschlichen Erscheinung personifiziert, und er ist selbst eine Personifikation der Leidenschaft, die von ihm Besitz ergriffen hat.

Er fängt nur insofern an, ein Mensch und als Mensch natürlich zu sein, als sich die Menschlichkeit in ihm offenbart. Erst wenn dasjenige verschwindet, was nicht zu seiner wahren Menschennatur gehört, und er natürlich geworden ist, kann sich das *Übernatürliche*, d. h. dasjenige in ihm offenbaren, was über seiner Menschennatur ist.

Alles dies ist nichts Neues. Es sind Dinge, die jedermann weiß oder wissen sollte, Dinge, die sich eigentlich von selbst verstehen, und dennoch werden diese selbstverständlichen Dinge am allerwenigsten erkannt. Gerade deshalb, weil man stillschweigend annimmt, dass sie ein jeder weiß, werden sie nicht erwähnt, und deshalb werden sie vergessen und verkehrte Anschauungen treten an ihre Stelle. Je komplizierter Vorstellungen werden, umso mehr verschwindet das Einfache. Das *Selbstverständliche* ist nur insofern für uns selbst verständlich, als wir uns selber verstehen.

Der Gottesgeist in uns, unser wahres, ewiges Selbst, bedarf keines Unterrichts und keiner Erfahrung, er ist die Allwissenheit selbst. Aber unsere Persönlichkeit bedarf des Lernens und der Erfahrung, damit dasjenige, was der Geist weiß, zu unserem Bewusstsein gelangen kann. Der Erdboden kann nur diejenigen Pflanzen hervorbringen, deren Samen in ihm verborgen sind, und in einem Menschen können sich nur diejenigen Wahrheiten offenbaren, deren Keime in seinem Gemüte enthalten sind. Für alles andere hat er keinen Sinn und keinen Begriff. Deshalb finden auch neue Ideen schwer Eingang. Hat aber der Gedankenkern im Menschen zu keimen begonnen, so schlägt er Wurzeln und blüht empor.

Jeder hat sich wohl schon oft eingebildet, dass er dieses oder jenes wisse, und dann erst, nachdem er es an sich selber erfahren hat, eingesehen, dass sein früheres Wissen nur Theorie war und dass er nur das selbst Erfahrene in Wirklichkeit weiß.

Der Sinn liegt im Zweck. Er ist der Geist des Gedankens und verleiht der Tat den Charakter. Ändert sich der Zweck eines Werkes, so ist auch sein Charakter ein anderer. Es gibt nichts absolut Gutes oder Böses auf dieser Welt, jedes Ding hat zwei Seiten. Ein Ding ist gut oder böse, je nach dem Zwecke, zu dem man es braucht. Man sagt, der Zweck heiligt die Mittel. Der Umstand, dass der Sinn dieses Sprichworts oft missdeutet worden ist, tut seiner Wahrheit keinen Abbruch, allerdings muss aber der Zweck tatsächlich heilig sein, sonst kann er auch nicht die Mittel heiligen. Ein Mord, der zu wissenschaftlichen Zwecken oder *zur Ehre Gottes* begangen wird, hat keinen heiligen Zweck, er entspringt einer verkehrten Anschauung und kann deshalb nicht heilig sein. Vermache ich mein Vermögen der Kirche, um meine Seele zu retten, so liegt dieser Tat nicht die Heiligkeit, sondern die Selbstsucht zugrunde.

Gift und Dolch sind gut oder böse, je nach dem Zwecke, zu dem sie verwendet werden. Giftige Arzneien können geeignet sein, den Kranken zu heilen, der Dolch kann den Tod oder (z. B. durch Eröffnung einer Eiterhöhle) die Gesundheit zur Folge haben. Die Sünde ist gut, wenn sie zu einer Erfahrung führt, welcher der Mensch bedarf, um zur Erkenntnis zu gelangen. Das Unglück ist Glück, wenn es den Unvernünftigen zum Nachdenken und zur Vernunft bringt. Leidenschaften sind gut oder böse, je nach der Art ihrer Verwendung, denn ohne sie gäbe es keine Entwicklung der Individualität. Kräfte wachsen durch den Widerstand, den sie finden. Je mehr man z. B. zu ertragen lernt, umso stärker wird die Geduld. Der Widerstand, auf den der elektrische Strom trifft, erzeugt das elektrische Licht. Widersetze dich nicht dem Übel, denn dadurch wächst es an Kraft. Sei darüber erhaben, so berührt es dich nicht.

Ein Ding lässt sich nicht so verbessern, dass es zu seinem Gegensatze wird. Es muss aufhören, dasjenige zu sein, was es ist, ehe es das Entgegengesetzte werden kann. Würde man aus einem Mörder einen guten Mörder machen, so wäre er nur umso schlimmer. Solange er aber ein Mensch ist, kann er ein guter Mensch werden, wenn er aufhört, ein Mörder zu sein.

Die menschlichen Tugenden wie Eltern-, Gatten-, Kinderliebe, Moral, Wissenschaft usw. sind, insofern sie dem Selbstwahn entspringen, gut für den Menschen, aber in Gott sind sie nichts, da dort alle Eigenheit und somit auch alle Eigenschaften der Eigenheit aufhören. Gott ist weder moralisch noch unmoralisch, weder wissenschaftlich gebildet, noch ungebildet, weder tugendhaft noch lasterhaft, er ist über alle beschränkten Begriffe erhaben. Es heißt: „Wer mir nachfolgen will, muss Vater und Mutter verlassen." Es ist nichts damit gedient, dass der Mensch sich einbildet, über alle seine Neigungen und Pflichten erhaben zu sein. Er ist erst dann über alle persönlichen Rücksichten erhaben, wenn er sich selber verlassen, hat, wenn er als Persönlichkeit für sich nicht mehr existiert. Wenn die Idee seiner Persönlichkeit aus seinem Herzen tritt, hat er auch keine persönlichen Beziehungen mehr. Die Welt ist nicht mehr für ihn vorhanden, wenn er nicht mehr für sich selber vorhanden ist.

Um zu wissen, ob der Zweck, den man verfolgt, gut ist, bedarf man der Erkenntnis des Guten, und diese ist durch die Erfahrung des Bösen bedingt. Um das höchste Gute zu erkennen, bedarf man der höchsten Erkenntnis. Unser Leben ist nur dann gut, wenn wir seinen guten Zweck erkennen und danach trachten, ihn zu erfüllen. Es heißt: „Prüfet alles, und behaltet das Beste." Aber um zu wissen, was das Beste ist, das man behalten soll, bedarf man der Erkenntnis des wahren Selbst. Es steht geschrieben: „Niemand ist gut als Gott." Was der Eigendünkel schafft, hat keinen dauernden Wert, alles Gute geht aus der Gotteserkenntnis hervor. Solange wir unser wahres, unpersönliches Selbst nicht erkennen, kennen wir überhaupt nur den Schein.

Ohne die Selbsterkenntnis der Wahrheit beruht alles Wissen nur auf Wahrscheinlichkeit, aber nicht auf der Wahrheit.

Da die Menschen selbst nichts anderes als Verkörperungen von Ideen sind, so regieren auch tatsächlich nicht Personen, sondern Ideen die Welt. Soll die Welt besser werden, so müssen sich die maßgeblichen Ideen verbessern. Würden sich die Menschen zu einer höheren Weltanschauung entschließen, so würden sich alle sozialen Verhältnisse von selber anders und besser gestalten, denn dann hätte auch das Leben einen höheren Sinn. Soll sich ein Ding in ein anderes verwandeln, so muss sich der Zweck seines Daseins, seine Bestimmung ändern. Dadurch erlangt es einen anderen Sinn, sein Name und sein Charakter ändert sich.

Wir ändern die Bestimmung eines Dinges, und damit hört es auf, für uns dasjenige zu sein, was es war und wird etwas anderes. Was heute für die Frau Base nur ein Kaffeetopf ist, wird morgen eine etruskische Vase. Die Form der Vase ändert sich dabei nicht, wohl aber ist ihre höhere Bestimmung erkannt worden, und dadurch erscheint sie auch in ihrem Wesen veredelt. Wenn wir uns in unserem Charakter veredeln wollen, so müssen wir zum Bewusstsein unserer höheren Bestimmung erwachen. Dadurch erhält unser Dasein einen höheren Sinn. Ein Ding muss aufhören, dasjenige zu sein, was es seiner bisherigen Bestimmung gemäß zu sein schien, wenn es zu etwas anderem brauchbar sein und etwas anderes daraus werden soll. Kein Tier kann so veredelt werden, dass ein Mensch daraus wird, wohl aber kann sich das Menschliche im Menschen offenbaren, wenn das Tierische in ihm zu nichts wird und verschwindet. Solange die Menschen das eigene Selbst nicht Gott zum Opfer bringen, sind sie auch nichts anderes als vom Wahne der Selbstheit befangene Menschen. Soll Gott in ihnen ins Dasein kommen, so müssen sie aufhören, in ihrer Selbstheit etwas zu sein. In Gott gibt es keinen *Herrn Maier* und keine *Frau Schmidt*. Erwacht aber das göttliche Bewusstsein in diesen Personen, so hören sie auf, *Herr Maier* oder *Frau Schmidt* zu sein, und diese Namen gehören dann nur ihrer äußeren Erscheinung an. Wo der Wahn der Selbstheit aufhört, da sind alle Sünden vergeben, da hören alle Eigenschaften auf, die diesem *Selbst* angehörten. Wenn die Seele die Persönlichkeit abgestreift hat, so ist sie frei. Da ist der Sünder kein Sünder mehr, der Heilige kein Heiliger, der Dumme kein Dummkopf, der Kluge kein Kluger mehr. Da ist der Wahn verschwunden, und alles ist Geist.

Das Prinzip ist das Wesen, die Person ist die Stätte für seine Kraftentfaltung. Es findet nirgends eine Umwandlung eines Prinzips in ein anderes statt, sondern durch die Wirkung eines anderen Prinzips verändert sich der Charakter des Dinges und damit auch seine Erscheinung.

So wächst z. B. ein Baum, indem das in ihm enthaltene Lebensprinzip seine Tätigkeit entfaltet, und dadurch verändert sich seine Gestalt. Ein falscher, ein boshafter, ein neidischer, geiziger, heuchlerischer Mensch hat etwas an sich, das an den Fuchs, den Affen, den Hund, den Wolf, die Schlange usw. erinnert. Ändert sich aber sein Charakter dadurch, dass in ihm eine höhere Bewusstseinsform in Tätigkeit tritt, so wird auch sein Wesen ein anderes. Eine andere Idee liegt dann seinem Dasein zugrunde und drückt sich in Gang, Sprache, Haltung, ja in seiner ganzen Erscheinung aus.

Dem Dasein des Einzelnen liegt das Dasein des Ganzen, Unteilbaren, der ewigen Einheit zugrunde, und deshalb sind auch in jedem Einzelnen die Anfänge (Prinzipien) zu allem enthalten, und jedes Prinzip kann von uns darin zur Entfaltung seiner Tätigkeit gebracht werden, sobald wir selbst in seinem Besitze und in uns selber Herr über es sind. Darin besteht der ganze Schlüssel zur Alchemie. Um die Materie zu vermehren, muss man im Besitze von Material sein. Um Leben mitteilen zu können, muss man die Lebenskraft zu beherrschen verstehen. Um Geist einzuflößen, muss man Geist haben. Die Rede eines Papageien kann den Geist nicht bewegen, weil kein Geist in seiner Rede enthalten ist.

Auf dem Wege der Chemie können wir die Bedingungen herstellen, unter denen sich die verschiedenen Erscheinungsarten der Materie auf alle mögliche Weise zu neuen Körpern zusammenfinden oder wieder m ihre Bestandteile zersetzen. Es entsteht dabei wohl eine neue Erscheinung, aber nichts wesentlich Neues, und wir haben am Ende dasselbe wie am Anfange. Es tritt dabei nichts Neues, keine Vermehrung des Stoffes ein. Wenn aber einmal die Chemie zur Erkenntnis des Grundstoffes gelangt ist, aus dem alle stofflichen Erscheinungen entspringen, und ihn zu beherrschen versteht, dann wird es ihr auch nicht schwer sein, ein Metall in ein anderes zu verwandeln und z. B. Gold aus Kupfer zu machen.

Dasselbe Gesetz herrscht im Materiellen wie im Geistigen, nur sind dessen Offenbarungen verschieden. Kraft ist Stoff in Bewegung, Stoff ist ruhende Kraft. Die Bewegung des Stoffes besteht in Schwingungen, und diese Schwingungen liegen jeder stofflichen Erscheinung sowie jedem Gemütszustande zugrunde. Im Inneren können wir diese Schwingungen durch den Willen beherrschen, im Äußeren bedürfen wir dazu äußerlicher Mittel, denn unserem Willen fehlt noch die zur Beherrschung der Materie nötige geistige Kraft.[1)]

Der Gärtner ist ein Alchemist. Er kennt die Bedingungen, unter denen sich in einer Pflanze unter dem Einflüsse von Erde, Wasser, Luft und Licht, Wärme und Elektrizität das Leben entwickelt. Da wird aus einem Samenkorn ein Baum, der etwas vom Samen Verschiedenes ist. Da tritt eine Vermehrung des Stoffes ein, der aus der Umgebung genommen wird, die Lebenskraft baut ihn auf, und der Sinn der Idee, welche im Samenkorn schlummert, bildet den Plan zur Ausführung.

Der Geist der Natur ist der Alchemist. Er erweckt die Lebenstätigkeit. Das, was im Winter tot zu sein schien, wacht im Frühjahr wieder auf, und damit treten auch die Erscheinungen wieder ins Dasein, welche zwar nicht das Leben selbst, wohl aber dessen Offenbarung sind.

Der Geist ist das Leben, der Körper des Menschen ist das Gefäß. Die Form kann weder Leben noch Licht noch Bewusstsein noch Wahrheit erzeugen. Wohl aber kann sie das wahre, selbstexistierende Lebensprinzip in sich aufnehmen, und dieses tritt dann in ihr als Lebenstätigkeit, Bewusstsein und Erkenntnis auf. Wenn in der Seele geistiges Leben erwacht und das Licht der Erkenntnis in ihr zu leuchten, die Wärme der Liebe sie zu erheben beginnt, so nimmt sie selbstbewusst aus dem Makrokosmos dasjenige in sich auf, wodurch

1) Diese ist das „Elektron" der Alchemisten, das „geistige Feuer", die selbstbewusste magische Willenskraft.

ihr geistiger Organismus auf einer höheren Stufe des Daseins seine Individualität entfaltet. Da erwächst aus dem alten Erdreich ein neuer Mensch, und der alte verschwindet. Die große Kunst liegt darin, dass alles Unkraut ausgejätet wird, damit es den edlen Teil nicht im Wachstum beschränkt, dass alles überwunden und ausgerottet wird, was nicht einem höheren Zwecke dient. Es handelt sich darum, dass *St. Georg* (der geistige Wille) den *Drachen* (die Leidenschaft) besiegt, dass das Tier im Menschen von der *Jungfrau* gebändigt wird, damit der Verstand der Herr im Hause sein kann.

Im Feuer des Leidens und der Entsagung muss das *Kupfer* der sinnlichen Liebe und das *Quecksilber* des menschlichen Scheinwissens durch den Zusatz der wahren Erkenntnis in das *Gold* der Weisheit verwandelt werden. Dies ist die Kunst der geistigen Alchemie, die sich nicht durch bloßes Lesen erlernen lässt, sondern die jeder erwerben kann, wenn er die hierzu gegebenen Vorschriften befolgt und sich täglich und stündlich darin übt. Es ist keine andere Kraft dabei in Tätigkeit, als die geistige Kraft des Willens. Durch die magische Zauberkraft der Erkenntnis verwandelt sich die Tätigkeit jenes Prinzips, welches sich vorher als Leidenschaft, blinde Anziehung, Egoismus, Habsucht, tierischer Trieb usw. geäußert hat, in die allumfassende Kraft der göttlichen Liebe. Durch diese magische Kraft tritt der Mensch aus der Beschränktheit des Egoismus heraus und in die Freiheit ein.

Ist die Seele erst einmal frei vom Eigenwahn geworden, so ist sie auch fähig, nicht nur nach innen, sondern auch nach außen zu wirken. Dadurch erklärt sich die Macht der Beredsamkeit, die Macht der Musik, der Zauber der Schönheit, die Kraft der Autorität, die Gewalt des Geistes über die Materie, deren wunderbare Wirkungen wir im alltäglichen Leben sehen. Der Hauptmann ist vielleicht der schwächste Mensch in seiner Kompanie, aber sie gehorcht seiner Autorität. Stets ist es das Unsichtbare, das die Welt beherrscht, das *wissenschaftlich* Unnachweisbare, weil die Wissenschaft das Dasein einer Idee nicht für die Hände greifbar nachweisen kann. Eine große Idee, die dem Geist eines Menschen entsprungen ist, wirkt oft noch viel mächtiger nach seinem Tode als vorher. Durch den Tod seines Körpers sondert sie sich nicht von ihm ab, sie ist ein Teil seines Geistes, und sein Geist waltet in ihr.

Mancher liegt schon lang im Grabe
und beherrscht noch diese Welt.
Unterdessen schläft der and're,
der zum Herrschen ist bestellt.

Die Chemie bedarf der Verwendung chemischer Kräfte, deren Gesetze bekannt sein müssen, ehe sie eine vernunftgemäße Verwendung finden können. Die Alchemie beruht auf dem Besitz und der Anwendung geistiger Kräfte, deren Gesetze man kennen muss, ehe man sie vernunftgemäß anwenden kann. Ebenso wenig wie die Chemie die Substanzen erschafft, welche sie zusammensetzt oder zerlegt, ebenso wenig erschafft der Körper den Willen, die Vernunft oder irgendeine der geistigen Kräfte, welche in ihm zur Offenbarung kommen. Die Seele zieht ihre Kräfte aus der geistigen Welt an sich an, so wie die Pflanze ihre Nahrung aus dem materiellen Reiche aufnimmt. Was aber die Pflanze und auch die noch nicht zum Bewusstsein gekommene Seele instinktiv und ohne Erkenntnis tut, das tut der geistig erwachte Mensch mit Wissen und Bewusstsein. Seine Seele atmet den Geist der Erkenntnis ein und haucht ihn als göttliche Liebe aus. Der intellektuelle Mensch ist Herr über die Natur, indem er sich von dem, was sie ihm bietet, ernährt, ihre Gesetze kennt und sie befolgt. In der Kenntnis der Naturgesetze und ihrer richtigen Anwendung besteht der Ruhm der Wissenschaft. Der zur innerlichen Erkenntnis gekommene Mensch ist dadurch Herr über die Geister, dass er den Geist Gottes im Weltall in sich aufnimmt und seine Seele davon ernährt und kräftigt, die Gesetze dieses Geistes kennenlernt und sie befolgt. Hierdurch wird er selbst der Geist, der die Natur beherrscht. Man lacht heutzutage über die Alchemie, weil man von ihrem Wesen verkehrte Begriffe hat, und dennoch ist die wahre Alchemie der höchste Zweck, welchen die Wissenschaft, die Religion und die Kultur erstrebt, und die ganze Welt ist ein *Tiegel*, in welchem die Menschheit geläutert und das edle Metall von den Schlacken gereinigt wird.

Das Mittel hierzu ist der Wille, nicht aber die vom Wahne der Selbstheit befangene Begierde, sondern der Wille, welcher durch das Licht der Erkenntnis über den Wahn der Selbstheit erhoben und frei geworden ist. Oft wähnt der Mensch sich frei, während er dem Willen der blinden Natur gehorcht, die in ihm Wünsche erzeugt. Er glaubt, nach seinem eigenen Willen zu handeln, und gehorcht wie ein Sklave dem Willen des Erdgeistes in ihm, der ihn beherrscht. Handelt er aber nach dem göttlichen Geiste, so ist sein Wille frei, denn Gott ist sein eigenes wahres Selbst. Dann erst kann er tun, was er, d. h. Gott in ihm, will. Der freie Wille besteht deshalb im Gehorsam gegen das Gesetz.

Wollen wir im Reiche der Natur etwas Natürliches zuwege bringen, so müssen wir unseren Willen dem Gesetze der Natur unterwerfen. Wir können nicht Wasser zum Kochen bringen, indem wir es gefrieren lassen oder einen Luftballon zum Steigen bringen, indem wir ihn mit Sand anstatt mit Wasserstoff füllen usw. Wollen wir etwas *Übernatürliches* leisten, so müssen wir jenem Gesetze gehorchen, das über die irdische Menschennatur erhaben ist. Dahin gehört jede dem Selbstinteresse widerstrebende Tat. Die irdische Natur kennt nur das eigene *Ich*, dessen Pflege und Selbsterhaltung, den Kampf um das Dasein des eigenen *Ichs*. Aber im Reiche des Göttlichen hat dieses *Ich* keine Geltung. Dort wirkt einer für alle und alle für einen. Frei ist derjenige, welcher sich selber zwingt, das Gute zu tun, wenn es auch gegen seine Neigung, oder richtiger gesagt, gegen die Neigung seiner irdischen Natur ist. Wer gegen seine bessere Erkenntnis, mit Bewusstsein und aus bösem Willen seine Natur zwingt, eine böse oder widernatürliche Handlung zu begehen, dessen Wille ist auch in einem gewissen Sinne frei, denn er zwingt seine Natur, dasjenige zu tun, was gegen seine menschliche Natur ist. Es ist dann nicht der Zorn, die Habsucht, die Leidenschaft usw., die in ihm wirken und durch ihn handeln, sondern er selbst. Aber sein Wille gehört nicht seiner göttlichen, sondern seiner teuflischen Selbstheit an. Er handelt dadurch gegen den Geist der Erkenntnis, d. h., er begeht die *Sünde gegen den heiligen Geist*.

Die Natur lässt sich nicht ungestraft beleidigen, sie lässt sich nur von demjenigen beherrschen, der über sie erhaben ist. Eliphas Levi nennt „Verbrechen gegen die Natur" die gewaltsame Zurückdrängung der Leidenschaften, ohne über sie erhaben zu sein. Wo dies stattfindet, da sammeln sich die zurückgestauten Gewässer. Da ihnen der dem Gesetz entsprechende Ausweg verschlossen ist, suchen sie sich einen anderen Ausweg, und die Natur des Menschen wird dadurch verkehrt. Hiervon liefert uns sowohl die Geschichte als auch die tägliche Erfahrung zahlreiche Beispiele. Das Wort *Zölibat* kommt von *coelum* (Himmel), und dieser Stand gehört zu denjenigen, die in ihrem Bewusstsein bereits im Himmel (im Geistigen) leben und mit dem Irdischen nichts mehr zu schaffen haben. Wer ein wirklicher Geistlicher ist, d. h. ein Mensch, der im Geiste lebt, der lebt selbstverständlich im Zölibat und wollte auch nicht anders leben. Wo aber das *Zölibat* erzwungen ist, da rächt sich auch die Natur.

Um dem Gesetze des göttlichen Geistes gehorchen zu können, muss man dieses Gesetz kennen. Da aber niemand den Willen Gottes kennen kann, ohne erst selbst mit Gott verbunden zu sein, so wäre dies eine Unmöglichkeit, und die Welt wäre schon längst trotz aller Moralpredigten und Offenbarungen zugrunde gegangen, wenn nicht jeder Mensch bei seiner Geburt einen geistigen Führer als Geburtstagsgeschenk erhalten hätte, der ihn durchs Leben leitet. Wenn der Mensch sich von ihm leiten lässt und auf seine Stimme hört, wenn er sie vernehmen kann, wird er den Willen Gottes erkennen. Dieser innere Führer ist sein inneres, geistiges *Ich*, und dessen Stimme ist das *Gewissen*. Er ist noch keineswegs göttlicher Natur, aber er steht der Gottheit näher als wir. Er ist unser *Engel*, der sich schon viele tausend Male auf der Erde verkörpert hat, und was er uns durch das Gewissen mitteilt, ist die Summe seiner Erfahrungen in früheren Daseinsformen. Seine Erfahrungen in Bezug darauf, was für unseren geistigen Fortschritt gut oder übel ist, sind größer als die unsrigen. Ihn sollten wir als unseren treuen Ratgeber erkennen und seine Lehren befolgen. Alles Äußerliche ist Schein. Alle geschriebenen Offenbarungen sind für denjenigen, dem sich die Wahrheit nicht innerlich offenbart, nur Theorie. Erst dann, wenn sie von unserer eigenen Einsicht bestätigt werden, haben sie wirklichen Wert. Nicht an ihre Buchstaben sollen wir uns halten, sondern an ihren Geist, und wenn dieser Geist der Geist der Wahrheit ist, so stimmt er auch mit dem Geiste der Wahrheit in uns überein.

Dieser geistige Führer ist es, der den Menschen bekehrt und ihn, wenn er irregegangen ist, wieder auf den richtigen Weg führt. Alle nur äußerlichen Bekehrungen oder *Glaubenswechsel* sind nur ein Wechsel des Scheines, denn das Wesen des Menschen besteht nicht in dem, was er meint oder zu meinen vorgibt, sondern in dem, was er wesentlich ist. Das ihm zugrunde liegende, das allein übrig bleibt, wenn er von allem Fremdartigen entkleidet ist, ist der Sinn, und deshalb sollte er seinen Sinn auf das Höchste richten. Dieses Höchste aber ist die Erkenntnis der Wahrheit, des alleinigen göttlichen Selbst.

Die Schöpfung aus Nichts

Gehorsam meinem Willen bringt meine Natur alles hervor, was sich bewegt und was sich nicht bewegt.
Bhagavad Gita, IX:10

Und Gott sprach: Lasset uns den Menschen machen nach unserem Ebenbilde.
Moses 1:26

Bücher, welche von geistigen Dingen handeln, flüchtig zu lesen, ist das eine, ihren Inhalt zu verstehen, ist das andere. In unserer anspruchsvollen Zeit, wo man alles auf einmal erhaschen will, scheint der Augenblick zu kostbar, um etwas genau zu untersuchen. Man will deshalb alles nur oberflächlich betrachten, und daher beurteilt man auch religiöse Dinge oberflächlich und falsch. Die Bibel lehrt, Gott habe die Welt aus Nichts erschaffen, und die Wissenschaft hat einen großen Sprung nach vorn getan, als sie den Aberglauben eines Erschaffens aus dem Nichts an den Pranger stellte und nachwies, dass aus dem Nichts nichts entstehen könne und dass alles in der Natur nach dem Gesetze der Evolution vor sich geht. Leider hat man dabei übersehen, dass auch das Gesetz der Evolution nicht Hohes aus Niedrigem hervorbringen kann, sondern dass dieses Höhere, das sich entwickeln soll, vorhanden sein muss, ehe es sich entwickeln kann.

Die Annahme, dass sich etwas Höheres aus etwas Niederem entwickeln könne, ohne dass dieses Höhere bereits im Keime vorhanden sei, käme in der Tat dem Glauben an ein Erschaffen aus Nichts gleich. Eine Million vernunftloser Menschen könnten niemals so etwas wie Vernunft entwickeln. Ist aber in einem Menschen Vernunft vorhanden, so kann sich dieselbe in ihm offenbaren. Sie entwickelt sich auch nicht, sie ist bereits in sich selber vollkommen, wohl aber kann sich die Form so verbessern, dass sie in ihr zu immer höherer Offenbarung gelangt. Auch das Leben erzeugt sich nirgends. Es ist bereits in sich selbst das, was es ist und stets war. Wohl aber kann sich die Tätigkeit des Lebens in einem Organismus entfalten, der hierzu tauglich ist. Durch den Tod hört nicht das Leben auf, sondern nur dessen Offenbarung im Körper. Die Uhr steht still, wenn das Räderwerk nicht mehr in Ordnung ist. Wird es wieder in Ordnung gebracht, so wird dadurch keine neue Kraft erschaffen, sondern die bereits vorhandene Kraft setzt das Räderwerk von neuem in Bewegung.

Die Wissenschaft hat es mit den Erscheinungen in der Natur, die Religion mit dem Wesen der Dinge zu tun. Die Religion betrachtet das Ganze, die Wissenschaft zerlegt es in seine einzelnen Teile. Erst sollte die Anschauung kommen, dann die Zergliederung. Wo keine Erkenntnis des Ganzen vorhanden ist, da ist auch alles Wissen in Bezug auf die Teile nur Stückwerk aber keine wirkliche Wissenschaft. Wer über geistige Dinge urteilen will, muss einer geistigen Anschauung fähig sein.

Die Bibel lehrt: „Im Anfange war das Wort, und alles ist aus dem Worte erschaffen."

Der Anfang ist das Prinzip. Das Prinzip ist das Wesen, der Sinn, und im Prinzip ist das Wort, die schaffende und organisierende Kraft, enthalten. Auch heute noch wächst alles in der Natur aus seinem Prinzip hervor. Dadurch wird die Eigenschaft des Prinzips offenbar, aber ohne diese Offenbarung ist das Prinzip für unser Begriffsvermögen ein Nichts.

Auch heute noch schöpft der Künstler, der Dichter, Erfinder und überhaupt jeder selbstdenkende Mensch seine Ideen und Gedanken aus seinem Geiste, dessen Inhalt ihm selbst hierdurch erst offenbar wird, und was er im Innern geschöpft hat, das sucht er äußerlich darzustellen, sei es durch Wort oder Bild.

Im Worte liegt der Sinn. Der Sinn bringt die Worte hervor und spricht sich von selber aus. Wer den Gegenstand kennt, über den er sprechen will, der bedarf keiner langen Vorbereitung.

Es trägt Verstand und rechter Sinn
Mit wenig Kunst sich selber vor.[1)]

Der Geist schafft von selbst. Meister Eckehart sagt: „Gott ist alles und nichts." „Er ist weder dies noch das, seine Eigenschaft ist Wesen." „Er ist die lebendige, seiende Vernunft, die sich selber versteht und in sich selber ist, lebt, und mit sich selber identisch ist." „Die Schöpfung ist nur eine Selbstanschauung Gottes; indem Gott sich selber anschaut, erfasst er sich als die Fülle der Ideen, der Urbilder aller Dinge.

Dieses ewige Anschauen seiner selbst ist die schaffende Tätigkeit Gottes." „Gott ist seine eigene Materie und Form. Vor der Erschaffung der Kreaturen war er nichts für sie, sie wussten nichts von ihm, aber an sich selber war er ihnen ewig dasselbe, was er ihnen jetzt ist und ewig sein wird. Darum konnte keine Kreatur Gott offenbaren, als sie selber nicht war."

---

1) Faust I, Vss. 550 f.

Die Sama Veda sagt: „Im Anfange war nichts. Dieses unendliche Wesen selbst war. Dieses wollte offenbar werden. Es kam aus ihm das Ei (das Weltall) zum Vorschein“ usw.

„Ευ αρχη ιυ ο Λογοσ.“ Im Nichtoffenbaren (in der *Arche Noahs*) war der Logos und das Wesen aller Dinge enthalten, so wie der zukünftige Baum im Kerne enthalten ist. Diese Lehre ist in den meisten Religionssystemen zu finden.

Wir brauchen, um uns von der Wahrheit des Obigen zu überzeugen, weder dem Meister Eckehart, noch den Veden aufs Wort zu glauben, wir können uns von diesen Tatsachen selbst überzeugen, da jeder Mensch, so wie Gott im Großen und Ganzen, Schöpfer seiner eigenen kleinen Welt ist.

Vergessen wir unser persönliches Selbst und versenken wir uns einmal in die Tiefe unseres Inneren, so tritt eine Welt von Ideen in unser Dasein ein, und aus der Idee bildet sich ein Gedanke, eine Vorstellung, eine Form, welche in die innerliche objektive Erscheinung tritt, sodass wir sie in uns selbst wahrnehmen können. Da assoziieren sich unsere Ideen und bringen neue Gedanken hervor. Da beginnt die Evolution der Offenbarung im Innern, ein Gedanke entwickelt sich aus dem anderen durch die Kraft des Geistes, und zuletzt wird aus einem unbedeutenden Einfall eine große Idee.

Alles, was dabei unveränderlich ist, ist unser Ich. Es wird weder kleiner noch größer, es sondert seine Gedanken nicht ab, sie existieren in ihm, und wir betrachten diese Erscheinungen, die wir für nichts Fremdartiges halten. Wir wissen, dass sie in uns sind und durch uns ihr Traumleben haben. Alles dies hat uns niemand gelehrt, wir haben es weder von der Kanzel noch vom Katheder gehört und in keinem Buche gelesen, brauchen auch keinen Beweis davon. Wir wissen es, weil es so ist, und es ist uns vollkommen gleichgültig, was ein anderer darüber urteilen mag.

So ungefähr können wir es uns im Makrokosmos vorstellen, und nach dem Gesetze der Analogie muss es so sein. In Gott sind die Typen der Gedanken und Vorstellungen, welche schließlich in die äußere Welt geboren werden und den Naturgesetzen gemäß als verkörperte Erscheinungen ins Leben treten. Das Ganze ist ein Traum, den der Weltgeist träumt, und Gott ist der stille Zuschauer, der sieht, was in ihm selber vorgeht. Er weiß, dass er ist, und braucht keinen anderen Beweis dafür, als dass er sein Dasein erkennt, und es ist ihm absolut gleichgültig, was die Welt oder die Wissenschaft (die Theologie mit eingerechnet) davon denkt, ist er doch selber alles und außer ihm nichts.

Unter diesen Erscheinungen nimmt der Mensch die oberste Stelle ein, weil er *im Ebenbilde der Götter gemacht* und fähig ist, den Geist der göttlichen

Weisheit in sich aufzunehmen und dadurch göttlich zu werden. Nicht der irdische Körper des Menschen, wohl aber sein Geist reicht zu den Sternen hinauf. Sein Gedanke dringt in die weiteste Ferne, seine Seele umfasst die Welt.

Was ist der Mensch? — Diese Frage, welche vor Tausenden von Jahren die ägyptische Sphinx denen vorlegte, die auf dem Wege des Lebens wandelten, und wobei jeder, der das Rätsel nicht lösen konnte, in den Abgrund des Nichts versank, ist auch heute trotz aller wissenschaftlicher Fakultäten noch nicht gelöst und kann auch auf keine andere Art gelöst werden, als indem der Mensch sich selber erkennt.

Um nun von dem Wesen des Menschen eine richtige Anschauung zu erlangen, müsste jeder Mensch erst selbst zum göttlichen Selbstbewusstsein gekommen sein. Dann stände ihm eine geistige Wahrnehmung, ein ewiges Gedächtnis, zur Verfügung, dann könnte er sich der verschiedenen Perioden seiner Evolution, seiner Wiederverkörperungen auf den Planeten und der Zwischenpausen derselben erinnern. Denn das irdische Haus, das er jetzt bewohnt, war nie vorher da und hat deshalb auch keine solche Erinnerung. Wollen wir daher auch ohne diese eigene Erfahrung etwas über das wahre Wesen des Menschen wissen, so müssen wir uns an diejenigen Menschen wenden, denen es gelungen ist, sich selbst kennenzulernen. Wir sind dann in der Lage eines Menschen, dem ein Reisender den Weg beschreibt, welchen er gemacht hat. Er beschreibt dabei nicht, was er geträumt hat, oder was ihm *gesagt* worden ist, sondern was er wirklich gesehen, empfunden, erlebt und erfahren hat, und wenn wir selbst schon ein wenig gereist sind, so sehen wir bald, wie weit unsere eigenen Erfahrungen mit den seinigen übereinstimmen. Wie erlangen wir diese Erfahrungen?

Glücklich ruht der entkörperte Mensch im Devachan. In rosigem Lichte schlummert er und träumt von allem Idealen und Schönen, das während seines Traumes auf Erden der Gegenstand seiner Wünsche war. Er ist von allem umgeben, was er liebt. Denn was ihn umgibt, ist das Produkt seiner himmlischen Vorstellungen, und die Bilder, welche er sieht, sind für ihn ebenso wirklich, als es seine Umgebung in seinem Leben auf Erden war. Aber auch hier erschöpft sich der Vorrat der angesammelten Empfindungen und Ideen, und da er von der Anziehung des irdischen Daseins noch nicht durch die Erkenntnis der Wahrheit frei geworden ist, so schlägt auch für ihn die Stunde, wo sein Himmelstraum aufhört und er wieder zum irdischen Scheinleben zurückkehren muss. Seine Auflösung naht, und für einen Augenblick wird er im Bewusstsein eins mit dem Geiste der Welt und sieht als solcher sein nächstes Erdenleben voraus. Dies geschieht nach demselben Gesetz, nach welchem er, als er auf Erden starb, auf sein ganzes vorhergehendes Leben zurückgeblickt und die Beweggründe seiner Handlungen erkannt hat. Als geistiger Lichtstrahl, der im Himmel wurzelt, senkt er sich wieder zur Erde hinab und steigt zur Materie herunter. Er ist der „heilige Feigenbaum", „der seine Wurzeln im Himmel hat und dessen Zweige sich über die Erde erstrecken."[1)]

Mehr als tausend Jahre sind es nun her, seit diese Seele sich von ihrer irdischen Erscheinung trennte. Als sie das Erdenleben verließ, da legte sie von ihren irdischen Gewändern eins nach dem anderen ab, jetzt nimmt sie dieselben wieder auf. Denn auch die niederen Grundteile, das *Fleisch* (Kama Manas, Astralkörper) feiern ihre Auferstehung, wenn auch der zu bewohnende physische Körper ein anderer ist. So wie die Eichel im Erdboden gerade diejenigen Elemente aufnimmt, welche sie nötig hat, um ein Eichbaum zu werden, so nimmt die Seele des Menschen bei ihrer Wiederverkörperung diejenigen Elemente aus dem Astrallichte auf, welche ihrem Charakter entsprechen.

Denn in ihr selbst sind die Samen der Früchte enthalten, die sie in ihrem letzen Dasein getragen hat, und diese bilden die Anziehungspunkte des Materials für ihre neue Umhüllung. So kommt sie mit ihren vorherigen Talenten und Neigungen wieder in diese Welt. Die dem Menschen eingewurzelten Tendenzen und Neigungen ziehen ihn an eine Familie an, die seinem Charakter, seinem Karma, entspricht. In seinem früheren Dasein war dieser Mensch vielleicht ein Herrscher, aber da er als solcher alles hatte, was er wollte, keinen Widerspruch fand und deshalb keine Gelegenheit hatte, Selbstbeherrschung zu üben, war er sittlich verkommen, und eine sittlich verkommene Familie ist es, zu der ihn das unabänderliche Gesetz der Harmonie des Weltalls anzieht.

In dem Winkel eines verrufenen Quartiers einer Großstadt wird in einer Bettlerfamilie ein Kind geboren. Niemand weiß, woher diese Seele kam, niemand kennt den Herrscher, den sie früher belebte. Auch das Kind weiß es nicht. Es lächelt freundlich, weil es noch die Nachklänge seines Daseins im Himmel fühlt, aber bald verwandelt sich seine Freude in Leid.

Statt der Milch erhält es Branntwein, wodurch sein Gehirn verkümmert wird, unter Schelten und Schlägen wächst es auf und wird zum Betteln und Stehlen erzogen. Das Kind wird ein Mann. Er kennt nicht die in ihm gekreuzigte Seele, weiß von nichts als von seiner eigenen Tiernatur. Die Befriedigung seines Hungers und seiner tierischen Leidenschaften sind sein höchstes Ideal.

1) Siehe Bhagavad Gita, 15:1

Nun beginnt eine Reihe von Verbrechen, welche nicht er, sondern die Zivilisation durch ihn begeht. Die Gesellschaft, welche ihn verdammt, trägt den größten Teil der Verantwortlichkeit für das, was er tut. Zwar leidet die in ihm gebundene Seele, aber er schiebt seine Unzufriedenheit, sein Missbehagen äußeren Umständen zu, die er nun auf seine Art zu verbessern trachtet. Wie sollte er auch das Leiden der Seele erkennen, hat ihn ja doch die Wissenschaft soweit aufgeklärt, um ihn glauben zu machen, dass der Mensch keine Seele habe, sondern nur eine verbesserte Auflage des Affengeschlechts sei? Von einem dauernden Ich war dabei niemals die Rede.

Ausgestoßen von der Gesellschaft, wird er ein Feind der Gesellschaft. Er erblickt in den Wohlhabenden seine Unterdrücker, in den über ihm Stehenden seine Tyrannen. Da er selbst zum Betrüger geworden ist, so ist ihm die ganze Welt nichts als ein großer Betrug.

Durch *Strafen* wird sein Gemüt verhärtet, er lernt dabei nichts als das Rachegefühl.

Da kommt er vielleicht mit anderen Leidensgefährten zusammen, und bei irgendeinem Anlasse erfährt er einen Zug wahrer Menschlichkeit. Diese Erfahrung wirkt in ihm eine größere Veränderung, als alle Moralpredigten und Strafen es zu bewirken imstande waren. Er erkennt einen Lichtblick seiner eigenen besseren Natur, der ihn zum Nachdenken bringt. Der magische Zauber des guten Beispiels hat ihm den Weg der Selbstbeherrschung gezeigt. Er erkennt die Abscheulichkeit der Verbrechen, welche er zwar ausführte, aber deren moralischer Urheber die Gesellschaft war, die ihn verkehrt erzog und verkehrt behandelte. So wird er durch seine Erkenntnis erhoben, und aus dem Tier, das als Mensch ein Nichts war, kann ein Mensch werden, der, wenn er von der Erde Abschied nimmt, auf ihr seine Torheit zurücklässt und wieder in den Himmel eintritt, um ein höheres Dasein zu genießen. Sind dort die Kräfte erschöpft, welche er im materiellen Dasein gesammelt hat, so tritt er von Neuem in dieses ein. So dreht sich das Rad so lange, bis der Mensch zur Erkenntnis der Wahrheit gekommen ist. Diese Erkenntnis führt den Menschen zu Gott. In seinem innersten Grunde steht der Mensch in Gott, und wenn er sich darin erkennt, so ist er in Gott, eins mit Gott und Gott selbst, weil zwischen ihm und Gott kein Unterschied ist. So wird aus dem Dinge, das kein Mensch war, ein Mensch, und aus dem Menschen ein Gott.

Der eigentliche Mensch (Atma - Buddhi - Manas) ist ein Bewohner des Himmels, sein Reich ist die ganze Welt. Der irdische Mensch (Kama - Manas) ist ein Bewohner der Erde, sein Reich ist die Rolle, die er in einem kurzen Dasein spielt. Der eine ist ein Sohn des Lichtes, der andere ein Erzeugnis der

Dunkelheit (der Materie und der Nichterkenntnis). Beide Gegensätze sind in diesem Leben zu einem Ganzen vereinigt, und deshalb findet zwischen beiden ein beständiger Kampf ums Dasein statt, in welchem stets der eine siegt und der andere untergeht. Der Sohn des Lichtes gelangt zur höheren Erkenntnis seiner eigenen Lichtnatur, indem er den Gegensatz der Dunkelheit kennenlernt. Der Sohn des Erdgeistes lernt dabei nichts, denn da er kein Licht in sich hat, kann er auch keines erkennen.

Der Sohn des Lichtes ist mit der Wahrheit verbunden, der Sohn des Erdgeistes ist eine Täuschung, ein Nichts. Er hat kein wahres Selbstbewusstsein, er ist nur eine Form, in welcher die Natur zum Bewusstsein kommt. Durch ihn empfindet sie, tut ihren Willen kund, handelt und denkt. Der Sohn der Erde ist Erde, der Sohn des Lichtes die Pflanze, welche aus dem Lichte ihre Nahrung zieht.

Beide Naturen lassen sich niemals vereinigen. Nur dadurch, dass die eine zu Nichts wird, wird die andere alles. Wie ein Tier sich niemals so veredeln kann, dass ein Mensch daraus wird, so kann sich auch das verkehrte *Ich* im Menschen, wäre es auch noch so klug, nie so veredeln, dass es sein wahres Ich wird. Seine Verkehrtheit muss aufhören, ehe das Wahre in ihm geboren werden kann, und wenn das Wahre in ihm geboren wird, so hört die Verkehrtheit auf.

Die Wahrheit, das Licht, muss die Täuschung, die Dunkelheit, überwinden, ehe es sich in ihr offenbaren kann, und offenbart sich das Licht, so ist es mit dem Dunkel zu Ende. Soll das Licht sich aus dem Dunkel entwickeln, so muss es darin im Prinzip enthalten sein. Wäre es nicht darin enthalten, so könnte es nicht in ihm zum Vorschein kommen oder offenbar werden. Soll sich ein Mensch aus einem menschenähnlichen Tiere entwickeln, so muss die Erkenntnis der Menschenwürde in ihm enthalten sein und sich in ihm offenbaren. Soll aus einem Menschen ein Gott geboren werden, so muss die Gottheit in ihm ins Leben treten und zur Selbsterkenntnis gelangen.

Wäre der Körper des Menschen unsterblich, so bedürfte es nur einer einzigen Inkarnation, um die Seele darin zur vollen Entwicklung ihrer Kräfte und zur Gotteserkenntnis zu bringen. Aber infolge unseres Strebens nach dem Materiellen und Sinnlichen sind wir selbst so materiell geworden, dass unser Körper die Eigenschaften des Materiellen angenommen hat und Alter, Krankheit, Zersetzung und Tod unterworfen ist. Der Augenschein lehrt uns, dass die Seele (das Ich) der Lebenskraft in einem noch kräftigen Körper bedarf, um sich harmonisch zu entwickeln. Ist die Form unbrauchbar geworden, so schafft der Geist eine neue.

... Das Alte stirbt,
Und neues Leben blüht aus den Ruinen. (Schiller)

Wer möchte sich wohl nicht gern zu einem göttergleichen Dasein erheben, ohne deshalb der sinnlichen Lust zu entsagen? Der ins tierische Leben geborene Mensch möchte ins göttliche Dasein geboren werden. Da aber aus einem Tiere kein Gott entstehen kann, so haben wir es vor allem mit der Evolution eines natürlichen Menschen zu tun.

Der Mensch ist nur dann *natürlich*, d. h. seiner menschlichen Natur gemäß beschaffen, wenn in ihm die Eigenschaften, durch welche sich die Menschheit vom Tierreiche unterscheidet, offenbar werden. Die Menschheit im Menschen ist für ihn und für alle ein Nichts, solange sie nicht in ihm offenbar wird. Aber in jedem Menschen ist dieses Prinzip — vergleichbar mit einem in der Erde schlummernden Samen — enthalten und kann durch die richtige Pflege zur Entfaltung gebracht werden. Wenn es sich entfaltet, so wird aus einem unnatürlichen oder widernatürlichen Menschen ein natürlicher Mensch, und je mehr sich dieses Bewusstsein entfaltet und ausbreitet, umso mehr wird es eins mit der einen Menschheit als Ganzes, bis es schließlich in seinem Empfinden, Wollen und Wahrnehmen die ganze Menschheit umfasst. Dadurch tritt der Mensch aus der Sphäre des Egoismus heraus, und was das Interesse der ganzen Menschheit ist, ist dann sein eigenes.

Ein Mensch, der unmenschlich denkt und handelt, ist noch kein natürlicher Mensch, denn er handelt nicht dem Gesetze der Menschlichkeit gemäß. Solange das Gefühl der wahren Menschenwürde nicht in ihm erwacht, ist er nur ein menschenähnliches Tier, selbst wenn er noch so scharfsinnig ist. Intellektuelle Fähigkeit allein liefert noch keine Moral und bringt keinen Menschen zustande. Viele Tiere übertreffen die Menschen an Klugheit, die größten Verbrecher sind oft sehr erfinderisch, und unter den Narren findet man oft gute Logik, die aus verkehrten Begriffen Schlüsse zieht, die an sich selbst richtig sind, bei denen es aber an einer wahren Grundlage fehlt. Ohne die Selbsterkenntnis des Wahren kann ein eingebildeter *Übermensch* wohl ein großer Narr werden, aber ein natürlicher Mensch wird er erst dann, wenn sein Eigendünkel vergeht.

Dieses Gefühl für das Ganze im einzelnen zu erwecken und zu pflegen, bis es zur wahren Erkenntnis wird, sollte das Ziel unserer Weltverbesserer sein, da nur hierdurch ein dauerndes und allgemeines Glück geschaffen werden kann. Ein Frieden, der im gegenseitigen Selbstinteresse geschlossen ist, wird gerade so lange dauern, als das Interesse des einen das des anderen nicht überwiegt. Eine Ruhe, die auf Furcht vor den Folgen der Unruhe beruht, ist ein

Stillstand, in welchem kein Fortschritt stattfindet. Eine Moral, die auf Heuchelei gegründet ist, ist ein Geschwür, das umso mehr nach innen eitert, als dem Eiter der Austritt nach außen verschlossen ist.

Wie im Kleinen, so ist es im Großen, und wie im Großen, so ist es im Kleinen. Wie in der äußeren Natur ein beständiger Kampf der Elemente stattfindet und unter den Tieren das Recht des Stärkeren herrscht, so findet auch im Innern ein Kampf uns Dasein statt. Die Habsucht möchte dieses und jenes, aber der Geiz verhindert den Ankauf, die Furcht vor Entdeckung den Diebstahl. Der Zorn lodert auf, aber die Feigheit hält ihn zurück. Der Neid krümmt sich vor Schmerz über das, was ein anderer hat, aber die Eitelkeit wirft eine Decke darüber, damit es niemand sieht. Der Geiz weigert sich, ein Almosen zu geben, aber die Prahlsucht zwingt ihn zur Verschwendung. Der Narr möchte gern vernünftig werden, aber die Mode hält ihn zurück.

Alle diese Eigenschaften sind keine Menschen-, sondern Naturkräfte, die im Menschen zum Bewusstsein oder zur Empfindung kommen. Es ist im Kleinen wie im Großen ein Kampf zwischen verschiedenartigen Tieren, die in einem Käfig beisammen sind, es findet dabei kein Fortschritt, keine Entwicklung statt. Eine Leidenschaft kann eine andere umwandeln, gerade so, wie man Wärme in mechanische Kraft oder Elektrizität in Lichterscheinung umwandeln kann, aber es kommt dabei nichts Neues und Besseres heraus, es kann sich keine Vernunft aus der Unvernunft erzeugen.

Ist aber Vernunft in einem Wesen enthalten, so kann sie darin offenbar werden, und sie wird dadurch offenbar, dass die Unvernunft verschwindet. Die Vernunft ist aber für alles, das unvernünftig ist, ein Nichts. Sie existiert für uns erst dann, wenn sie aus dem Nichtsein in das Sein, aus dem Nichtoffenbaren in die Offenbarung, aus dem uns Unbewussten in unser Bewusstsein tritt. In sich selbst ist sie das, was sie ist und ewig war und ewig sein wird, ein Zustand, der nicht von etwas, das keine Vernunft hat, erzeugt werden kann.

Es gibt keinen anderen Erlöser, durch den der Mensch aus der Tierheit zur Menschheit gelangen kann, als die Erkenntnis, keinen anderen Weg, um aus der Unvernunft zur Vernunft zu gelangen, als die Vernunft. Ein Narr, der sich einbildet, weise zu sein, wird dadurch nur noch ein größerer Narr und hindert sich, weise zu werden. Niemand kann Weisheit im Narren, Vernunft im Unvernünftigen erschaffen oder entwickeln. Man kann nur die Hindernisse hinwegräumen, welche ihre Offenbarung verhindern.

Ein Mensch, der sich einbildet, ein Gott zu sein, schafft sich dadurch nur ein eingebildetes Götzenbild. Er kann dadurch vielleicht ebenso glücklich sein als ein Narr, der sich einbildet, ein König zu sein aber sein Aufenthalt in seinem Narrenparadiese dauert nur so lange, bis der Wahn wieder verschwindet.

Man kann aus einem Tiere keinen Menschen machen, indem man das Tier glauben macht, dass es ein Mensch sei. Erst wenn der Mensch sich seiner Menschheit bewusst wird, ist er in Wahrheit ein Mensch und kann sich vom Tiere erlösen. Nur in dem Grade, in dem sich die wahre Menschheit in ihm offenbart, kann er den Glauben an das Menschsein empfinden. Er muss ein Mensch werden, ehe er sich in Wahrheit bewusst sein kann, ein Mensch zu sein.

Niemand als derjenige, welcher, sei es auch nur einmal für einen Augenblick, das Gefühl der wahren Menschenwürde in sich empfunden hat, kann wissen, was es heißt, ein wirklicher Mensch zu sein. In einem solchen Augenblicke ist er nicht mehr eine vom Wahne des Sonderinteresses beschränkte Person, sondern ein Wesen, dessen Körper die Menschheit ist, dem das Interesse des Ganzen am Herzen liegt und der sein eigenes kleinliches Dasein als Einzelerscheinung darüber vergisst. Rückert sagt:

> Die Ewigkeit umfasst die Ewigkeit allein;
> Was in dir Ew'ges denkt, das muss unendlich sein.
> Unsterblichkeitsgefühl im Menschen war erwacht,
> Sobald nur seinen Gott unsterblich er gedacht.
> Mocht' er im Gegensatz zum Gott sich sterblich nennen,
> Sein eignes Göttliches konnt' er von Gott nicht trennen.
> Doch als den Göttern er Gestalt und Leib gegeben,
> Zu Menschen sie gemacht, die nur viel länger leben,
> Da ward Unsterblichkeitsgefühl, aus ihm entschwunden,
> Mit körperlosem Gott erst wieder klar empfunden.

Jeder *Mensch* ist ein Wesen, welches dazu bestimmt ist, dass die Menschheit sich in ihm offenbaren soll. Wäre sie in den Menschen offenbar, so würden sie sich alle als ein einziges Ganzes ohne Sonderinteressen erkennen. Es gäbe dann keine Lügner und Betrüger, keine Scheinheiligen und Heuchler, keine großen und kleinen Diebe, keine anarchistischen Narren mehr. Man würde dann nicht mehr die Namen *Liebe, Gerechtigkeit, Uneigennützigkeit, Wahrheit, Gott, Glaube,* usw. missbrauchen, sondern man würde den wahren Sinn dieser Worte verstehen lernen und danach handeln. Solange dies nicht geschieht, können äußerliche Mittel auch nichts anderes als äußerliche Wirkungen zur Folge haben. Die Offenbarung der Menschheit im Menschen selbst ist die einzige Kraft, die ihn aus dem Unmenschlichsein erlöst.

Ebenso wie das Verhältnis zwischen dem Tiere und dem Menschen, so ist es auch zwischen dem Menschen und Gott. Eine Million gottloser Menschen könnten in zehntausend Jahren keinen Gott zuwege bringen, der etwas anderes als ein Erzeugnis ihrer eigenen Vorstellung wäre. Ist aber der Keim zum Gottesbewusstsein im Menschen enthalten, so offenbart sich das Göttliche in ihm von selbst, sobald das Ungöttliche verschwindet und Gott in ihm offenbar wird. Wie die menschliche Erscheinung ein Ding ist, in welchem das wahre Wesen der Menschheit zum Ausdruck gelangen und offenbar werden soll, so ist der wahre Mensch ein Wesen, in welchem die Gottheit zum Vorschein kommen und das Ideal zur Wirklichkeit werden soll. Dazu gibt es kein anderes Mittel als die Gotteserkenntnis. Gott erkennt sich im Menschen erst dann, wenn der Mensch sich in ihm erkennt. Dadurch tritt der Mensch aus dem Menschenbewusstsein in das Gottesbewusstsein über. Erst dann erkennt er sich selbst. Dann ist er aber auch in seinem Bewusstsein keine Person mehr, sondern über *sich selbst* und alles erhaben, die Welt der Täuschungen ist für ihn nicht mehr vorhanden, er *lebt* nicht mehr, er ist, was er ist. Es gibt keine Worte, um dasjenige zu beschreiben, was niemand fassen kann als das Unendliche selbst.

Ehe ein Mensch ein guter Christ werden kann, muss er zuerst ein wahrer Mensch werden, sonst ist er nichts als ein Heuchler und Egoist. Ehe der unnatürliche Mensch zur Erkenntnis seiner Gottheit gelangen kann, muss er zur Erkenntnis seiner Menschheit gelangen. Darin besteht der große Fehler mancher Leute, dass sie einen Sprung vom Tiere zum Gott machen wollen und die Menschheit dabei zu übergehen suchen. Sie wollen aus einem Tiere einen Gott machen, unterdrücken dabei die Menschheit, und es wird ein Teufel daraus. Sie wollen das teure, beschränkte, illusorische *Selbst* vor dem Untergange retten, und doch besteht die Errettung gerade darin, dass diese Illusion im Lichte der Wahrheit verschwindet. Sie wollen die Erlösung von äußerlichen Dingen, von erbettelten Gunstbezeugungen, dem Verschleiß von Gnadenmitteln usw. abhängig machen, und verhindern dadurch, dass der einzige wahre Erlöser, die innerliche Gotteserkenntnis, in ihr Herz einzieht. Sie hängen sich an äußerliche *Offenbarungen* und verhindern die Offenbarung der Wahrheit im Bewusstsein des Menschen selbst, indem sie diese Wegweiser zur Erkenntnis für die Erkenntnis selbst halten.

Die in der Bibel und anderen mystischen Werken enthaltenen Erklärungen waren niemals für das Verständnis der großen Menge geschrieben, welche zu deren Verständnis nicht die nötige Vorbereitung hat. Sie müssen eher mit dem Herzen als mit dem Gehirn verstände begriffen werden. Der Kopf ohne Herz sieht alles verkehrt. Weder das geweihte Kerzenlicht einer Kirche, noch das Irrlicht der auf Nichterkenntnis beruhenden Logik kann das Licht der Wahrheit beleuchten, die Wahrheit beleuchtet sich selbst.

Die Erzählungen der Bibel, der Veden usw. sind Allegorien, in welchen tiefe religiöse Wahrheiten sinnbildlich dargestellt sind. Wer in ihnen nur das äußere Gewand betrachtet, der hindert sich dadurch selbst, ihren tiefen Sinn zu erkennen. Auch handelt es sich nicht darum, dass jeder sich diese Allegorien willkürlich auslegt, so wie es ihm seine Fantasie eingibt. Diese Erzählungen sind alle insgesamt äußerliche, symbolische Darstellungen von Vorgängen, die im geistig erwachenden Menschen selbst innerlich stattfinden. Finden diese Vorgänge in uns statt, so ergibt sich die Auslegung der Bilder von selbst. Auch sind sie nicht da, um erklärt zu werden, damit die Neugierde befriedigt wird, denn gerade dadurch verlieren sie ihren Zweck, welcher darin besteht, den Menschen zum eigenen Nachdenken zu bewegen und in ihm ein höheres Gefühls- und Gedankenleben ins Dasein zu rufen. Was würde man von einem Menschen halten, der z. B. Andersens Märchen nicht verstehen könnte, ohne dass man ihm einen Kommentar dazu schreibt, oder von einem Tölpel, der in einer Gemäldesammlung kein Bild begreifen kann, ohne dass man darunter schreibt: „Dies ist eine Landschaft, dies eine Figur, usw.“ Es ist keine Zurücksetzung der Bibel usw., wenn man sagt, dass die darin enthaltenen Dinge nicht als historische Tatsachen der Vergangenheit anzusehen sind, sondern ewige Wahrheiten, die sich heute noch täglich ereignen, und deren Dasein ein jeder in sich selber beobachten kann, sobald er diejenige Stufe der geistigen Entwicklung erlangt hat, auf welcher diese Dinge in ihm selbst offenbar werden. Die Form ist stets eine Täuschung, wenn man den darin enthaltenen Sinn nicht erkennt. Ein Bild ist nur die sinnbildliche Darstellung einer Tatsache, aber nicht die Tatsache selbst. Ein Märchen ist deswegen nicht erlogen, weil die darin enthaltenen Ereignisse nicht äußerlich stattfinden konnten. Eine Theatervorstellung ist deshalb kein Betrug, weil die darin auftretenden Personen sich nicht wirklich umbringen oder heiraten.

Aber es nützt uns nichts, zu glauben, dass dem Tobias durch einen Schwalbenkot die Augen sehend wurden, solange unsere eigenen Augen durch eine verkehrte Meinung geblendet sind, oder dass der Geist durch Balaams Esel sprechen konnte, solange in uns selbst die Stimme des Tieres das Wort Gottes im Herzen übertönt. Was hilft es mir, zu glauben, dass ein Gott vor alten Zeiten für mich an ein Kreuz genagelt worden sei, wenn mich diese Eingenommenheit hindert, den in mir gerade jetzt gekreuzigten Gottmenschen zu erkennen? Mit diesen Ansichten stimmen auch die größten christlichen Mystiker überein. So sagt z. B. Johannes Schettler (Angelus Silesius):

Wird Christus tausendmal zu Bethlehem geboren
Und nicht in dir, so bleibst du stets verloren.
Das Kreuz von Golgatha kann dich nicht von dem Bösen,

Wenn's nicht in dir errichtet wird, erlösen.
Es nützt dir nichts, dass Christus auferstanden,
So du noch liegst in Sünd' und Todesbanden.
Du musst Maria sein, und Gott in dir gebären,
Soll er dir ewiglich die Seligkeit gewähren.

Der Protestantismus wurde durch verschiedene Gebrechen in der katholischen Kirche ins Leben gerufen. Man wehrte sich gegen die Übergriffe des Klerus und protestierte gegen die Missbräuche, welche mit der Religion getrieben wurden. Man fing damit an, gegen dasjenige zu protestieren, was der Vernunft widersprach, und endete damit, gegen alles zu protestieren, was dem grübelnden Menschenverstande mit seinen verkehrten Anschauungen nicht auf den ersten Anblick begreiflich war. Der Kopf trat an die Stelle des Herzens, der Wahn an die Stelle des Gefühls. So kam man darauf, gewisse Lehrsätze und Hypothesen aufzustellen, und in diesen besteht der kirchliche Glaube. Damit hört aber alles eigene Denken auf. Der Geist hängt am Irrlicht der vorgeschriebenen Meinung, und das Licht der Erkenntnis findet in ihm keinen Raum. Man überliefert sich dem Spiele der Fantasie und glaubt sein Heil in dem Fürwahrhalten von Dogmen zu finden. Man stellt die Form über das Wesen, und der Mensch stellt sich dabei über Gott, die Null vor die Eins. Anstatt das Licht in sich leuchten zu lassen, sucht man sich ein Bild dieses Lichtes zu machen und tappt dabei ewig im Finstern herum. Man streitet sich darum, ob diese oder jene Meinung die richtige sei, obgleich es sich doch gar nicht um Meinungen handelt — seien sie richtig oder nicht —, sondern um die Erkenntnis, welche nur dann eintritt, wenn die Wahrheit im Menschen offenbar wird.

Was sollen wir tun, um zur wahren Erkenntnis zu gelangen? Die Antwort darauf ist höchst einfach. Sie findet sich in Tausenden von Büchern gedruckt, und alle *heiligen Schriften* enthalten sie, wenn man sie nur richtig versteht. Rückert drückt sie in folgenden Worten aus:

Am Dinge zweifeln kannst du, was und ob es sei;
An deinem Ich fällt dir gewiss kein Zweifel bei.
Dies ist der Ausgangspunkt: Sei deiner nur gewiß!
Zu allem Wissen kommst du so ohn' Hindernis.
Die Weisheit des Brahmanen

Das Ich, an dem wir festhalten sollen, ist aber nicht das täuschende, falsche Ich, noch irgendein eingebildetes Ich, sondern das wahre Ich. Dieses Ich ist im Menschen das Menschliche, die Menschheit selbst. Gelingt es uns, an diesem Selbstbewusstsein der Menschheit in uns festzuhalten, dann werden wir auch nichts tun, das einem anderen zum Nachteile ist, da wir die ganze

Menschheit als unser wahres menschliches Ich erkennen. Ohne dieses Menschheitsbewusstsein ist die menschliche Erscheinung kein Mensch und die Menschheit in ihm ein Nichts. Gelingt es uns, dieses Menschheitsgefühl in uns ins Dasein zu rufen, so haben wir aus dem Nichts ein Etwas geschaffen, mit anderen Worten, wir sind selbst aus dem Nichts etwas geworden, weil die Menschheit sich in dem, was vorher kein Mensch war, geoffenbart und es dadurch zum Menschen gestempelt hat.

Ist einmal aus einem widernatürlichen Menschen ein natürlicher, wahrer Mensch geworden, dann kann auch das göttliche Dasein mit den ihm zugehörigen magischen Kräften in ihm offenbar werden. Dann bedarf er keiner Wiederverkörperungen mehr, um etwas zu lernen, dann braucht der Geist Gottes kein Haus mehr zu bauen, um in ihm zu wohnen und einen Menschen zu schaffen. Die Verwandlungen sind vorüber, sobald der Mensch sein wahres Wesen erkennt. Hierzu bedarf es vielleicht vieler Jahrtausende und zahlloser Reinkarnationen, aber das große Werk kann auch in einem Augenblicke geschehen. Denn sobald die Wolke des Irrtums verschwindet, leuchtet die Sonne der Weisheit klar. Die Erkenntnis der Wahrheit ist die Erlösung vom Irrtum. Wer eins mit dem Lichte der Wahrheit geworden ist, der ist eins mit dem Wesen, das alles erschafft. Für ihn gibt es keinen Tod und keine Veränderung mehr, er hat den Sieg über die Materie errungen. Die Form beherrscht ihn nicht mehr, denn er erkennt sich selbst als den Baumeister, der die Gefängnisse baute, in denen er wohnte. Er ist frei. Dann kann er mit Gautama Buddha sagen:[1)]

Zertrümmert ist das Haus, der First entzwei;
Der Schein nur formte es!
Heil schreit' ich fort — Befreiung ist mein Teil.

Gott ist die Freiheit selbst, er baut keine Gefängnisse und sperrt niemanden ein. Der Geist der Natur bildet Formen, und unser eigener Irrtum schließt uns ein. Der Eigendünkel und der Eigenwille sind die Mauern, die uns gefangen halten und die von uns selbst gemachten Ketten, die uns binden. Die Erlösung liegt in uns selbst, im Licht der Wahrheit, im Lichte der Welt.

1) Edwin Arnold, „Die Leuchte Asiens".

Mehr Licht

Und Gott sprach: Es werde Licht! und es ward Licht.
Moses I.

Zehn ist die Zahl eines mit Gott verbundenen Menschen. Eins ist die Gotteszahl, der Mensch ohne Gott ist eine Null. Wenn die Eins in der Null offenbar wird, so leuchtet im Menschen das Licht, und er wird dadurch selber zu einem einheitlichen Wesen. Elf ist die Zahl der Erkenntnis, die Zahl des Lichtes, in ihr erkennt der Mensch die Einheit seines göttlichen Selbst. Der Mensch, der in seinem Ursprünge göttlich war, stieg in die Tierheit herunter und vergaß seine Gottheit. Er wurde wieder ein Mensch, indem sich die Gottheit mit ihm verband. Jetzt kann er Gott werden dadurch, dass sich die Gottheit in ihrer Einheit in ihm als sein göttliches Ich offenbart.

Das göttliche Selbst aber wäre nicht göttlich, wenn es nicht vollkommen und frei, sondern in Zeit und Raum beschränkt wäre. Wie der natürlich gewordene Mensch sich als eins mit der ganzen Menschheit erkennt, und deshalb doch noch in der Erscheinung eine für sich bestehende Einheit ist, so ist der Gottmensch eins mit der Gottheit und erkennt sich als eins mit ihr, mit dem *Vater im Himmel*, d. h. im Selbstbewusstsein der Unendlichkeit, ohne deshalb aufzuhören, eine von anderen Menschen verschiedene Individualität zu besitzen. Oder, mit anderen Worten, er hört nicht auf, ein Individuum zu sein, welches sich im Ganzen als das Ganze erkennt. Seine höheren Prinzipien gehören der Gottheit an, die überall allgegenwärtig ist. Das, was von seinen niederen Prinzipien noch in Tätigkeit ist, gehört der Person, der Erscheinung, der Erde an und ist als eine Form in Zeit und Raum beschränkt und an die Erde gebunden. Dieses Erdgebundene ist aber nicht er, sondern nur sein irdisches Werkzeug, das er als solches erkennt und benutzt.

Das Tier muss im Menschen sterben, damit sich die Menschheit in ihm offenbaren und er in Wahrheit ein Mensch werden kann. Aber auch die Menschennatur muss im Menschen überwunden werden, wenn die Gottheit in ihm offenbar werden soll.

Es steht geschrieben: „Wer mir nachfolgen will, muss Vater und Mutter verlassen." — Damit ist gemeint, dass die Seele des Menschen, welcher den Wahn seiner Selbstheit verlassen hat und sich dem göttlichen Lichte nähert, innerlich nicht mehr an die Beziehungen gebunden ist, die seine Person mit der übrigen Welt verbinden. Jesus sagt zu seiner Mutter: „Weib, ich kenne dich nicht.“ Das Licht der Seele ist *Jesus*. Es ist nicht aus der irdischen Natur, nicht aus deren Lichte (Maya), sondern aus dem himmlischen Lichte des Geistes Gottes geboren. Sein Vater ist Gott, und seine Mutter ist der Heilige Geist.

Diese Wahrheit, welche kein Mensch begreifen könnte, wenn er nicht in sich selbst das geistige Licht hätte, ist im Symbole des Kreuzes sinnbildlich dargestellt.

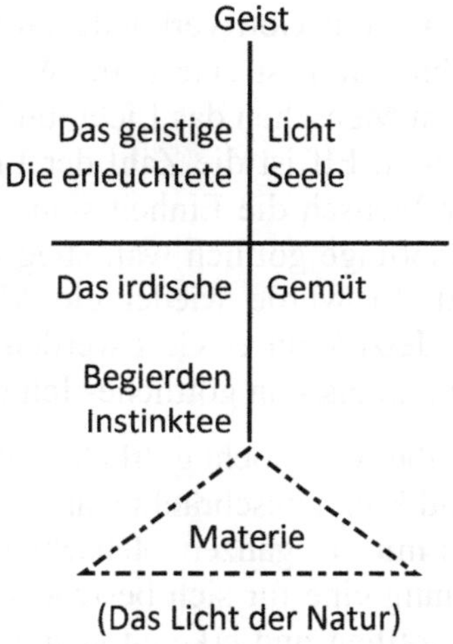

Der Mensch selbst ist das Kreuz, und er ist auch selbst derjenige, der daran genagelt ist, und es gibt für ihn keine andere Erlösung, als die Auferstehung im Geiste Gottes, im höheren Selbstbewusstsein, im Licht.

Er ist aus den vier Elementen geboren, was auch oftmals durch die auf Kruzifixen oben angebrachten Buchstaben I.N.R.I. angedeutet ist.

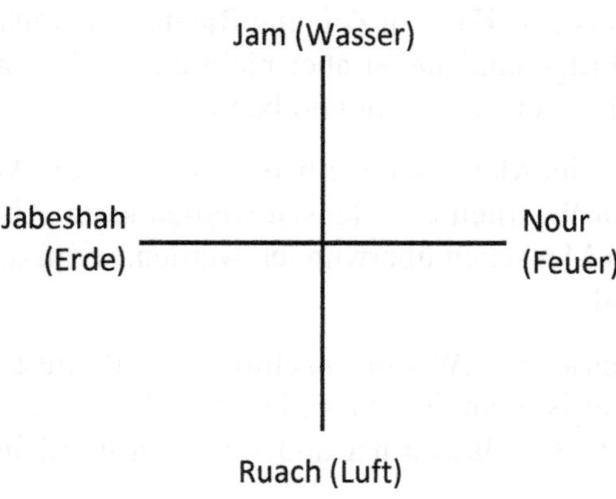

Er ist aber auch die *Gebetsmühle* der Buddhisten in Tibet, d. h. das sich ewig drehende Rad der Zeit: die *Swastika*.

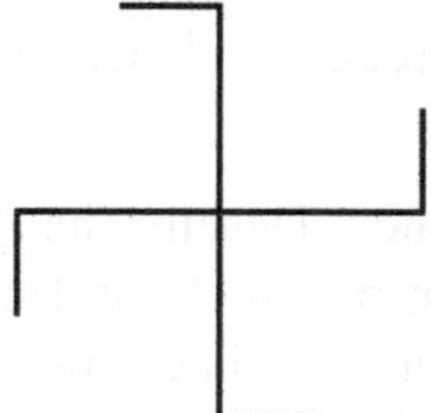

Er muss sich solange im Wirbel der Erscheinungen drehen, bis er endlich in sich selbst den Ruhepunkt findet. Er selbst ist der Tempel und die Kirche, die in den äußerlichen Kirchengebäuden symbolisiert ist. In ihm selbst ist das Heiligtum, er selbst ist das Opfer. Das Opferfeuer ist seine Liebe und derjenige, dem er opfert, sein wahres Selbst. Der Gott, den er anbeten soll, ist kein fremder Gott, weder seine eigene Person, noch die Person eines anderen, sei sie lebendig oder gestorben. Auch ist sie kein in ihm eingeschlossenes Wesen, sondern der eine Gott, der im Herzen von allen wohnt.

Das Göttliche in ihm, der wahre Teil seines Wesens, gehört dem Ewigen, Unendlichen, der untere irdische Teil, d. h. seine Erscheinung, dem Veränderlichen, Irdischen und Beschränkten an. Die Menschheit ist im Tiermenschen, die Gottheit im Menschen der Erde *gekreuzigt* und gebunden. Das Obere muss das Untere überwinden, wenn aus dem Tiere ein Mensch, aus dem Menschen ein Gott auferstehen soll. Die ganze Menschheit leidet, solange die Menschen unter der Herrschaft des Tieres sind, und die Gottheit in der Menschheit leidet mit ihr. Fragen wir, weshalb es so wenig Götter auf Erden gibt, so liegt die Antwort darin, dass es so wenige wirkliche Menschen gibt. Erst muss der Mensch aus dem Tiere auferstanden sein, ehe ein Gott aus dem Menschen geboren werden kann. Diese Erkenntnis ist das Licht, und dieses Licht ist er selbst. Wird dieses Licht im Menschen lebendig, dann erkennt es sich selbst im Menschen, und der Mensch erkennt sich in ihm. Ohne dieses Lebendigwerden der göttlichen Kraft im eigenen Innern gibt es keine Erkenntnis derselben, und deshalb ist sie für jeden, der sie nicht hat, ein Geheimnis.

Wer kann die Größe dieses Lichtes erfassen? Wenn wir uns in die Unendlichkeit des Raumes versetzen oder in einer wolkenlosen Nacht die zahllosen Sterne betrachten, von denen jeder vielleicht eine größere Welt als die unsere ist, die sicherlich auch lebende Wesen bewohnen, wie klein erscheint uns dann unser persönliches Ich mit allen seinen Leiden und Freuden, seinen Abneigungen und Neigungen, seinem Haben und Wissen! Wenn wir aber dann bedenken, dass der Geist Gottes im Weltall alles dieses aus sich selber hervorgebracht hat, dass dieser Geist auch unser innerstes, ewiges Selbst ist, wie groß erscheint uns dann der Mensch, dessen Daseinssphäre sich ins Undenkbare, Unendliche erstreckt, und der dazu berufen ist, an all dieser Herrlichkeit teilzunehmen.

Am Kreuze des irdischen Daseins hängt der zum Tode verurteilte Mensch. Der aufrechte Balken bedeutet das Herabsteigen des Geistes in die Materie und das Hinaufsteigen des Materiellen zum Geiste. Der horizontale Balken trennt das Obere vom Unteren. Mit seinem Körper schwebt der Gekreuzigte noch im Reiche des Materiellen, aber sein von Dornen gekröntes Haupt ragt zum Reiche des Geistes empor.

Dieselbe Wahrheit ist sinnbildlich durch das doppelte Dreieck dargestellt, von denen das eine das andere durchschneidet.

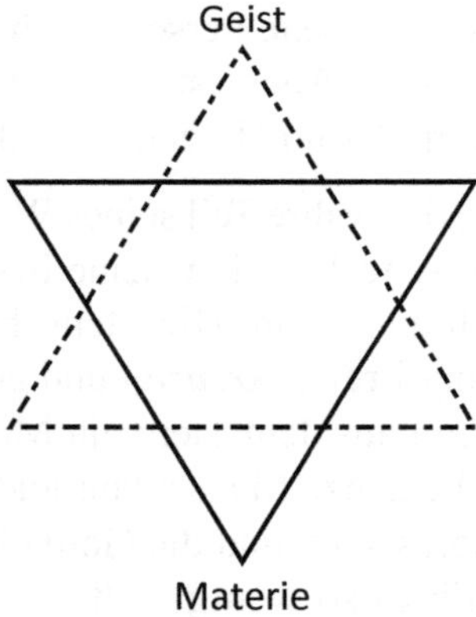

Das eine, dessen Spitze nach unten gerichtet ist, stellt den zur Materie herabsteigenden Geist, das andere, mit der Spitze nach oben, den aus der Materie zum Geiste emporsteigenden Menschen dar. Auch in dieser Figur ist das Hohe im Niederen gebunden, und das Niedere ringt nach Freiheit, indem es Zuflucht im Höheren sucht. Für denjenigen, der das, was diese Figur bedeutet, fühlt und begreift, ist in ihr die ganze Geschichte des Weltalls sowohl als des Menschen und seiner Erlösung enthalten. Sie sagt uns viel mehr, als sich mit Worten ausdrücken lässt. Der sichtbaren Punkte sind sechs, welche die Spitzen der Dreiecke bilden. Der siebente, der Mittelpunkt, ist nicht sichtbar. Das Licht der Erkenntnis beginnt erst dann, wenn der siebente, der Mittelpunkt zu leuchten beginnt.

Geistige Dinge bedürfen zu ihrem Verständnisse weniger der Klugheit als vielmehr der Intuition. Der im Dunkeln grübelnde Verstand kann dasjenige nicht fassen, was jenseits der Grenze des Intellekts, im Reiche der Anschauung und Verwirklichung liegt. Die Wahrheit ist das Wesen der Dinge, ihre Erkenntnis ihr Licht. Sie ist selbstleuchtend und bedarf keines anderen Lichtes, um beleuchtet zu werden. Wer dieses Licht nicht hat, kann sie nicht sehen. Wer die Sonne nicht sehen kann, wird sie auch mit der Laterne nicht finden.

Darin besteht die Verderblichkeit jenes krankhaften Mystizismus, den man überall in den Kirchen findet, dass die Menschen sich Gott gegenüberstellen und ihn als einen Gegenstand suchen, dessen man sich zu seinem Vorteile bedienen kann. Hierdurch erhält ihre Religion den Egoismus zur Grundlage, und das Zentrum eines solchen Systems ist der Teufel, d. h. diejenige Form des Willens, welche, um ihrem Selbsterhaltungstrieb zu genügen, kein Verbrechen und keine Grausamkeit scheut.

Ewig scheint das Licht in die Dunkelheit, aber wie sehr sich das Dunkel auch abmühen mag, das Licht zu begreifen, es kann es nicht fassen, denn das Licht ist das Verderben der Finsternis. Wo das Licht leuchtet, da stirbt das Dunkel. Deshalb hasst das Dunkel das Licht, und die Selbstsucht hüllt sich in das Gewand ihrer Nichterkenntnis und Täuschungen ein, damit kein Lichtstrahl der wahren Erkenntnis sie treffen kann. Der Egoist zieht sich in das enge Schneckenhaus seiner beschränkten Weltanschauung zurück, aber der Weise umfasst in Liebe das All, und sich selbst vergessend genießt er die Freiheit.

Man spricht in den Kirchen viel von der Ergebung in Gott und verbindet damit falsche Begriffe. Man stellt sich dabei eine höchst unangenehme Resignation in das Unvermeidliche vor, dem man sich zu fügen gezwungen ist. Aber die Dunkelheit kann dem Lichte nichts geben und doch noch Dunkelheit bleiben. Wenn sie im Lichte aufgeht, geht das Licht in ihr auf, und es verschwindet das Dunkel. Nur insoweit, als der tierische Selbsterhaltungstrieb sich selbst der Menschheit zum Opfer gibt, kann die Menschheit im Menschen zur Offenbarung kommen. Nur insofern, als der Mensch sogar seine Menschheit in Gott ergibt, kann sich Gott aus ihm gebären. Kein Mensch kann sein Selbst in Gott ergeben und doch noch *selbst* bleiben. Wo der Tiermensch aufhört, da fängt des Menschen Menschheit an, und wo der Mensch in seiner Selbstheit aufhört, da fängt des Gottmenschen Gottheit an.

Kein Mensch kann Gott etwas anderes schenken als dasjenige, was in ihm selbst göttlich ist, er kann vor seinem Altare nichts anderes opfern als das eigene Selbst. Er kann nur dadurch in das göttliche Dasein eingehen, dass in ihm der Wahn des Getrenntseins verschwindet. Er muss selbst himmlisch werden, um vom himmlischen Lichte erfüllt zu werden, er muss eins mit dem Ganzen werden, wenn er sich als das Ganze erkennen will. Die Ergebung in

Gott ist die Ergebung in das Licht, in die Freiheit und Seligkeit, ein Einswerden mit dem Lichte der Wahrheit selbst. Da tritt der Mensch vom Schauplatze ab und Gott in ihm auf. Dies ist die wahre Ergebung und das wahre Gebet.

Die Selbsterkenntnis ist das Licht, das sich selber begreift und kein anderes Licht nötig hat, weil in ihr die Dreiheit von Erkenner, Erkenntnis und Erkanntem eine Einheit, ein Ganzes ist. Deshalb ist auch kein wahres Erkennen möglich, ohne dass der Erkenner und das Erkannte eins in der Erkenntnis sind. Aus diesem Grunde kann sich das Tier keinen wahren Begriff vom wahren Wesen des Menschen machen, weil es kein Mensch ist, und der Mensch kann Gott nicht selber erkennen, weil er nicht selber Gott ist. Er erkennt die Gottheit erst dann, wenn sich die Gottheit in ihm erkennt, denn diese Gotteserkenntnis macht ihn zum Gott.

Der Mensch kann nur dann die absolute Wahrheit erkennen, wenn sie sich selber in ihm offenbart, und dann ist es nicht er in seiner Eigenheit, der sie erkennt, sondern sie selbst. Durch ihr eigenes Licht begreift sie sich selbst. Jede absolute Wahrheit versteht sich von selbst in ihrem eigenen Lichte, und wir nehmen daran teil, wenn dieses Licht in uns scheint. Dann treten wir in Beziehung zu diesem Lichte, aber das Absolute selbst ist nichts Relatives, und niemand kann es begreifen.

Was beziehungsweise wahr ist, ist auch beziehungsweise falsch.

Es gibt nur ein einziges Grundgesetz, aus dem alle Gesetze fließen, aber die Äußerungen dieses Gesetzes sind auf den verschiedenen Daseinsstufen verschieden. Das, was für das Tier Tugend ist, ist vielleicht im Menschen unmoralisch, und was dem Menschen allein angehört, existiert nicht in Gott. Wenn der Adler eine Schlange oder die Schlange eine Maus tötet, so ist dies kein Mord, denn es ist das Naturgesetz der Tiere, welche die Symbole der Leidenschaften im Menschen sind, dass eins das andere auffressen soll. Wenn aber der Mensch den Menschen oder ein Tier tötet, so offenbart sich in ihm seine Tiernatur, ja er steht dann noch unter dem Tier, weil er trotz seiner höheren Erkenntnis wie ein Tier handelt. Wohl kann niemand ein wahrer Mensch sein, ohne moralisch zu sein und seine Pflichten gegenüber seiner Familie, dem Staat und seinen Mitmenschen zu erfüllen, aber in Gott gibt es weder Moral noch Unmoral und keine Pflicht gegenüber irgendetwas anderem als Gott selbst, welcher in allem das Ganze ist. Denn es ist ja für ihn nichts *anderes* da, er selbst ist das Wesen und alles, er steht über allen Erscheinungen, Kreaturen und Formen mit allen ihren gegenseitigen Beziehungen und Wechselwirkungen. Die ganze Welt ist ja nur ein Schattenspiel an der Wand, durch den Schein seines eigenen Lichtes ins Dasein gezaubert.

Wer aber selbst ein Schatten in diesem Schattenspiel ist, und sich dabei einbildet, ein Gott zu sein, wer nicht selbst zum Lichte Gottes gekommen ist, der kann sich auch von dem göttlichen Dasein keinen wahren Begriff machen. Das Gottesbewusstsein tritt erst da ein, wo das menschliche Selbstbewusstsein endigt. Wo das menschliche Selbst nicht mehr ist, da gibt es für dasselbe auch keine menschlichen Tugenden und Laster, überhaupt keine menschliche Welt mehr, noch ist es für menschliche Dinge vorhanden. Wo der Mensch nicht für Gott vorhanden ist, da ist auch Gott nicht für den Menschen vorhanden. Der Mensch kann Gott keinen größeren Dienst erweisen, als indem er seinen Geist in seiner Seele wirken lässt. Schreie, heuchle, plärre, heule, bitte, singe, psalmodiere und lamentiere so viel du willst, die Gottheit kümmert sich nicht um dein illusorisches Ich, noch um dessen Tugenden oder Laster, Familien oder Staatsangelegenheiten, noch um irgendetwas, das auf dieses Ich irgendwelchen Bezug hat. Das Absolute kann nicht beschrien, bestochen, angepredigt, angejammert, belogen, befohlen, angebettelt, verlockt oder verleitet werden, dass es zu dir heruntersteige und relativ sei. Es weiß von dir ebenso wenig wie du von ihm. Solange du selbst gottlos bist, ist Gott für dich ein Nichts. Lässt du aber die Gottheit in dein Herz einziehen, dann bist du selbst der Sohn Gottes und eins mit dem Lichte, aber dann ist es auch mit deiner *Selbstheit* zu Ende, und die Angelegenheiten deines *ich selbst* gehen dich nichts mehr an, denn *du selbst* bist nicht mehr da, es ist nichts da als Gott, und er ist alles in sich selbst.

Ein Mensch, der ganz in sich selber versunken ist, für den ist nichts außer ihm da. Gott in seinem Innersten ist die ewige Ruhe, und es bewegt ihn nichts. Auch kann ein Mensch sich mit äußeren Dingen beschäftigen, ohne deshalb aus seiner Ruhe zu kommen oder sein Selbstbewusstsein zu verlieren. Desgleichen wird auch die ewige Ursache aller Dinge nicht in ihrer Ruhe gestört, wenn sich ihre göttlichen Kräfte (die Elohim) zum Schaffen bewegen. Auch die Sonne bleibt in ihrer Ruhe, obgleich ihr Licht überall Leben schafft. Wie die Sonne keine andere Beschäftigung hat, als ihre eigene Kraft durch die Welt— deren Zentrum sie ist — zu senden, und dadurch Wärme, Licht und Leben zur Offenbarung zu bringen, so hat auch die geistige Sonne des Universums nichts anderes zu tun, als ihre Liebe überall zu offenbaren, wo sie offenbar werden kann. Wie ein Mensch, der sich in einem Spiegel betrachtet, sich um den Spiegel selbst nicht bekümmert, sondern nur um sein eigenes Bild, das er im Spiegel erblickt, so ist auch der Mensch vor Gott ein Nichts, aber der Geist Gottes im Menschen ist alles in Gott. Gott ist selbst der Erkenner, die Erkenntnis und das Erkannte, aber er ist weder das eine noch das andere für den Menschen, solange im Menschen selbst diese Dreieinigkeit nicht entsteht und deshalb in ihm kein Erkennen stattfinden kann. Gott ist für alle da, sobald alle für ihn da sind. Er ist für den Menschen da, sobald der Mensch zur Selbsterkenntnis erwacht. Um sich selbst als Gott zu erkennen, muss der Mensch zu Gott werden. Dies geschieht dadurch, dass sich die Gottheit in ihm offenbart, und dann ist er auch kein Mensch mehr, sondern ein Gott. So bedingt jedes der Drei das andere, und es ist keines ohne das andere da. Es gibt keinen Erkenner ohne Erkenntnis, keine Erkenntnis ohne etwas Erkanntes, kein Erkanntes ohne Erkenner. Das einzige wahre Dasein besteht in der Selbsterkenntnis, in der Einheit der Dreiheit im Menschen. Alles andere ist nur Täuschung und Schein.

Wie könnte ich wahre Liebe besitzen, wenn ich nicht die Einheit des Wesens zwischen mir und dem geliebten Gegenstande empfinde? Um dies zu empfinden, muss der liebende Teil meines Wesens selbst diese Einheit, die Liebe, sein. Wie kann von wahrem Wissen die Rede sein, wo keine Erkenntnis der Wahrheit ist, da doch alles wahre Wissen auf Wahrheitserkenntnis beruht! Solange ich die Einheit des Wesens zwischen mir und dem Gegenstande meiner wissenschaftlichen Untersuchung nicht erkenne, kann ich auch über das wahre Wesen dieses Gegenstandes nichts wissen, und meine Wissenschaft beschränkt sich nur auf den Schein. Wie könnte ich andererseits irgendetwas hassen, sobald ich die Einheit des Wesens zwischen mir und dem Gegenstande meines Hasses erkenne, da ich dann doch begreife, dass das Wesen dieses Dinges mein eigenes ist, und dass ich es nicht hassen oder beschädigen kann, ohne mich selbst zu beschädigen? Und wie könnte es etwas geben, das ich nicht weiß, oder für das ich einen Beweis nötig habe, sobald ich mich selbst als die Einheit des Ganzen und alles in mir selber erkenne? Wäre der Mensch in allen Teilen seines Körpers selbstbewusst, so würde er auch alles erkennen, was in ihm selber ist. Wäre der Mensch sich seiner wesentlichen Einheit mit allen bewusst, so gäbe es keinen Kampf um das Dasein mehr. Jeder wüsste dann, dass das, was er vermeintlich einem anderen Wesen antut, er sich selber antut, und dass die Folgen seiner Taten oder Unterlassungen nach dem unabänderlichen Gesetze des Karma früher oder später auf ihn selbst zurückfallen.[1)]

---

1) Da es drei Daseinsebenen gibt, die unter dem Gesetze des Karma stehen, nämlich die physische, die psychische (astrale) und die geistige Daseinsstufe, während das göttliche Sein das Gesetz selber ist, und da diese drei Ebenen ineinander existieren, durcheinander wirken und aufs innigste miteinander verbunden sind, so erzeugen die Ursachen, welche auf der einen Ebene ins Dasein kommen, nicht nur auf dieser, sondern auch auf den anderen zwei Ebenen Wirkungen, welche neue Ursachen mit neuen Wirkungen im Gefolge haben. So findet eine fortwährende Wechselwirkung bis ins Unendliche statt. Ferner kommt in Betracht: 1. Die Absicht der Tat (das Motiv); 2. die Handlung (das Mittel zum Zweck); 3. die Tat selbst (das Produkt). Dazu kommt, ob der Beweggrund (der Wille) bewusst oder unbewusst, die Handlung absichtlich oder unabsichtlich, die Tat erfolgreich oder misslingen war, ober der Beweggrund aus einem oder dem anderen der drei Naturzustände (Gunas) entsprang, ob 1. aus der Erkenntnis (Sattwa), 2. der Begierde oder Leidenschaft (Rajas) oder 3. der Torheit und Dummheit (Tamas). Um die Folgen eines Wollens, Denkens

Durch den Schein des äußerlichen Lichtes der Sonne sind wir befähigt, die Formen der Natur wahrzunehmen und zu erkennen, was sie zu sein scheinen. Durch das Licht der Selbsterkenntnis der Wahrheit in uns erkennen wir unser eigenes wahres Sein. Wenn wir uns in einem finsteren Raume befinden, so sind die darin befindlichen Gegenstände für unseren Gesichtssinn nicht vorhanden, weil wir keine Sinnesorgane haben, um sie im Finstern zu sehen, und deshalb kann keine Vereinigung von Erkenner und Erkanntem und folglich auch keine Erkenntnis stattfinden. Wohl aber können wir diese Gegenstände fühlen, da uns der Gefühlssinn hierfür nicht fehlt. Alles Äußere ist aber ein Sinnbild des Inneren, und deshalb können wir in ihm das Abbild des Inneren sehen. Ist einmal das Licht der Erkenntnis in unserem Inneren aufgegangen, so sind wir selbst im Besitze der Wahrheit und können sie klar und deutlich erkennen. Solange unser inneres Auge aber noch nicht zu diesem Erkennen gekommen ist, können wir die Wahrheit nur innerlich fühlen, vorausgesetzt, dass auch dieser Sinn nicht abgestumpft ist. Diese Wahrnehmung geistiger Wahrheiten durch das Gefühl wird der Glaube genannt, und er verhält sich zur klaren Erkenntnis wie die Wärme zum Licht, die man auch fühlen aber nicht sehen kann. Ist einmal das Licht der Erkenntnis vorhanden, so hängt das Erkennen nicht mehr vom bloßen Empfinden ab, aber ohne diese Empfindung gibt es auch kein Licht, denn das Sehen selbst ist auch eine Empfindung, eine höhere Stufe der Wahrnehmung durch das Gefühl. Ein *Glaube*, der nicht aus dem Gefühle entspringt, ist ein Produkt der Vorstellung und folglich ein Hirngespinst.

Das Licht, das wir von einem anderen erhalten, ist nicht unser eigenes. Wir sollen die Wahrheiten, welche uns von anderen vorgestellt werden, weder verwerfen, noch sie für unser Eigentum halten, sondern sie prüfen, ob sie unserem eigenen Wahrheitsgefühl entsprechen. Die Meinungen anderer können nur dazu dienen, uns auf den richtigen Weg zu leiten, den wir selber gehen müssen, um zum Ziele zu kommen. Wie die Dinge, welche wir sehen können, unsere Aufmerksamkeit mehr anziehen als diejenigen, nach denen wir erst im Dunkeln tappen müssen, so finden wir uns auch mehr von äußerlich wahr-

---

oder Handelns oder der Unterlassung derselben vorauszuberechnen, dazu müsste man alle Umstände, die Konstitution des Weltalls und des Menschen, die gegenseitigen Beziehungen und die Gesetze der Wechselwirkungen zwischen beiden sowie die Gesetze der Reinkarnation und das vorhergehende Karma des Betreffenden genau kennen. Es ist da von keiner Belohnung oder Bestrafung die Rede, sondern von dem Gesetz von Ursache und Wirkung im Sinne der absoluten Gerechtigkeit, dem Grundgesetz allen Daseins in der Natur. Es ist aber auch nicht nötig, dies alles zu wissen, denn man soll das Gute nicht um des eigenen Vorteils willen tun, sondern weil es gut ist, und das Böse nicht aus Furcht vor den Folgen unterlassen, die es für uns nach sich zieht, sondern weil es dem Guten und folglich unserer wahren Natur entgegengesetzt und zuwider ist.

nehmbaren Dingen angezogen, als von inneren Wahrheiten, die wir erst empfinden lernen müssen. Es ist viel bequemer, hundert bereits zurechtgelegte Theorien zu adoptieren, als eine einzige Wahrheit selbst zu empfinden und zu erkennen, und deshalb sind gerade diejenigen, welche sich am meisten mit Hypothesen und Theorien beschäftigen und nur mit Wissenskram handeln, in der Regel am wenigsten einer wahren Erkenntnis fähig. *Je gelehrter, desto verkehrter* ist der Mensch, der kein Wahrheitsgefühl besitzt. Allerdings macht der *Glaube* selig, aber die Seligkeit, welche aus dem Glauben an das, was nur wahr zu sein scheint, entspringt, ist nur eine Scheinseligkeit. Die wahre Seligkeit entspringt aus dem wahren Glauben, d. h. aus der Empfindung der Wahrheit.

Noch niemals hat irgendein Weiser verlangt, dass man ihm seine Lehren aufs Wort glauben und sich dabei einbilden solle, dass dies die Wahrheitserkenntnis sei. Die Bibel sagt: „Prüfet alles und behaltet das Beste." Das Beste ist das, was man selber empfinden kann. Gautama Buddha lehrt, dass man die wahre Selbsterkenntnis weder durch Hörensagen, noch durch äußere Beobachtung und objektive Betrachtung, weder durch Schlussfolgerungen, Berechnungen und Logik oder durch Mitteilungen von Lehrsätzen, noch durch irgendwelche äußerlichen Dinge erlangen kann. Er beschreibt, wie er selbst zur Erkenntnis kam, indem er sagt: „Die hohe Wahrheit der Erkenntnis des Ursprungs aller Trübsale wurde mir nicht durch Überlieferung zuteil, sondern in mir selbst eröffnete sich das Auge, in mir selbst erschien die Erkenntnis; in mir selbst offenbarte sich die Weisheit, in mir selbst ging auf das Licht."[1)]

Deshalb lautet auch das *Gebet* der Buddhisten: „Ich suche meine Zuflucht in Buddha!", d. h., „ich suche meine Zuflucht im Licht."

Diese Erkenntnis erlangt der Mensch erst dadurch, dass er die ihn umgebenden Täuschungen überwindet. Er muss erst das Nichts kennenlernen, ehe er das Etwas findet. Wenn er die Falschheit erkannt hat, beginnt er, die Wahrheit zu lieben. Aus dem Dunkel entspringt das Licht und aus dem Leid die Freude. Wie könnte derjenige selig sein, der zwischen Leid und Freude keinen Unterschied kennt, weil er niemals ein Leid, eine Trauer erfahren hat? Auch jeder wahre Künstler strebt nach Licht. Die wahre Poesie ist nicht das Erzeugnis eines Versemachers. Sie ist bereits im Geiste des Dichters vorhanden, und sein Gefühl für das Ideale bewegt ihn, es zum Ausdruck zu bringen. Die wahre Kunst ist mit der Gotteserkenntnis nahe verwandt. Der Dichter erhebt sich zum Reiche des Idealen und erfreut sich an dessen Anschauung.

---

1) Dhamma-Kakka-Tattavatana-Sutta.

Der Weise sucht den Geist des Guten, Wahren und Schönen in sich selbst zu befestigen. Der Künstler sucht das Ideale äußerlich darzustellen. Der Weise, der die Wahrheit gefunden hat, ist selbst eine Darstellung des in ihm verwirklichten Idealen in seiner Person.

Wer zu diesem Lichte und durch dasselbe zur Selbstbeherrschung gekommen ist, dem schwindet die Furcht. Selbst die Gewalten der Hölle können ihm nichts anhaben, denn er erkennt, dass ihre Ausgeburten nur aus der Vorstellung entsprungene Wesen sind. Aber für die Seele, welche die Vorstellung ihrer eigenen Erscheinung für Wirklichkeit nimmt, sind auch die Bewohner der Hölle in Wirklichkeit da. Deshalb musste bei der Initiation in die Mysterien die Seele des Neophyten — während sein Körper im Schlafe lag — *zur Hölle hinabsteigen* und dort drei Tage und drei Nächte verweilen, um sich zu prüfen, ob sie fest in ihrem geistigen Glauben sei.

Wie wird das Licht der Wahrheit im Menschen geboren? Der Vorgang ist im *Neuen Testamente* symbolisch beschrieben: Nur eine reine, jungfräuliche Seele, die an keine Meinung, Theorie oder Hypothese gebunden ist, kann den Geist der Wahrheit in sich aufnehmen und zur Reife, zur Selbsterkenntnis bringen. Denn die Wahrheit ist eine eifersüchtige Göttin, sie duldet keine Nebenbuhlerinnen und Meinungen, Theorien und Hypothesen sind nur ihre Dienerinnen. Wer die Herrin als Braut heimführen will, darf sich nicht mit der Magd verbinden.

Die Selbsterkenntnis kennt keinen äußeren Gott, nur in ihrem eigenen Innern kann die reine Seele den Geist der Wahrheit empfangen. Die Erlösung des Menschen findet in ihm und nicht außer ihm statt. Im geheimsten Gemache der Seele, in dem der Welt unbekannten Bethlehem wird der göttliche Funke geboren. Seine Wiege steht in einem Stall, weil der göttliche Funke im Menschen von tierischen Elementen umgeben ist.

Da steht der störrische Ochs, das Symbol des Eigenwillens und der Esel, das Symbol des Eigensinns. Im Hintergrunde steht das Lamm, das Symbol der Geduld und das Pferd, das Bildnis des Gehorsams. Auch der Stiefvater des kommenden Erlösers ist da, der Verstand, der sich aufs Häuserbauen versteht und darauf, Systeme zurechtzuzimmern. Er ist ein richtiger Zimmermann und Baumeister im Kleinen sowohl als auch im Großen. Denn auch das große Weltall ist mit Verstand nach Gesetz, Zahl, Maß und Gewicht aufgebaut. Die Engel stehen der Wiege zunächst, die Liebe, der Glaube und die Hoffnung, und draußen singen die Hirten, die Menschenherzen, die den Morgenstern der Erkenntnis am geistigen Himmel aufgehen sehen: „Ehre sei Gott in der Höhe und Friede den Menschen auf Erden, die eines guten Willens sind.“

Da nähern sich „die drei weisen Männer des Morgenlandes“, denen der Stern der Erkenntnis den Weg zur Wahrheit gezeigt hat. Sie bringen dem neugeborenen Kinde Opfer dar, zuerst das Gold der weltlichen Weisheit mit all seinem Schimmer von Ansichten und Meinungen, das aber vor dem Lichte des Goldes der göttlichen Selbsterkenntnis in Staub zerfällt, dann den Weihrauch, den das Herz dem täuschenden *Ich* gestreut hat, und der nun zur Verehrung des wahren Gottes dienen soll, und schließlich Myrrhen, das Symbol der Bitterkeit und des Leidens, ohne welche es keine Erkenntnis gibt, die aber nicht mehr vorhanden sind, sobald man die Wahrheit erkennt.

Kaum ist aber die Erkenntnis geboren, so regt sich *Herodes*, die Eitelkeit, der Stolz, dem die Herrschaft seines Menschenverstandes das Höchste ist, und der sie zu verlieren fürchtet. Da muss das neugeborene Kind in *Ägypten*, dem Lande der Weisheit, in Sicherheit gebracht werden und kann erst wieder in das gelobte Land zurückkehren, wenn Herodes seine Herrschaft verloren hat.

So wächst das Kind groß, und schon in seinem zwölften Jahre (zwölf ist die Zahl der Vollkommenheit) übertrifft es alle Pharisäer und Gelehrten, alle von den Autoritäten beglaubigten Meinungen und Vernunftschlüsse an Weisheit und Verstand. Dann kommt die Zeit, wenn der Heiland in der Hauptstadt seines Reiches, in *Jerusalem*, im menschlichen Verstande seinen Einzug hält, um dort als ein der Menge unbekannter König zu herrschen. Auf einer *Eselin*, dem Symbol des fruchttragenden Gehorsams, reitet er durch das Tor und wird von den im Menschen erwachten geistigen Kräften mit Jubel empfangen. Er predigt im Tempel des Herzens und treibt sowohl die tierischen Leidenschaften als auch die *Geldwechsler*, die Begierden, welche dem Egoismus entspringen, mit Peitschenhieben der Vernunft zum Tempel hinaus.

Aber die große Menge der Bevölkerung des menschlichen Innern, die tierischen Instinkte und Leidenschaften und vor allem die *Pharisäer*, die Verstandeskräfte, welche nicht zur Heil bringenden Erkenntnis gekommen und der Wahrheit nicht nachgefolgt sind, sowie die *Schriftgelehrten*, d. h. diejenigen Meinungen, welche der Mensch aus Büchern geschöpft oder durch Hörensagen erhalten hat, sträuben sich gegen die Herrschaft der reinen Vernunft, ja sie wollen nicht einmal an die Möglichkeit eines solchen *Königs* glauben, der von keiner hohen wissenschaftlichen Autorität beglaubigt wurde. Unfähig, die Wahrheit durch die Wahrheit zu widerlegen, suchen sie nach Verrat. Durch das Gold der Selbstliebe wird die Logik gewonnen, die Vernunft gefangen und gebunden und vor den Richterstuhl des Menschenverstandes gebracht. Zwar kann auch der vorurteilsfreie Menschenverstand keinen Fehler an der Erkenntnis entdecken, er kann aber auch die Wahrheit, die vor ihm steht, nicht erkennen, und fragt sie vergebens, was sie sei. Die Wahrheit hat keine Antwort auf diese Frage, sie ist nichts anderes als sie selbst.

Draußen, außerhalb des Reiches der Vernunft, heult das Volk der Begierden, der Lüste, der Leidenschaften, Dogmen und Glaubensartikel und verlangt den Tod der Erkenntnis der Wahrheit. Ihr Selbsterhaltungstrieb zwingt sie dazu, denn käme die Wahrheit zur Herrschaft, so müssten die Lüge, der Wahn, der Selbstbetrug und alle Täuschungen zugrunde gehen. Die schwache Vernunft liefert ihren Erlöser der sinnlichen Menge aus, welche ihn festnagelt, damit er sie nicht länger belästigen kann.

So hängt die Erkenntnis am Kreuze zwischen zwei *Dieben*, von denen der eine die falsche Schlussfolgerung ist, die sich aber noch am Ende bekehren kann, und die andere der Wahn, für den keine Umwandlung möglich ist, sondern der sterben muss. So stirbt die Wahrheit für den Menschen insofern, als der Mensch für die Erkenntnis der Wahrheit stirbt. Sie selber ist aber nicht tot, sondern nur begraben, und steht auf, sobald der Engel des Lichtes den Stein der Unwissenheit von ihrem Grabe wälzt.

In der Bhagavad Gita ist dieselbe Wahrheit in einer anderen Form dargestellt. Dort ist Arjuna (der Mensch), der sich seinen besten Freunden und Verwandten, die seine Begierden und Meinungen sind, gegenübergestellt sieht, um sie zu bekämpfen. Sein Gefühl und Verstand sträubt sich dagegen, sein Körper bebt und sein Bogen entfällt seiner Hand. Er will lieber selbst sterben, als das Blut derjenigen zu vergießen, die ihm teurer als sein eigenes Leben sind. Aber Krishna, der Gottmensch, spricht ihm Mut zu.

Er belehrt ihn, dass sein eigenes Selbst sowie die Freunde desselben, die bekämpft werden sollen, nur Täuschungen sind, dass der wahre Mensch ewig lebt und niemals sterben wird und dass der Mensch in seinem *Selbst* nicht einmal selber zu kämpfen braucht, sondern nur die Erkenntnis selbst für ihn kämpfen lassen soll. Er selbst ist nichts als der Wagenlenker des Willens. Krishna, der Geist, kämpft für ihn und wird siegen, wenn er nur nicht mit seinen Feinden gegen ihn streitet und dadurch die eigene Selbsterkenntnis erstickt.

Ähnliche Allegorien liegen allen großen Religionssystemen zugrunde, und es sieht wie eine Entheiligung aus, den darin verborgenen Sinn aufzudecken, weil jeder in seinem eigenen Herzen die Erklärung dieser Geheimnisse suchen und in sich selber erfahren sollte, denn ein bloßes Wissen derselben hat keinen wirklichen Nutzen. Da aber der Dogmatismus und die aus ihm entsprungene Verkehrtheit und Irreligiosität täglich mehr überhand nimmt, sodass die meisten nur noch die Form sehen können und den darin enthaltenen Geist zu ignorieren bestrebt sind, so mag es von Nutzen sein, die Aufmerksamkeit der Wenigen, welche noch nach Wahrheit suchen, auf den Inhalt religiöser Symbole zu lenken und ihnen einen Schlüssel in die Hand zu geben, mit dem sie die Türe des Heiligtums öffnen können. Es gibt keine wahre Erkenntnis, wenn nicht das Wahre im Menschen sich selber erkennt.

Die Vollkommenheit

Alles Vergängliche ist nur ein Gleichnis.
Goethe

Zwölf ist die Zahl der Vollkommenheit. Durch die Drei erhält die Vier, die Zahl der Wahrheit, einen Körper, und die Quadratur des Zirkels findet statt. Aus dem *Nichts*, dem *Kreis*, dessen Peripherie ohne Grenzen und dessen Mittelpunkt überall ist, wird durch die Drei, die Zahl der Form, ein *Etwas*.

Die Null, der *leere Raum*, ist für uns unfassbar und wesenlos. Offenbart sich in ihm die Dreiheit von Länge, Breite und Höhe, so wird er für uns ein verwirklichtes Ding, ein Gegenstand, eine Erscheinung, in welcher das innere, wahre Wesen, die Einheit, verborgen ist. Wenn aber diese Einheit in der Dreiheit erwacht, so erkennt in dieser Vierheit die Dreiheit sich selbst und wird dadurch vollkommen. Die Zwölf ist deshalb die Zahl der Weisheit, die Verkörperung der Wahrheit, sinnbildlich dargestellt durch die Pyramide, deren Basis das Quadrat ist und deren vier dreikantige Seiten in der Einheit enden.

Das höchste Ideal aller Wesen ist die Vollkommenheit. Soll es für den Menschen zur Wirklichkeit werden, so muss es in ihm selber verkörpert sein. Die Vollkommenheit wird weder dadurch erlangt, dass man sie aus der Ferne betrachtet, noch dadurch, dass man glaubt, ein anderes Wesen sei vollkommen, noch dadurch, dass man sich einbildet, vollkommen zu sein, oder sich vorstellt, was die Vollkommenheit wäre, wenn man sie hätte, sondern sie wird für ein Wesen erst dann verwirklicht, wenn es selber vollkommen wird.

Jedes Geschöpf ist in seiner Art vollkommen, wenn es vollkommen seiner natürlichen Bestimmung entspricht. Die Bestimmung des Menschen ist die Erlangung der Selbsterkenntnis und der Selbstbeherrschung. Nur dadurch kann er der König des Weltalls werden, dass er sich selber in allem erkennt und alles in sich selber beherrscht. Je größer die Sphäre seiner Selbsterkenntnis und Selbstbeherrschung ist, umso größer ist sein Reich. Je mehr er seiner höchsten Erkenntnis gemäß handelt, umso mehr nähert er sich seiner Vollkommenheit, die erst dann vollkommen sein kann, wenn er sich völlig beherrscht. Der Spruch des Theophrastus Paracelsus lautet:

Alterius non ist, qui suus esse potest.

„Wer sich selbst angehören kann, der sei keines anderen Knecht.“ Dessen sollte jeder eingedenk sein, der nach Vollkommenheit strebt, und daher nicht seinen Leidenschaften dienen, sondern seinem wahren Selbst (Gott) angehören. Alles vollkommen Gute gehört Gott an, das Unvollkommene dem illusorischen, vergänglichen Selbst, dem Teufel der Eigenheit. *Omne donum perfectum a Deo, imperfectum a Diabolo.*

Das Gute kommt von Gott und kehrt zu ihm zurück. Ein Edelstein ist vollkommen, wenn er keine Fehler hat. Ein Tier ist vollkommen, wenn alle Eigenschaften, die zu seinem Wesen gehören, in ihm vollständig entwickelt sind. Ein Mensch ist als Mensch vollkommen, wenn die Menschheit in seinem Wesen vollständig offenbar ist, und Gott ist in ihm vollkommen, wenn der Mensch in ihm zur Selbsterkenntnis gekommen ist. Alles ist in seiner Art vollkommen, wenn in ihm sein eigenes Wesen vollständig ausgedrückt ist, alles ist rein, wenn ihm nichts Fremdartiges anhängt.

Ein vollkommener Teufel, der nichts Gutes an sich hat, ist in seiner Art ebenso vollkommen wie ein vollkommener Gott, in welchem nichts Böses vorhanden ist. Gold ist rein, wenn es mit nichts vermischt ist, das nicht Gold ist, und die geringste Spur von Gold in einem anderen Metall würde dasselbe verunreinigen, weil es nicht hineingehört. Alles ist wahr, das sich so zeigt, wie es ist, und deshalb der Achtung wert. Alles, das etwas scheinen will, was es nicht ist, ist eine Lüge und verabscheuenswert. Kupfer wird geschätzt, wenn es als Kupfer verwendet werden soll, wird es aber für Gold ausgegeben, so hat es als Gold keinen Wert.

Ein Seeräuber, der sich als dasjenige zeigt, was er ist, oder ein Freudenmädchen, das sein Handwerk offen betreibt, sind reiner und deshalb mehr der Achtung wert als der fromme Heuchler, der mit gesenkten Augen zum *Abendmahl* geht und dabei daran denkt, wie er seinen Nächsten betrügen kann. Man sagt, dass die Wahrheit nicht so viel Gutes in der Welt tue, als der falsche Schein der Wahrheit Übles anrichtet. Nicht das wahre Christentum hat Unheil über die Welt gebracht, wohl aber hat man dem falschen Scheine, mit dem es umgeben wurde, Übel aller Art, Inquisition, Tortur, Scheiterhaufen und Krieg zu verdanken.

Ein Religionssystem ist erst dann vollkommen, wenn die darin enthaltenen Ideale im Äußerlichen verwirklicht sind. Wäre die ganze Kirche vom heiligen Geiste durchdrungen, dann bedürfte es des Scheines und Formenwesens nicht mehr. Besser wäre es, gar keiner Sekte, keinem Systeme anzugehören, gar nichts zu wissen, als sich an einer Falschheit und Verkehrtheit festnageln zu lassen, sodass man sich nicht mehr darüber erheben kann. Es schadet mir nichts, diese oder jene Meinung zu haben, dieses oder jenes philosophische System, selbst wenn es falsch ist, zu studieren, dieser oder jener Kirche anzugehören, und ich muss mich sogar bis zu einem gewissen Grade für dasjenige, was ich kennenlernen will, begeistern und daran festhalten.

Lasse ich mich aber von einer Meinung, einem System, einem Dogma, einem angenommenen Glauben gefangen halten, so bin ich von dem gefangen, das nicht mein Eigen ist, und ich hindere mich selbst daran, darüber hinauszuwachsen. Ich gehöre dann nicht mir, sondern etwas anderem an. Nichts ist nutzlos auf der Welt, sobald man es richtig benützt. Durch den Irrtum gelangt man zur Erkenntnis, und der Teufel wird zu unserem Erlöser, sobald wir ihn selber besiegen.

Ohne die Erfahrung kann der Mensch nicht zur Erkenntnis gelangen. Er muss erkennen lernen, was ein Ding nicht ist, um zu erkennen, was es ist. Verharrt er aber in einem Irrtum, den er als solchen intuitiv erkennt, verliebt er sich in einen falschen Wahn, der seiner Vernunft widerspricht, so wird sein Wille verkehrt. Der Wille des Menschen ist sein Himmelreich. Schafft er sich darin ein Idol, das er anbetet, so hängt er an ihm, und das Idol ist sein Gott, sei es nun ein angenommenes Dogma, eine Wahnvorstellung oder eine Persönlichkeit. Sein Gott, der ihn beherrscht, ist dann ein fremder Gott und nicht der alleinige, dem der Mensch allein dienen soll.

Das Anhängen an kirchliche Glaubensartikel macht noch keinen Christen. Wenn er zum Bewusstsein seines Daseins im Lichte der Wahrheit gelangt, dann ist der Mensch auf dem Wege, ein *Christ*, d. h. ein vom göttlichen Geiste *Gesalbter* zu werden, und ist er durch die Erkenntnis erleuchtet worden, so kann er sich seine Sünden erlassen, und er erlässt sie dadurch, dass er die Sünde, den Irrtum, verlässt. Wer anstatt Gott eine Person anbetet, anstatt nach Selbsterkenntnis zu suchen, sich an Autoritäten hängt, anstatt seine eigenen Augen aufzumachen, blindlings sich an die Rockschöße eines Gelehrten, an den Talar eines Geistlichen hängt, der hindert sich selbst, zur Erkenntnis zu kommen.

Dogmen und Autoritäten sind Gängelbänder, die der noch in den Kinderschuhen der Erkenntnis steckende Mensch nötig hat, um gehen zu lernen. So bedarf auch ein junger Baum der Stütze, an der er sich hält. Wer sich aber aus Bequemlichkeit auf seine Krücken verlässt, obgleich ihm die Kraft gegeben ist, auf eigenen Füßen zu stehen, der handelt vernunftwidrig, und am Ende verlässt ihn seine Kraft. Wenn der Irrtum überwunden ist, kann sich die Wahrheit offenbaren, wenn wir aus dem Kirchenglauben hinausgewachsen sind, beginnt das wahre Licht der Erleuchtung, wenn wir dazu reif geworden sind, alle philosophischen Bücher in den Ofen zu werfen, kann die Wahrheit uns lehren. Dasjenige ist das wahre Licht, welches nicht aus Büchern geschöpft wird, sondern von oben kommend die Seele durchdringt. Deshalb sagt auch Thomas von Kempen: „Wohl dem, den die Wahrheit durch sich selbst belehrt, nicht durch vergängliche Bilder und Worte, sondern so, wie sie ihrem Wesen nach ist.“ Die Wahrheit aber belehrt uns nur dadurch, dass wir sie in uns aufnehmen, dass sie in uns selber zum Wesen wird und sich in uns geistig verkörpert. Sie ist die geistige Nahrung der Seele, gerade so, wie die Früchte der Erde die Nahrung des Körpers sind.

Millionen von Menschen verkümmern und verhungern jährlich dadurch, dass sie den Geist der Wahrheit nicht in sich aufnehmen. Sie füttern ihren physischen Körper und wenden ihm alle mögliche Pflege und Sorge zu, und dennoch wird dieser Körper in kurzer Zeit im Grabe verwesen. Sie füttern ihre Leidenschaften und sinnlichen Begierden, die doch nicht sie selber, sondern nur fremde Gäste sind, die sie beherbergen und von denen sie keinen Dank ernten.

Denn durch diese wird ein Ding geschaffen, welches sie auf einer anderen Daseinsstufe um jeden Preis wieder los sein möchten. Sie füttern ihren Geist mit allem möglichen Wissenskram, welcher ihnen doch am Ende nichts nützt, da dieser *Geist* nicht unsterblich ist, und sie stopfen sich das Herz und den Kopf damit so voll, dass das Licht der Wahrheit den durch Hirngespinste geschaffenen Nebel nicht mehr durchdringen kann.

Weshalb aber will der Mensch diesen Geist der Wahrheit nicht in sein Bewusstsein eintreten lassen, da doch dieser Geist sein eigenes wahres Leben ist? Der Grund ist, dass er ihn nicht kennt. Er erkennt ihn nicht, weil er ihn nicht will, er will ihn nicht, weil er nichts von ihm weiß. Die Selbsterkenntnis des Geistes ist seine Unsterblichkeit. Sie ist das geistige Leben in uns. Die wenigsten Menschen haben eine Ahnung davon, dass es ein wahres, geistiges, unsterbliches Leben gibt, und dass man nicht auf den Tod des Körpers zu warten braucht, um es zu erlangen, ja, dass es durch den Tod des Körpers nicht erlangt werden kann, wenn es nicht schon vorhanden ist. Viele bilden sich ein, dass dieses geistige Leben nach dem Tode des Körpers auf sie auf irgendeine mirakulöse Weise übertragen werden könne. Sie wissen nicht, dass das geistige Leben das Selbstbewusstsein der Wahrheit im Menschen ist, und dass, wenn im Menschen nichts Wahres vorhanden ist, auch nach dem Tode nichts Wahres in ihm selbstbewusst werden kann.

Der Tod ist gleichsam eine Amputation. Wir gewinnen durch ihn nichts Neues, sondern werden im besten Falle nur etwas los, das uns belästigt. Durch das Verlassen des Körpers tritt der zum geistigen Selbstbewusstsein gekommene Mensch in die Freiheit ein und kann sich des höheren Daseins erfreuen. Ist während des Lebens das Gefühl dieses Daseins im Geiste noch nicht erwacht, so wird auch der Tod des Körpers es schwerlich erwecken.

Die Persönlichkeiten der Menschen sind wie Blätter am Baume des Lebens, sie verwelken im Herbste und fallen ab. Wer sich ganz mit seiner Person und deren Eigenwahn identifiziert, wird mit ihr identisch und verschwindet mit ihr. Wer nach dem Tode ein geistiges Selbstbewusstsein haben will, muss es in diesem Leben erlangen.

Der Mensch kann vom Geiste der Selbsterkenntnis nichts wissen, solange er sich ihm nicht unterwirft. Dieser Geist wird nicht vom Menschen erzeugt, ebenso wenig als der Körper sich seine Nahrung selber erzeugt. Aber der irdische Mensch, das Produkt der Täuschung, ist so beschaffen, dass er nichts erkennen will, als was er selber geschaffen hat. Alles, was er kennt, sind seine eigenen Vorstellungen, und allen seinen Handlungen liegt der Egoismus zugrunde. Er lernt, um, wie er meint, *selbst* etwas zu wissen. Er sucht, sein *Selbst* glücklich zu machen, er ringt nach *eigenem* Besitz, er sucht die ewige Seligkeit für sein illusorisches *Ich*.

Aber dieses sterbliche "Selbst" kann den Geist der Selbsterkenntnis weder fühlen noch begreifen, noch wahrnehmen oder erkennen, weil es selbst eine Täuschung und in seinem eigenen Wesen nichts Wahres ist. Nur was in uns selber ewig ist, kann das Ewige erkennen. Es ist ein Produkt von Vorstellungen, Empfindung und Denken, nicht aber der Empfinder und Denker selbst, der vermittelst der Werkzeuge, die ihm die Natur geliehen hat, denkt und empfindet, für sich selbst aber über alles Denken und Empfinden erhaben ist. Würden die Menschen die Gegenwart dieses Geistes in ihrem Innern fühlen und in ihm ihre Zuflucht nehmen, so würden sie es als die höchste Errungenschaft ihres Lebens erachten, ihn kennenzulernen.

Der Mensch ist als Mensch vollkommen, wenn er seine Menschheit erkennt und gegenüber allen Wesen seine Pflichten erfüllt. Er ist als ein himmlischer Mensch auf dem Wege zur Vollkommenheit, wenn er seine göttliche Natur erkennt und dieser Erkenntnis gemäß handelt, sodass er in Wahrheit mit dem Apostel sagen kann: „Ich lebe; doch nicht *ich*, sondern Gott lebt in mir." Das Scheinbewusstsein des täuschenden Selbst muss im Menschen verschwinden, damit das Selbstbewusstsein des wahren, freien, an keine Erscheinung gebundenen, von Ort und Zeit unabhängigen Selbst, der freie, selbstbewusste, geistige Wille sich in ihm offenbaren kann und geistige Kräfte in seinem Körper zur Entfaltung kommen können.

Gegen dieses Aufgeben des täuschenden *Selbst* sträubt sich die an die Beschränktheit gewöhnte und nach dem Vergänglichen ringende Menschennatur und verschließt der Wahrheit das Herz. Aber solange ein Funke der göttlichen Selbsterkenntnis im Grunde der Seele ruht, kann das aus dem Universum eindringende geistige Licht ihn zum Leben erwecken. Wer dieses Licht gefunden hat, der hat sich selbst und das ewige Leben gefunden. Wer mit diesem Lichte vereinigt ist, ist selbst dieses Licht. Jede große, erleuchtete Seele (Maha Atma) ist selbst ein Licht, das den Glanz der Sonne der göttlichen Weisheit (des Logos) vermehrt, indem es sich mit ihr vereint, vergleichbar mit einem Kometen, der sich in die Sonne stürzt und dadurch ihr Licht vermehrt. Jeder, in dem die Sonne der göttlichen Selbsterkenntnis zur Offenbarung gekommen ist, ist ein Erleuchteter; in seinem Wesen ist er ein Gott, in seiner Erscheinung ein Mensch.

Da aber ein solcher vergeistigter Mensch nicht mehr an seinen Körper gebunden ist, da derselbe ja nur ein Produkt seines Willens und seiner Vorstellung ist, über die er die Herrschaft erlangt hat, so kann er sich auch in Freiheit bewegen. Er ist dort, wo er sein will oder wohin er sich denkt. Er kann sich mit anderen Menschen geistig verbinden, geistig sowohl in der Ferne als auch in der Nähe wirken und andere Menschen beeinflussen und leiten, insoweit als es das Gesetz des Geistes erlaubt.

Solange für einen Menschen ein Leben außerhalb seines Leibes nicht denkbar ist, kann er das Leben des Geistes nicht kennen. Sein wahres *Ich* kommt nicht zum Bewusstsein, solange er ganz von dem Bewusstsein seiner Eigenheit eingenommen ist, und der Wahn seiner Eigenheit hindert ihn, zum wahren Selbstbewusstsein zu kommen.

Unser wahres Selbst ist der Geist Gottes in uns, der den Himmel und alle Welten erschafft und erhält. Es ist unser göttlicher Geist, unser wirkliches Ich, das weder schläft noch wacht, weder lebt noch stirbt, sondern das Leben und Bewusstsein selber ist. Wenn es im Menschen offenbar wird, verleiht es ihm sein wahres Ich-Bewusstsein. Dann erst hat er das geistige Leben und die Unsterblichkeit.

Erst wenn das geistige Leben im Menschen erwacht ist, kann von einer Entwicklung geistiger Kräfte und deren Anwendung, der Magie, die Rede sein. Es wäre töricht, denjenigen, in denen das geistige Leben noch nicht ins Dasein gekommen ist, Anleitung zur Ausübung von Kräften geben zu wollen, die sie nicht besitzen. Vielmehr muss sich aller derartige Unterricht darauf beschränken, den Weg zu beschreiben, auf dem der Mensch zum wahren, geistigen Leben erwachen kann.

Dieser Weg wird im Sanskrit *Yoga* (Vereinigung) genannt, und man versteht darunter die Vereinigung des Bewusstseins mit dem wahren Selbstbewusstsein des geistigen *Ich.*

Patanjali lehrt in seinen Yoga-Sutren: „Yoga ist die Beherrschung des Denkens; der Beschauende wohnt dabei in sich selbst.“ Yoga ist somit die Selbstbeherrschung der Gedanken, und da jeder Gedanke aus einer Empfindung entspringt, so beruht die Selbstbeherrschung auf der Überwachung und Beherrschung aller Gefühle, die von äußerlichen Ursachen oder von allem im Menschen angeregt werden, was er nicht selbst in seinem Wesen ist.

Dies ist aber nichts anderes als die "Ergebung in den göttlichen Willen", wie sie auch das wahre Christentum lehrt. Nicht eine blinde Ergebung in etwas, von dem man sich einbildet, dass es der göttliche Wille sei, sondern ein Eingehen in das eigene geistige Selbstbewusstsein, welches von keinem persönlichen Willen weiß, sondern selber eine Offenbarung des göttlichen Willens ist. Meister Eckehart sagt:[1)]

„Gott liebt nichts, als sich selbst. Er hat sich niemals gesenkt und senkt sich niemals in einen fremden Willen, sondern nur in seinen eigenen Willen. Wo Gott diesen findet, da senkt er sich hinein mit seinem ganzen Wesen. Darum muss der Mensch zunächst sich innerlich sammeln und in den tiefsten Grund seiner eigenen Seele einkehren, um alles Ungöttliche hinauszutreiben. Die Seele hat sich im Äußern zerteilt und zerstreut mit ihren Kräften, davon jede ihre eigentümliche Funktion übt; dadurch ist sie um so schwächer geworden in ihrer ganzen innerlichen Tätigkeit; denn jede geteilte Kraft ist unvollkommen. Darum will sie künftig im Innern wirken, so muss sie alle ihre Kräfte wieder heimrufen und sie aus der Zerstreuung in den Dingen zum innerlichen Wirken sammeln, um die einige, unendliche, ungeschaffene, ewige Wahrheit zu erkennen. Vernunft und Gedächtnis müssen in den Seelengrund zurückgenommen werden, und alle anderen Funktionen aufgebend, müssen wir zum Nichtwissen alles Endlichen gelangen. Jenes Nichtwissen ist aber nicht zu verstehen als Unwissenheit, sondern als ein Zustand, der über alles Wissen erhaben ist. Soll die Seele Gott erkennen, so darf sie mit dem Nichts (der Erscheinung) keine Gemeinschaft haben. Erst wenn du von deinem Wissen und Wollen dich frei und ledig machst, da geht Gott mit seinem Wissen und seinem Wollen in dich ein.“

Dieselbe Lehre findet sich in verschiedener Art ausgedrückt in allen Büchern der Weisen. Sie wurde schon vor vielen Tausenden von Jahren in

1) Siehe F. Hartmann: „Die Geheimlehre in der christlichen Religion“. (Verlag Heliakon)

Indien und Ägypten gelehrt, von den Poeten besungen und unter allen möglichen Bildern und Allegorien symbolisch dargestellt. In der Bibel ist sie überall beschrieben. Wenn z. B. Abraham seinen Sohn Isaak Gott opfern will und Gott dem Opfer das Leben schenkt, so ist damit gemeint, dass der Mensch, wenn er seinen Eigenwillen dem göttlichen Willen zum Opfer bringt, dadurch nichts von seinem Willen verloren geht als dessen Verschiedenheit vom göttlichen Willen. Der Wille bleibt, doch er wird durch seine Ergebung, sein Eingehen in ihn, zum göttlichen Willen.

So sagt auch die Bhagavad Gita: „In seiner Vereinigung mit Brahma findet der Mensch (Manas) die ewige Ruhe. Durch dieses Eingehen in *Mich* erlangt er meine eigene Selbsterkenntnis, meine Wahrheit, mein Wesen, mein Sein, und wenn er *Mich* in der Wahrheit gänzlich erkennt, so ist er auch gänzlich in Mir. Stelle alles, was du hast, im Geiste der Entsagung *Mir* anheim; in *Mich* ergeben und in Mich versenkt richte dein ganzes Gemüt beständig auf *Mich*. Wenn du an *Mich* denkst, so wirst du durch meine Kraft jede Schwierigkeit überwinden, wenn du aber aus Eigendünkel nicht hören willst, so wirst du zugrunde gehen. Der Herr, welcher in den Herzen von allen wohnt, bringt beständig alle Dinge durch seine Allmacht, nach ewigen, unveränderlichen Gesetzen hervor. Nimm deine Zuflucht in *Ihm* mit deinem ganzen Wesen. Dann wirst du den höchsten Frieden, das göttliche Dasein erlangen."[1]

Es ist gleichgültig, ob wir in der Beschreibung des Weges, auf dem der Mensch zur Seligkeit gelangen, oder vielmehr, auf dem er dazu kommen kann, seine Selbstheit in der Unsterblichkeit, Vollkommenheit und ewigen Seligkeit aufgehen zu lassen, die Worte der christlichen Heiligen oder der indischen Weisen, der buddhistischen Lehrer oder der mohammedanischen Sufis wählen. Der Weg ist immer derselbe, nämlich die Vernichtung des eingebildeten Ichs durch das Aufgehen der wahren Selbsterkenntnis in Gott. Das Prinzip der Methode ist immer dasselbe, und ob man es auf die eine oder die andere Art beschreibt, bleibt sich gleich. Aber unter Tausenden wird schwerlich einer gefunden, der sie befolgt, weil Tausende vom Eigendünkel gefangen sind.

Viele wollen von allem nichts wissen, das irgendwie mit dem so oft prostituierten Namen *Christentum* zusammenhängt. Andere wenden der Wahrheit den Rücken, wenn sie im orientalischen Gewände sich nähert, und doch ist die Wahrheit nicht anders zu beschreiben, als dass sie in irgendeiner Form erscheint. Wählen wir zum Beispiel den Weg, den die Mystiker des Mittelalters beschreiben.

1) F. Hartmann: „Die Bhagavad Gita".

Die Vorschrift, welche dieselben geben, lautet in kurzem: *Wisse! Wage! Wolle! und schweige still!*

Mit diesen wenigen Worten ist viel gesagt, und viel wäre zu ihrer Erklärung hinzuzufügen. Wem es ernstlich um das Verständnis derselben zu tun ist, dem werden aber einige Winke genügen.

Die Vorbereitung zum wahren Wissen ist die richtige Theorie. Wenn ein Mensch nicht schon in einem früheren Dasein zur Erkenntnis gekommen ist und somit die richtige Weltanschauung mit auf die Welt gebracht hat, so sollte er danach streben, dieselbe zu erlangen. Seine Menschenkenntnis sollte sich nicht bloß auf die Anatomie und Physiologie des Körpers, sondern auf die ganze Konstitution des Menschen mit allen seinen Prinzipien erstrecken. Er sollte über die Stellung, welche der Mensch im Weltall einnimmt, und über seine Beziehungen zu den Elementen, welche den Kosmos ausmachen, unterrichtet sein. Er sollte das Gesetz des Karma und der Reinkarnation kennen und wissen, weshalb er selbst auf der Welt ist und welches Ziel er verfolgt.

Diese Erkenntnis kann allerdings auch eintreten, ohne dass ein Mensch von den obigen Theorien etwas weiß. Wer nie in seinem Leben ein Buch gelesen hat, kann ebenso gut seinen eigenen geistigen Führer in seinem Innern finden, als derjenige, der sich mit den theosophischen Lehren vertraut gemacht hat. Deshalb ist die Mitteilung dieser Lehren auch noch kein eigenes Wissen, sondern bloß eine Vorbereitung dazu, deren Hauptzweck es ist, die falsche Weltanschauung zu beseitigen, welche sich der Selbsterkenntnis hindernd in den Weg stellt. Müsste der einzelne Mensch alle Entdeckungen, die schon von Menschen gemacht worden sind, erst noch einmal selber entdecken, so würde er lange Zeit dazu brauchen.

Die Kenntnis eines anderen enthebt ihn nicht der Mühe, selber zu denken, sie ist für ihn noch keine Erkenntnis, aber sie erspart ihm das Irregehen, das Suchen an Orten, wo nichts zu finden ist. Sie zeigt ihm den Platz, wo das Gold der Weisheit begraben liegt, aber ausgraben muss er es selbst.[1)]

---

1) Es gibt eine Schule von Mystikern, die nur in der Beschaulichkeit leben. Da ist von keinem intellektuellen Verständnis die Rede, sondern nur vom Schauen, Empfinden und Werden, einem Erkennen durch das Gefühl, nicht aber von Zergliederung durch den Verstand. Vielleicht könnten wir solche Personen mit Menschen vergleichen, welche Musik hören und sich daran erfreuen können, ohne aber etwas von den Gesetzen der Harmonie oder den Verhältnissen der Tonschwingungen oder deren Natur zu wissen. Ein anderer dagegen weiß vielleicht alles das genau, hat aber doch keinen Sinn für Musik oder ist gänzlich taub. Der eine hat den Genuss ohne die Mittel zum Zweck zu kennen, der andere kennt die Mittel, hat aber keinen Genuss. Die Theorie leitet zur Erkenntnis, die Ausübung zum Besitz. Das Wissen wird errungen, die Erkenntnis gebiert sich selbst.

„Gebet dem Kaiser, was des Kaisers und Gott, was Gottes ist.“ Das Wissen des menschlichen Verstandes ist für das, was man zergliedern kann, die geistige Erkenntnis beruht auf der Anschauung des Ganzen. Die Wirkungen des Gesetzes des Geistes in der Natur zu kennen ist menschlich und führt uns zum Geist. Den Geist, das Gesetz, selber in sich verwirklicht zu sehen ist göttlich. Vieles selbst zu wissen ist schön; wer aber sein *Selbst* im Geiste der göttlichen Selbsterkenntnis opfert, der weiß in seiner Beschränktheit nichts mehr, und doch viel mehr als früher. Denn der eine, der alles umfasst und in sich umschließt, erkennt sich selbst in ihm unbeschränkt. Aus diesem Grunde sagten die alten Rosenkreuzer: „Ich will nichts anderes wissen, nichts anderes können, nichts anderes lieben und kein anderes Verlangen haben, weder im Himmel noch auf Erden, als was von dem lebendigen Worte kommt, das in uns Fleisch geworden ist“.[1)]

Mit dem Wissen allein ist noch nicht alles getan, es bleibt ewig unfruchtbar ohne das Tun. Die wahre Erkenntnis entspringt nicht der Theorie, sondern der Tat. Wer zur Gotteserkenntnis gelangen will, der muss es wagen, in den finsteren Abgrund des Nichts hinabzusteigen, wo ihm kein anderes Licht leuchtet als dasjenige, welches dem heiligen Feuer entströmt, das er in seinem Innern entzündet hat. Er muss die geistige Kraft haben, den Schrecknissen der Unterwelt zu begegnen, um die Ausgeburten der Finsternis durch seinen durchschauenden Blick zu vernichten. Denn die Bewohner des Höllenreichs sind kein leerer Wahn für denjenigen, der zwischen dem Wesen und dem Schein noch nicht zu unterscheiden versteht. Was Dante in seinem *Inferno* beschreibt, sind Zustände der Seele, die wirklich genug für denjenigen sind, der sich darin befindet, aber der zur Selbsterkenntnis gekommene Mensch wird weder von der Illusion dieses Lebens noch von jenen des *Jenseits* berührt. Der Geist Gottes in ihm fürchtet und leidet nichts.

Wer in diesen Geist kommen will, muss den Mut haben, den Illusionen der Welt und vor allem der großen Illusion der Eigenheit zu entsagen. Er muss den Drachen des Eigendünkels überwinden. Dadurch, dass er sich selbst verlässt, verlässt er auch seine Welt, die der Selbstwahn in ihm geschaffen hat. Dann ist sein Thron im Himmel und die Erde sein Fußschemel. So erringt er die Krone des ewigen Lebens.

Dies ist der große Kampf, den jeder Nachfolger Christi zu kämpfen hat, und in welchem es keinen Waffenstillstand, sondern nur Sieg oder Untergang gibt. Denn die Erkenntnis ist nicht gekommen, um dem Selbstwahn den

---

1) „Die geheimen Figuren der Rosenkreuzer des 16. und 17. Jahrhunderts."

Frieden zu bringen, sondern das Schwert des geistigen Willens, der das Unreine vom Reinen, das Persönliche vom Unpersönlichen scheidet. Wer durch die Kraft des heiligen Geistes frei von sich selber geworden ist, der ist in Wahrheit frei. Wer sich ganz diesem Geiste opfert, dem sind seine Sünden erlassen, er hat mit demjenigen, das in ihm sündigte, nichts mehr zu tun. Er hat sich selbst und damit auch alles, was auf dieses *Selbst* Bezug hatte, verlassen. Er ist von persönlichen Tugenden und Untugenden frei, denn er ist selbst nicht mehr diese Person, sondern eins im Geiste mit Gott.

Um nun den Mut zu haben, dem Gesetze des Geistes zu folgen, dazugehört das Wollen, der feste Entschluss, und dieses Wollen besteht nicht im Selbstwollen, sondern im Gehorsam gegen dieses Gesetz. Der Mensch darf nichts mehr wollen, als was das Gesetz in ihm will.

Die Welt unserer Begierden, Neigungen und Irrtümer hängt nicht an uns, sondern wir hängen an ihr. Wir haben wohl Kenntnis vom Gesetze, aber wir befolgen es nicht, weil unser Wille nicht geübt und folglich zu schwach in der Kraft des Gehorsams ist. Der Eigenwille kann auf dem Wege zur geistigen Wiedergeburt nichts anderes tun, als sich dem göttlichen Willen zu unterwerfen, darin allein liegt seine Kraft. Der göttliche Wille aber ist das Gesetz. Gottes Wille ist, dass die göttliche Natur des Menschen offenbar werde, und dies geschieht durch den Gehorsam in seinem Gesetz.

Wer seiner innersten Überzeugung gemäß handelt, ist ein Heiliger, denn er handelt seiner Natur gemäß und erfüllt seine Pflicht. Aber der Weise, der zur wahren Selbsterkenntnis gelangt ist, will und handelt nicht aus eigenem Gutdünken, er steht über seiner Natur.

Er kann auf seine eigene Persönlichkeit herabsehen und das Dunkel, das Feuer und das Licht, die darin herrschen, wie ein stiller Zuschauer betrachten, den diese Dinge nichts angehen. Er nimmt weder an dem Unverstand noch an den Begierden, noch an dem Wissen seiner Persönlichkeit teil. Er sagt sich: „Diese Kräfte gehören nicht mir, sondern meiner Persönlichkeit an und folgen ihrem Gesetz.“[1)]

Wer den Wahn der Eigenheit überwunden hat, der steht über seiner *Person*. Er wird weder von seinem Eigenwillen noch von den Begierden seiner Natur regiert, das Irdische berührt ihn nicht mehr. Er braucht sich nicht mehr zu bemühen, dem Gesetze zu gehorchen, denn er ist eins mit dem Geiste Gottes und folglich selbst das Gesetz.

---

1) Vergleiche Bhagavad Gita, 14:22

Solange aber der Mensch nicht zu dieser Erkenntnis gekommen ist, muss er dem Gesetze gehorchen, denn wie könnte er eins mit dem Gesetze werden, wenn er es nicht erkennt oder sich ihm widersetzt?

Die Natur soll weder gepeinigt, noch zurückgedrängt, noch getötet werden, sondern der Mensch soll sich dadurch über seine Natur erheben, dass er sich mit dem, was über dieser Natur steht, vereint. Darin allein besteht die wahre Demut und Buße, dass der Mensch sein ungöttliches Selbst verlässt und in sein göttliches Wesen eintritt. Diese Art von Buße hat nichts mit *Büßen* zu tun, sondern ist die höchste Seligkeit. Diese Art von Demut ist keine Kriecherei, sondern die höchste Erhebung. Das beste Mittel hierzu ist, selbst, in unserer Eigenheit, nichts mehr zu wollen, sondern Gott in uns wollen zu lassen und seinen Willen zu tun. Wer für sein persönliches Selbst etwas sucht, der findet sicherlich nichts.

Gott in uns hat aber nicht vielerlei Willen, sondern nur einen einzigen. Sein einziges Wollen ist, zur Erkenntnis seiner selbst im Mensch zu kommen, oder, wie es in der mystischen Sprache des Christentums heißt: „sich selbst als den Sohn zu gebären“. Mit anderen Worten, die Einheit in uns wird zur Dreieinigkeit, indem sie sich in uns erkennt. Jakob Böhme sagt:

„Alle Anfänge gehen aus dem ewigen Einen durch das Aushauchen des ewigen Einen, dadurch das ewige Eine in eine Selbstbeschaulichkeit, Empfindlichkeit und Friedlichkeit zu seinem Selbst beweget und Formen einführet. Alle sichtbaren und unsichtbaren Wesen, geistig und körperlich, haben ihren Ursprung in dem Aushauchen des ewig Einen genommen und stehen mit ihrem Grunde darinnen, welches Hauchen das ewige Wort der unergründlichen Gottheit ist, als ein Aussprechen das Ungrundes in Grund, des Unwesentlichen in ein Wesentliches.“

Das Wollen Gottes besteht in einem Aushauchen seines Geistes, welches das Sprechen seines göttlichen Wortes *Es werde!* ist. Dieses *Sprechen* ist Gottes einziges Geschäft, und er bekümmert sich um nichts anderes, es ist die magische, geistige Kraft, durch welche alles entsteht. Das Wollen des Menschen, der nach Vereinigung strebt, besteht in der Einatmung dieses Geistes. Er bildet die Nahrung für sein unsterbliches Ich. Wenn Gott und Mensch darin übereinstimmen, dass es im Innern Licht werden soll, dann ist es schon Licht; dann ist die Erkenntnis schon da.

Meister Eckehart sagt:

„Gott tut nichts anderes, als seinen Sohn gebären. In diesem Werke verzehrt er alle seine Kraft.“ „Der Vater liebt nichts als seinen Sohn und alles, was er in dem Sohne findet. Nur darum, weil jeder von uns dieser eine Sohn werden kann, hat er uns von Ewigkeit her geliebt." „Darum allein ist alles geschaffen, dass Gott in der Seele geboren werde." „Der Vater erkennt nichts als das Wort, welches er vermöge seiner Natur sprechen muss. Die ganze Schöpfung ist dieses Wort. Unterließe Gott sein Sprechen nur einen Augenblick, Himmel und Erde müssten vergehen. In diesem Wort erkennt Gott sich selbst und die ganze göttliche Natur und alle Dinge, und was er darin erkennt, das ist dem Worte gleich, und es ist von Natur und in Wahrheit eben dieses Wort. In dieser Erkenntnis gibt Gott sein Leben, sein Wesen, seine Gottheit. Da erkennt er keinen Unterschied zwischen dir und sich."

Bei diesem Sprechen des Wortes hat aber der irdische Mensch nichts zu tun, als darauf zu hören. Er muss stille schweigen in seinem Innern, denn wenn er selber spricht, so hört er auch nur sich selbst und nicht das Wort Gottes in ihm. Nicht der irdische Mensch, sondern der im Menschen zum Erwachen kommende Gottmensch spricht das rettende Wort des Meisters, das beim Tode des Meisters verloren ging, welches aber der Mensch wiederfindet, wenn er aus dem Grabe des Egoismus in das Licht der wahren Erkenntnis aufersteht.

„Alle Kreaturen müssen schweigen vor Gott", sagt der Psalmist. Diese Kreaturen sind die in uns selbst geborenen Willensformen, die Ausgeburten unserer Wünsche und Begierden, seien sie gut oder schlecht. Ihre Stimmen sind die Stimmen unserer Natur, und nur wenn sich die Seele zu jener Höhe erhebt, wo alles eigene Wünschen und Denken aufhört, kann sie die Stimme Gottes vernehmen, der zu ihr durch seinen heiligen Geist spricht.

Hierzu kann er nicht dadurch gelangen, dass er die Stimmen seiner Natur unterdrückt, denn dadurch übt er ja gerade seinen eigenen Willen aus. Die Natur wird nur durch Geisteskraft überwunden, und der Mensch überwindet sie dadurch, dass er seine Zuflucht in diesem Geiste nimmt. So setzt auch das Kind an der Mutter Brust, wenn es von etwas bedroht wird, der Drohung keinen Widerstand entgegen, sondern sucht seine Zuflucht in den Armen der Mutter, wo es sich sicher fühlt. So nimmt auch der auf Erlösung hoffende Mensch seine Zuflucht im Bewusstsein der Erhabenheit des Geistes über die ganze Natur.

Das Stillschweigen des Menschen besteht darin, dass er aufhört, auf die Stimmen der Lüste und des Schein Wissens zu lauschen, und nur die Wahrheit in seiner Seele sprechen lässt.

„Erst, wenn dem Schüler selbst seine eigene Form als etwas Unwesentliches erscheint, so wie nach dem Erwachen alle Formen, welche er im Traume gesehen hat, — wenn er aufgehört hat, die Vielen zu hören, dann kann er den Einen, den inneren Ton, welcher die äußeren Töne vernichtet, unterscheiden.“[66]

Wie alle Vögel im Walde verschiedene Lieder singen und es doch nur eine Musik gibt, und wie alle Meinungen auseinandergehen und es doch nur eine einzige Wahrheit gibt, und wie die Erscheinungen der Materie voneinander verschieden sind und es doch nur ein einziges Wesen gibt, so beruhen auch alle Lehren der Weisen in der ganzen Welt auf einem Grundsatze: „Werde Herr deiner selbst.“ — Lerne die Nichtigkeit deines täuschenden Selbstbewusstseins erkennen, damit das Selbstbewusstsein deines wahren Ichs, welches nicht an Zeit, Raum und Erscheinung gebunden ist, in deiner Seele erwachen kann. Dann wirst du finden, dass deine Seele st) groß ist wie die Welt. Bilde dir nicht ein, dass dein törichtes Selbst ein Gott sei, noch dass Gott et was Fremdes und von deinem wahren Wesen Getrenntes wäre. Suche ihn weder hier noch dort, sondern erkenne ihn in ihm selbst in dir.

Diese Erkenntnis der Wahrheit ist die Weisheit (Theosophie). Derjenige, in dem sie verkörpert ist, ist vollkommen. Er braucht nicht nach dem *Stein der Weisen* zu suchen, denn er ist selbst dieser Stein. Würde der Mensch seine wahre Herkunft, seine Hoheit und seine Bestimmung erkennen, so würde er wissen, dass er in der Tat ein Beherrscher der Welt und das edelste unter allen Geschöpfen ist, für das nicht nur diese Erde, sondern das ganze Weltall geschaffen ist. Er würde sich dann nicht um all den Narrenkram bekümmern, welcher der menschlichen Tiernatur angehört, und seine Freiheit von keinem fremden Erlöser, sondern von seinem eigenen Hinaustreten in die Freiheit erwarten. Dann würden durch den magischen Zauber seiner Selbsterkenntnis die Täuschungen der ganzen Welt, die der Irrwahn geschaffen hat, vor seinem geistigen Blicke ins Nichts versinken, aus dem sie entstanden sind, und aus der magischen Kraft seines Wortes eine neue Welt ins Dasein treten, in welcher statt der Lüge die Wahrheit regierte.

Noch liegt tiefe Nacht über den Menschenherzen, und vom Sturmwind der Leidenschaften bewegt, tobt die Seele der Menschheit wie ein stürmisches Meer. Es liegt aber in der Macht des Menschen selbst, auf den Wogen zu wandeln und durch die Kraft des in ihm wohnenden magischen Willens und der Erkenntnis dem Sturmwind Ruhe zu gebieten und die Wellen zu legen, sodass die ruhige See wie ein Spiegel ist, in dem sich der Stern der göttlichen Weisheit widerspiegelt. Der Mensch selbst in seinem wahren Wesen ist dieser Stern, dessen Licht in seiner Seele verborgen ist. Unter seinen Füßen ist der

---

1) Siehe H.P. Blavatsky: „Die Stimme der Stille“. Verlag Heliakon

Abgrund der Hölle, von den Produkten der Bosheit bewohnt, aber sein Haupt reicht bis in den Himmel der Seligkeit, wo die Vollkommenheit und Unsterblichkeit wohnt. Das, was in ihm vergänglich ist, kennt den Tod, das, was in ihm unendlich und ewig ist, erkennt die Unsterblichkeit. Von ihm selbst hängt es ab, zu wählen, denn sobald er zur Selbsterkenntnis gekommen ist, ist auch sein Wille frei.

Diese Freiheit des Willens wird aber nicht, wie viele meinen, dadurch erlangt, dass man sich einbildet, ein *Übermensch* und persönlich über andere erhaben oder besser als andere Menschen zu sein. Die Freiheit des Willens gehört nicht dem beschränkten, irdischen Menschen, sondern dem unbeschränkten, geistigen Licht-Menschen an, dessen Schatten der sichtbare Erdenmensch ist. Sein Dasein ist nicht an Ort und Zeit gebunden, und das, was man Materie nennt, leistet ihm keinen Widerstand. Ihm gehört alle magische Kraft. Wie der materielle Mensch äußerlich Macht über die Materie hat, so erlangt das in ihm zum Selbstbewusstsein gekommene höhere, geistige Wesen Macht über den Geist und durch den Geist über die Materie. Deshalb kann auch der Mensch auf keine andere Art in den Besitz wahrer magischer Kräfte kommen, als indem er sich mit dem Geiste vereinigt und dadurch innerlich selbst zu einem geistigen Wesen wird.

Diese Vereinigung ist das große Werk, der Endzweck alles menschlichen Daseins. Wer es vollbringt, der geht ein in Gottes Vollkommenheit, er ist frei von sich selbst. Er hat sich selbst erlöst, und Einssein mit Gott bedeutet: die Macht, die Kraft und die Herrlichkeit.

Evolution und Involution

Ich bin die Seele von allem. Das ganze Weltall entspringt aus mir.
Bhagavad Gita

Die Lehren der Weisen aus allen Nationen stimmen darin überein, dass alles aus einer ewigen Urquelle allen Daseins hervorgegangen sei, welche folglich das Wesen eines jeden Dinges ist. Wir brauchen uns nicht in weitläufigen philosophischen Auseinandersetzungen zu ergehen, um einzusehen, dass ein Ding an sieh selbst, d. h. ohne die seinem Dasein zugrunde liegende Wesenheit, ein Nichts und undenkbar ist. Aber auch die ewige Einheit selbst ist über unser Denkvermögen erhaben und kann deshalb von uns nicht intellektuell begriffen werden.

Alle Dinge sind Offenbarungen der an sich selbst nicht offenbaren Einheit, vergleichbar mit den Gegenständen, die wir im Raume wahrnehmen, und die als verkörperter Raum bezeichnet werden können, während der Raum an sich selbst für uns unbegreifbar, unsichtbar und wesenlos ist. Jedes Ding ist der Ausdruck eines Gedankens, und die Seele des Gedankens ist der ihm zugrunde hegende Sinn, der dem Schöpfungsgedanken zugrunde liegt.

Der richtige Name eines Dinges umfasst die Eigenschaften, wodurch es sich von anderen Dingen unterscheidet. Wir bezeichnen die alleinige Urquelle allen Daseins als *Gott*. Aber da Gott das Wesen von allem ist und folglich nichts da ist, von dem er sich wesentlich unterscheiden könnte, so ist Gott auch namenlos, oder richtiger gesagt, sein Name umfasst alle Namen und Eigenschaften, wie auch der menschliche Geist alle Gedanken des Menschen umfasst.

In der Bibel wird Gott als der Schöpfer aller Dinge betrachtet, das *Wort* (Logos) genannt: „Im Anfange war das Wort und das Wort war bei Gott, und Gott war das Wort, alles ist durch das Wort geschaffen, und ohne dasselbe ist nichts, was da ist, gemacht.“ Im Worte, der schöpferischen und organisierenden Kraft in der Natur, sind folglich alle Sprachkräfte der Natur enthalten, und aus dieser gehen alle Bildungen hervor. Der Name Gottes, als das schöpferische Wort betrachtet, umfasst somit das ganze Alphabet der Natur, d. h. alles Erschaffene, weshalb auch geschrieben steht: „Ich bin das Alpha und das Omega“, d. h. das Ganze, von Anfang bis zum Ende.

Im Hebräischen wird Gott in seinem Aspekte als das Wort mit dem heiligen Namen Jehova bezeichnet. In diesem Worte sind die fünf Vokale des Alphabets enthalten, und es gibt uns dasselbe ein Bild der Evolution und Involution, d. h. des Herabsteigens des Geistes in das materielle Dasein und die Auferstehung zur Freiheit. Geistig betrachtet ergibt sich für uns dabei Folgendes: Als die Kraft des *I* dringt der Geist in das Zentrum der Natur, als *E* breitet er sich aus, als *O* erfüllt er das All , im *U* schafft er sich das Gefäß zur Gestaltung, und im *A* erhebt er sich zur Freiheit. Im *H* liegt die Kraft des schöpferischen Hauches, denn „durch das Wort Jehova sind die Himmel gemacht und ihr ganzes Heer durch den Hauch seines Mundes.“[1] Aber auch alle anderen Buchstaben haben ihre Bedeutung, welche jedem klar wird, der ihre Kraft erkennt.

Im Chinesischen wird die Gottheit als *Tao* bezeichnet. Laotse lehrt: „Tao ist grenzenlos; seine Tiefe ist der Ursprung von allem. Tao hat keinen Namen. Tao ist der Anfang von Himmel und Erde. Eins gebar Zwei; Zwei gebar Drei; Drei gebar Millionen, und Millionen Dinge kehren wieder zu dem Einen zurück.“

Die Bhagavad Gita sagt: „Am Anfange eines jeden Schöpfungstages geht das gesamte offenbare All aus dem Nichtoffenbaren hervor und verschwindet in ihm, der der Nichtoffenbare genannt wird, beim Anbruch der Nacht.“[2]

Da aus einem Wesen nichts Höheres hervorgehen kann, als was in ihm selber enthalten ist, so ist Gott auch das höchste von allem, die höchste Weisheit, die höchste Vollkommenheit. Das Wort Gottes ist der Ausdruck seines Willens, sein Wille ist die Liebe. Menschliche Begriffe reichen nicht aus, um die vollkommene Liebe Gottes zu begreifen oder die Größe seiner Selbstaufopferung zu erfassen, ohne welche wir nicht zum göttlichen Dasein gelangen könnten.

Gott ist der Ton, Gott ist das Licht. Wenn geschrieben steht: „Gott sprach, es werde Licht! und es ward Licht“, so ist damit nicht gemeint, dass Gott einen Zauberspruch getan und dadurch das Licht aus einer anderen Quelle als sich selbst hervorgerufen hätte. Das Sprechen Gottes ist die Tat; im Worte selbst liegt die Erkenntnis, das Licht. Auch der Mensch schafft die Erscheinungen durch sein Denken und Sprechen; der Sinn ist der Geist, der Gedanke die Seele. Der Sinn drückt sich im Gedanken aus, der Gedanke im Ton, und der Sinn, welcher den Gedanken durchdringt, gibt seiner Offenbarung die Form,

1) Psalm XXXIII:6

2) Bhagavad Gita, 8:18

welche dem Geiste, aus dem sie entsprungen ist, entspricht. Vor dem Auge des Geistes kann keine Lüge bestehen, denn da trägt jedes Wort den Charakter des Geistes, aus dem es stammt, an sich und enthüllt sich dem klar sehenden Blick.

Folgendes Beispiel mag zur Erläuterung dienen:

Herr W…, ein Hellseher, erzählt, dass er, als er in seiner Jugend einen Musiker die Orgel spielen sah, ein ganzes Heer von Erscheinungen gewahrte, die sich auf den Tasten des Instruments bewegten. Es waren leibhaftige Liliputanerfiguren, Feen und Gnomen, wunderbar niedlich, aber dennoch regelmäßig gebaut und in Form und Gebärden ebenso vollkommen wie die anwesenden Zuhörer. Sie waren in Geschlechter geteilt und fantastisch gekleidet. Ihre ganze Erscheinung und ihre Bewegungen entsprachen genau dem Charakter der Musik. Wenn ein lustiges Stück gespielt wurde, tanzten sie jubelnd hin. Die Männer schwangen ihre befederten Hüte und die Frauen ihre Fächer und bewegten sich mit blitzartiger Schnelligkeit. Wenn aber die Musik in einen Trauermarsch überging, wechselte wie durch Zauber die Szene. An die Stelle der frohen Gestalten traten schwarz gekleidete Gnomen mit Mönchskutten und Kapuzen, verdrießlich blickende Puritaner und verschleierte Leidtragende. Klagende Akkorde riefen die Erscheinung von in Trauergewänder gekleideten Weibern mit aufgelösten Haaren hervor, die sich verzweiflungsvoll die Brüste zerschlugen. Ging die Musik in ein kriegerisches Thema über, so traten geharnischte Ritter mit Schildern und Speeren auf, denen kampflustige Söldner folgten. Jeder Wechsel der Tonart brachte neue Gestalten hervor. Wenn ein falscher Akkord angeschlagen wurde, erschien irgendein missgestaltetes Geschöpf, krummbeinig und zerlumpt, gewöhnlich ein buckliger Zwerg, mit rauer, heiserer Stimme, und jede seiner Bewegungen war unbeholfen und unangenehm.

In späteren Jahren nahm er ähnliche Gestalten wahr, die von den Lippen sprechender Personen kamen und in ihrer Erscheinung manchmal das Gegenteil von dem anzeigten, was der äußerliche Wortlaut der Rede besagte. Waren die Worte aufrichtig gemeint und von guter Absicht beseelt, so waren die Formen der Geschöpfe von überirdischer Schönheit, heuchlerische und lügenhafte Worte brachten dagegen abscheuliche Wesen hervor. Hass drückte sich durch zischende Schlangen und feurige, teuflische Ungeheuer aus. Zweideutige und heuchlerische Worte brachten Figuren hervor, die von vom gesehen schön, hinten aber hässlich und ekelhaft waren. Aufrichtige Liebe schuf silberweiße Formen voll Schönheit und Harmonie.

„In einem Falle, den ich nie vergessen werde“, sagt der Seher, „war ich ein unfreiwilliger Zeuge einer Szene von vertrauensvoller Liebe einerseits und verlogener Niedertracht andererseits. Ein junges Mädchen und ihr Freund nahmen Abschied voneinander. Jedes ihrer Worte brachte wunderbar schöne, feengleiche Geschöpfe hervor, aber die Formen, welche von den Lippen des Mannes kamen, waren auf der dem Mädchen zugewendeten Seite wohl auch lichtvoll und schön, aber von hinten gesehen hässlich, schwarz, dämonisch und mit feurigen Schlangen besetzt.

Diese dunklen Geschöpfe waren grauenerregend und bewegten sich, als ob sie sich verstecken wollten. Eine gewisse Helligkeit umgab ihre Vorderseite, aber über die Hinterseite verbreitete sich ein schwarzer Rauch.“

Dass solche Phänomene mit blitzartiger Schnelligkeit auftreten und verschwinden, beweist nichts gegen ihr Vorhandensein. Die Wirklichkeit einer Erscheinung hängt nicht von deren Zeitdauer ab. Das Leben eines Augenblicks ist noch immer lang im Vergleich zu der Dauer einer Schwingung eines violetten Lichtstrahls, der 667 Billionen Schwingungen in der Sekunde macht, während das Lebensalter eines Menschen von 70 Jahren wie ein blitzartiges Auftauchen und Verschwinden erscheint, vergleicht man es mit der Dauer eines Tages von Brahma, der 4.320.000.000 von unseren Jahren umfasst.

Jedes Wesen nimmt am Ende diejenige Form in seiner Erscheinung an, welche dem Sinn seines Daseins entspricht. Der Mensch hat die menschliche Gestalt, welche dem Charakter der Menschheit entspricht, und jeder Gedanke eines Menschen trägt den Stempel des Wesens seines Erzeugers an sich.

So bevölkert ein jeder seine geistige Sphäre mit Erzeugnissen aller Art, die seine beständigen Begleiter und je nach der Stärke des Willens, aus dem sie hervorgingen, von längerer oder kürzerer Dauer sind. Alle Formen, welche die Natur gebiert, sind verkörperte Gedanken. Der Gedanke erzeugt die Form und bedarf ihrer zu seiner Entwicklung.

Der Geist Gottes im Menschen bedarf keiner Entwicklung, er ist ewig derselbe, im Weltall und im Menschen nur einer, unteilbar, unbegreifbar. Aber der Geist des Menschen bedarf zu seiner Entwicklung der Form, damit der Geist Gottes in ihm zu seinem Bewusstsein kommen und in ihm offenbar werden kann.

Ohne diese Entwicklung, wodurch die Seele des Menschen vom Geiste Gottes durchdrungen wird und in Einklang mit dem göttlichen Geiste gebracht werden kann, könnte er nicht zu einem gottähnlichen, unsterblichen Dasein gelangen. Ohne diese Entwicklung gäbe es keine dauernde Individualität und keinen Fortschritt derselben. Erst wenn das individuelle Selbstbewusstsein erwacht ist und sich befestigt hat, kann es als Gefäß für die Offenbarung des

Gottesbewusstseins dienen. Dann wird die Zweiheit durch die Erkenntnis der Einheit wieder zur Dreieinigkeit verbunden.

Aus dem Materiellen schöpft der menschliche Geist die Kraft und Substanz zu seiner Entwicklung. Der Gottesgeist ist das Licht, das ihn erleuchtet, aber da der materielle Körper des Menschen nicht von hinreichender Dauer ist, um während eines einzigen Erdenlebens das große Werk zu vollenden, so baut sich die nach dem höchsten Ziele strebende Seele, nachdem sie die unbrauchbar gewordene Form abgelegt hat, immer wieder eine neue Werkstätte auf, um von Neuem den Kampf um ihr unsterbliches Dasein fortzusetzen. Die Entstehung der Form ist aber auch die Ursache ihrer Leiden, denn durch sie entsteht die Täuschung der Getrenntheit von Gott, welche der im Materiellen und Sinnlichen gekreuzigte Mensch überwinden muss, um in der Erkenntnis der Gottheit zur Auferstehung im Gottesgeiste zu gelangen.

Gautama Buddha, der zu dieser Erkenntnis gelangte und in diesem Lichte die Ursache aller Dinge erkannte, lehrt darüber Folgendes: „Die Unwissenheit (d. h. die Nichterkenntnis unserer Gottesnatur) ist der Grund aller Leiden. Aus dieser Unwissenheit entspringen die Neigungen, aus diesen das Persönlichkeitsbewusstsein (Eigendünkel und Selbstsucht), aus diesem Name und Form und die Sinne, aus diesen die menschlichen Begierden, aus diesen Gebundenheit, Dasein, Geburt, Alter, Tod, Klage, Leiden Zerknirschung und Verzweiflung. Durch die Vernichtung dieser Unwissenheit (infolge der wahren Erkenntnis) werden die Neigungen zerstört. Aus dieser Zerstörung folgt die Abstreifung von Eigendünkel (Persönlichkeitsbewusstsein), Name und Form, das Verlassen des Sinnlichen, der Berührung und Empfindung (des Sinnlichen), das Aufhören der Begierde (Habsucht), des Gebundenseins und Daseins und aller daraus entspringenden Übel. Aus der Nichterkenntnis (des Wahren) entspringen alle Übel; die Erkenntnis bringt die Erlösung. Vor dem Blicke des wahrhaft Erleuchteten verschwindet das Heer der Täuschungen, wie die Nebel beim Aufgang der Sonne.“

Auf diesem Wege der Evolution befindet sich die ganze Natur. Gott liebt nicht nur die Menschen, sondern alle seine Geschöpfe. Unermüdlich bringt das Wort neue Formen hervor, um sie zu jener Vollkommenheit zu bringen, welche sie fähig macht, als Gefäße zur Offenbarung des göttlichen Geistes zu dienen. Die Philosophen des Altertums sagten: „Aus dem Stein wird eine Pflanze, aus der Pflanze ein Tier, aus dem Tiere ein Mensch, aus dem Menschen ein Gott.“ Damit ist gemeint, dass der schaffende Geist in der Natur immer höhere Formen erzeugt, bis dass dieselben fähig werden, als Wohnungen der Götter zu dienen. Alle Geschöpfe streben zur Menschwerdung empor, um durch die

Menschheit zur Gottheit zu gelangen. Für die Tiere ist der Mensch ein Gott, und sie sehen zu ihm empor, wenn er auch häufig moralisch unter ihnen steht und sie wie ein Teufel behandelt.

Der Endzweck der Evolution der Formen ist die Entwicklung der menschlichen Individualität und des menschlichen Selbstbewusstseins. Ein eitler, von Eigendünkel oder Größenwahn besessener Mensch hat noch kein wahres Selbstbewusstsein und ebenso wenig ein Kriecher und Schleicher. Ein Mensch ist erst dann in Wirklichkeit dasjenige, was er als solcher vorstellt, wenn er zum Bewusstsein seiner wahren Menschenwürde gelangt ist, die alle Heuchelei und Falschheit ausschließt. Wenn das höhere Bewusstsein im Menschen erwacht, dann beginnt der Weg der Involution, d. h. die Rückkehr des menschlichen Geistes zu Gott. Gott kehrt gleichsam zu sich selber zurück und bringt dasjenige, was sich ihm vom Menschen anpassen konnte, mit sich.

Überall in der Natur herrscht das Gesetz der Analogie, und wir können daher von dem Sichtbaren auf das Unsichtbare schließen. Überall bietet sich uns das Schauspiel der Konzentration und Expansion von Kräften dar. In der Eichel sind alle Kräfte konzentriert, welche nötig sind, um einen Eichbaum zu entwickeln. Sie bilden die Anziehungspunkte für gleichwertige Kräfte in ihrer Umgebung.

Dadurch dass die Pflanze Nahrung in sich aufnimmt und Kräfte in sich sammelt, ist die Expansion möglich, und aus dem unscheinbaren Samen wird am Ende ein Baum, in dessen Zweigen die Vögel ihre Nester bauen. Wird die Form zu früh zerbrochen, so entflieht das Leben und die Entwicklung hört auf, ist aber die Zeit der Reife gekommen, so springt die schützende Schale von selbst.

Im menschlichen Embryo sind alle Dinge zur Entwicklung eines Menschen vorhanden; ist die Zeit der Reife gekommen, so erfolgt die Geburt. Findet dieselbe zu früh statt, so ist ein Menschenleben verloren. Ähnlich verhält es sich mit der geistigen Wiedergeburt. Ist der Mensch geistig zur Reife gekommen und hat er das Unreine in seiner Natur überwunden, so tritt in ihm von selbst das höhere Leben ein. Setzt er sich aber auf künstliche Weise in den Besitz magischer Kräfte, solange er noch am Unreinen hängt, so wird durch deren Missbrauch statt eines Gottes ein *schwarzer Magier*, mit anderen Worten, ein Teufel aus ihm. Denn wer den Leib der Unsterblichkeit in sich gestaltet und das magische Leben in sich erweckt, ohne dazu würdig geworden zu sein, „der isst und trinkt sich selbst das Gericht“.[1)]

---

1) Vergl. Johannes VI:54 - IV:34 — I. Korinth. XI:29 — Matth. XXII:13

Das Gesetz der Evolution ist die Leiter, auf welcher die Söhne der Erde zum Himmel emporsteigen. Auf jeder Stufe sammeln sie Kräfte, und keine wird dabei übersprungen. Das Höhere bietet sich dem Niederen zu seiner Kräftigung und hebt dadurch das Niedere zu sich empor. Das Tier kann sich nicht aus dem Mineralreich ernähren, wohl aber die Pflanzenwelt und das Tier von der Pflanze. Deshalb ist das Pflanzenreich das Mittel und die Stufe, wodurch das Mineralreich zur Tierwelt und zum Menschen gelangt, und während die Erde zum Himmel emporstrebt, senkt sich der Himmel zur Erde hernieder und versorgt sie mit Leben und Licht. Denn ohne das Licht der Sonne gäbe es kein Wachstum auf Erden und kein göttliches Leben ohne den göttlichen Geist.

Auf jeder Stufe bedarf es der Bildung der Form für die Sammlung der Kräfte. Die Formen selbst sind gleichsam kristallisierte Kraft. Erst kommt die Konzentration, dann die Expansion, erst die Zusammenziehung, dann die Ausdehnung, erst die Einnahme, dann die Ausgabe. Deshalb ist jeder sich selbst der Nächste. Man muss besitzen, ehe man lehren kann, man muss selber Licht haben, wenn man für andere eine Leuchte sein will. Wer das, was er hat, vergeudet, ist ein Verschwender. Der Schwärmer und Fantast zerstreut seine Kräfte, der Idealist träumt von Dingen, die er nicht erreichen kann, der Weise aber strebt nach der Verwirklichung des Idealen in sich selbst.

In den niederen Reichen der Natur ist der Egoismus zu Hause. Da frisst ein Tier das andere auf. Da herrscht der Kampf ums Dasein, und dem Stärkeren gehört der Sieg, durch Kämpfen und Siegen befestigt er seine Individualität. Im Mikrokosmos des Menschen findet Ähnliches statt, denn er ist aus vielen Persönlichkeiten zusammengesetzt, die sich gegenseitig bekämpfen. Jede Begierde des Menschen ist eine Form seines Willens und bildet ein *Ich*, welches nach Nahrung und Wachstum verlangt. Aber sein wahres Selbstbewusstsein als Mensch ist nur ein einziges, und indem er die sich in ihm regenden Willensformen, die seine falschen *Ichs* sind, überwindet, befestigt er seine Individualität und herrscht als König über die verschiedenen Persönlichkeiten in seinem inneren Reich.

Wenn die Individualität des Menschen entwickelt und befestigt ist, dann breitet sie sich aus. Dann treten persönliche Interessen in den Hintergrund. Er empfindet und lebt nicht mehr für sich allein, sondern für einen größeren Kreis, und je mehr sich dieser Kreis erweitert, umso größer wird die Sphäre seines Wirkens. Ein Mensch, der seine Familie liebt und für sie schafft, ist gleichsam die Sonne, in deren Lichte die Planeten leben, die sie umkreisen. Ein Staatsmann, der seine Nation liebt und in ihrem Geiste wirkt, nimmt diesen Geist in sich auf und wird eins mit ihm. Er ist dann gleichsam selbst die Seele seiner Nation, ohne deshalb seine Individualität zu verlieren. Wirkt er für die ganze Menschheit, so ist er im Geiste eins mit ihr und dennoch er selbst, und ist er ganz vom Geiste Gottes erfüllt, so ist er auch eins mit ihm, ohne deshalb aufzuhören, selbst zu sein. Man könnte sagen: als ein Traumbild ohne Selbstbewusstsein geht die Seele des Menschen von Gott aus, und als eine selbstständige, aber völlig mit ihm übereinstimmende Individualität geht sie wieder in Gott ein. Dies ist ihre Evolution und Involution, Konzentration und Expansion, ihr Ziel, das glorreiche Nirvana, welches folglich keine Vernichtung, sondern die höchste und undenkbare Seligkeit ist.

Aus der Erde quillt die Kraft, doch das Licht kommt von oben. Indem der Mensch die höheren Einflüsse in sich aufnimmt, werden sie ein Teil seiner Natur. Der Mensch kann mit einem Ei verglichen werden, in welchem der Keim vom Dotter, dieser vom Eiweiß und dieses von der Schale umgeben ist. Der Keim ist der sichtbare Körper, diesen umgibt und durchdringt der Astralleib, diesen die Gedankensphäre und diesen der geistige Leib. Jedes dieser Prinzipien steht mit dem ihm ähnlichen in der großen Welt in Verbindung, und jedes ist von dem nächststehenden höheren wie durch einen Schleier getrennt. In unser Tagesbewusstsein ragt die Traumwelt hinein, in diese dringt das Licht der Intuition, und hinter diesem ist das Reich der wahren Erkenntnis. Hierdurch sind wir befähigt, die Gegenwart des Höheren zu fühlen, wenn wir es auch nicht klar erkennen können, ehe der Schleier zerreißt.

„Wo das Aas liegt, da sammeln sich die Geier." Die Seele des Menschen wohnt an dem Orte, an dem sie durch ihre Begierden gebunden ist und der folglich ihrem Wesen entspricht. Ist aber der Mensch einmal zur Selbstbeherrschung und dadurch zur Freiheit gelangt, so kann er auch seine Seele versetzen, wohin er will. Er kann sich in der Welt des Sinnlichen, in der Astralregion oder auf dem *Berge der Verklärung* eine Hütte bauen und dort wohnen. Der Mensch ist sein eigener Schöpfer. Der Geist ist der Bildner, die Leiber, die er sich schafft, sind seine Gebilde. Sie sind die Häuser, die er bewohnt und auch die Werkzeuge zu seiner Wahrnehmung und Erkenntnis und seinem Wirken in der Sphäre, die er bewohnt. Jedes Erwachen auf einer höheren Daseinsebene ist eine Geburt in eine neue Welt. So wie ein Kind, das in diese materielle Welt geboren wird, erst im Laufe der Zeit seine Umgebung kennenlernt, so wird es auch mit anderen Geburten sein. Was aus den ätherischen und geistigen Regionen durch Instinkt und Intuition zu uns kommt und uns wie ein Traum erscheint, das stellt sich den eröffneten Sinnen klar als Wirklichkeit dar.

„Der Geist Gottes erforschet alles, ja selbst die Tiefen der Gottheit." Der Gottesgeist kann alle Sphären durchdringen, wenn er im Menschen zur Kraft geworden ist, denn er ist höher als alle. Dort, wohin sich die Seele in der Kraft dieses Geistes versetzt, da bildet sie eine Form und kann sie bewohnen. So kommt es, dass ein Mensch den Himmel bewohnen kann, während er in seinem sichtbaren Körper noch auf der Erde wandelt, und durch seine Verbindung mit dem materiellen Körper erlangt der geistige Leib seine Substanz. Wenn ein Mensch an einen im fernen Lande weilenden Freund denkt, mit dem er geistig verbunden ist, so wandert ein Lichtstrahl des Geistes an jenen Ort und erzeugt dort ein Gedankenbild des Absenders, welches von dem Empfänger wahrgenommen werden kann, wenn er die hierzu nötige geistige Wahrnehmungskraft hat. Je mehr ein Mensch sein Empfinden und Denken an einen Ort konzentriert, umso vollständiger ist er selber dort, wenn auch sein Körper sich nicht von der Stelle bewegt.

Denn das Gemüt ist der Mensch, der materielle Körper ist nur seine Behausung, in welcher er ein- und ausgehen kann. Wer die hierzu nötige geistige Kraft besitzt, kann auch sein Bewusstsein an einen anderen Ort versetzen, und je stärker es dann an dem anderen Orte in Tätigkeit tritt, umso mehr verschwindet es aus dem sichtbaren Körper. So sagt man mit Recht von einem Menschen, der an etwas anderes denkt als an das, womit er äußerlich beschäftigt ist, dass er *zerstreut* oder *geistesabwesend* sei, und eine *Verzückung* kann so weit gehen, dass der Körper für alle sinnlichen Eindrücke empfindungslos wird. Wohin der Mensch sich denkt, da schafft er ein Ebenbild seiner selbst. Denkt er beständig an Gott, so bildet er Gottes Ebenbild in sich aus und kommt durch dieses zu Gott, denn die Allmacht der Liebe verbindet alles, was zusammengehört. Der Mensch ist mit seinem göttlichen Ebenbilde ebenso unzertrennlich verbunden wie der Körper mit seinem Schatten, wenn ihn die Sonne bescheint.

In der Bhagavad Gita sagt Krishna, der Gottmensch, zu Arjuna, dem Menschen der Erde: „Wer von der Welt, in der er lebt, scheidet und dabei nur an mich denkt, der geht in mein Wesen ein und nimmt teil an meiner Herrlichkeit. Wenn aber sein Denken auf ein anderes Wesen gerichtet ist, so geht er in dessen Zustand ein, was dieser auch sei; denn seine Natur wird gleich der Natur dieses Wesens.“[1)] Damit ist nicht gemeint, dass ein Mensch, dessen Sinnen und Trachten sein Leben lang auf das Niedere gerichtet war, in seiner Todesstunde nur an den Himmel zu denken braucht, um sogleich in Gott einzugehen, sondern er muss den Himmel in sich haben, um richtig an Gott denken zu können. Er zieht in die Wohnung ein, die er sich durch sein Wollen und Denken geschaffen hat. Dabei handelt es sich nicht um eine fantastische Vorstellung, sondern um den Zug des Herzens, welcher der Liebe im Herzen

1) Bhagavad Gita, 8:5 u. f.

entspringt. Jeder Mensch bildet sich während seines Lebens, auch ohne dass er es weiß, einen Astral- und Gedankenleib, welchen die Seele nach ihrem Abscheiden vom Körper bewohnt, und der Zustand desselben hängt folglich von seinem Wollen und Empfinden, Denken und Tun während seines Lebens ab. Wer sich keinen himmlischen Körper geschaffen hat, hat auch nach dem Tode keinen solchen zu seiner Verfügung, und wäre er im Paradies, er hätte keine Organe, um es zu erkennen oder zu genießen. Seine Gestalt kann nur derjenigen der tierischen Elemente gleichen, aus denen er sie geschaffen hat. Er kann weder das Reich Gottes sehen, noch die Sprache der himmlischen Geister verstehen, sondern er erntet, was er gesät hat.

Aus diesen Betrachtungen kann jeder selbst Schlüsse ziehen, welche Zustände ihn nach dem Tode erwarten, und es geht daraus hervor, dass das jetzige Leben auf der Erde für die Zukunft der Seele von größter Wichtigkeit ist. Es gibt eine gewisse Klasse von Schwärmern, welche den Tod als eine Erlösung betrachten, und viele glauben, durch Selbstmord den Unannehmlichkeiten, denen sie ausgesetzt sind, zu entfliehen. Aber der Tod ist nur für die geringe Zahl derjenigen eine Erlösung, die schon während des Lebens zur Freiheit gelangt sind, oder bei welchen das Gute, das sie gesät haben, das Böse überwiegt. Nach dem Tode findet keine neue Aufnahme geistiger Kräfte statt, sondern nur noch eine Abstreifung unbrauchbarer Elemente.

Der physische Körper ist für die Weiterentwicklung der moralischen, intellektuellen und geistigen Kräfte des Menschen ebenso nötig wie der Erdboden für das Wachstum einer Pflanze, weil in ihm alles enthalten ist, dessen er zu dieser Weiterentwicklung bedarf. Gottes Geist ist der Grund des Lebens in allem. Wer diesen Geist nicht hat, den erwartet der geistige Tod. Wer nichts von der Gegenwart dieses Geistes fühlt, der fühlt auch nichts von seinem unsterblichen Leben. Die geistig Toten können von Gott nichts empfinden, und Gott existiert nicht für sie. Es steht geschrieben: „Ich bin nicht ein Gott der Toten, sondern der Lebendigen! spricht der Herr."

Der Weg der Evolution ist das Werk der Natur, die Entwicklung der Formen. Der Weg der Involution ist die Rückkehr zu Gott und das Werk der Gnade. Die göttliche Liebe, die kein Mensch sich selber erzeugen und die Natur nicht schaffen kann, zieht uns empor.

Der Verkehr mit der Geisterwelt

Die Geisterwelt ist nicht verschlossen; Dein Sinn ist zu, dein Herz ist tot.
Goethe, Faust

Es herrscht ein Gesetz des Geistes in der Natur, nach dem sich sowohl in der sinnlichen als auch in der übersinnlichen Welt Gleiches mit Gleichem zusammenfindet. Materie wirkt auf Materie ein, Empfindungen flößen Empfindungen ein, Gedanken verbinden sich mit Gedanken, geistige Schwingungen rufen ähnliche geistige Schwingungen hervor. Wir selbst sind Geister, die einen materiellen Körper bewohnen, und wir können uns deshalb mit allen Wesen, sei es durch geistige Ausstrahlungen, Gedanken oder seelische Wirkungen, sei es durch materielle Berührung verbinden. Ein übersinnlicher Verkehr unter den Menschen ist nicht nur möglich, sondern, ebenso wie die Ferntelegrafie, eine allgemeine, bekannte Tatsache. Er findet täglich und überall statt, und wenn wir äußerliche Mittel, Sprechen, Schreiben usw. anwenden, um uns gegenseitig zu verständigen, so ist daran nur die Stumpfheit unserer Fähigkeit schuld, geistige Eindrücke in uns aufzunehmen und sie klar zu erkennen. Wenn zwei Personen harmonisch zueinander gestimmt sind, so bedürfen sie nicht vieler Worte, um sich gegenseitig zu verstehen, wie ja auch das Sprichwort sagt:

Zwei Seelen und ein Gedanke,
Zwei Herzen und ein Schlag.

Wo dagegen diese Harmonie nicht vorhanden ist, sondern Zweifel und Misstrauen herrscht, da wird oft das Missverständnis trotz aller Auseinandersetzungen nur noch größer. Die Sprache sollte eigentlich nur dazu da sein, dem direkten Gedankenaustausch zu Hilfe zu kommen. Sogar die Tiere verstehen den Gedanken ihres Herrn, und ein Mensch, der keine Intuition hat und keine sinnlichen Eindrücke empfinden kann, sondern dem man allererst lange auseinandersetzen muss, was man von ihm haben will, wird mit Recht stumpfsinnig und unbeholfen genannt. Jeder Mensch ist beständig geistigen Einflüssen ausgesetzt und auch solchen, deren Ursprung er nicht kennt. Gedanken, Gefühle und Vorstellungen treten in uns auf, ohne dass wir es wollen. Manche lassen sich nicht leicht verscheuchen, und wir selbst senden Gedanken in die Weite, welche, ohne dass wir es wissen, an anderen Orten Eingang linden. An der *Telepathie* oder Fernwirkung des Gedankens zweifelt heute kein Gebildeter mehr, und es steht jedem frei, sich durch eigene Versuche vom Vorhandensein dieser Wirkung zu überzeugen, bei der die örtliche Entfernung kaum eine Rolle spielt.

Aber wir empfangen nicht nur geistige Einflüsse von lebenden Menschen, sondern jedes Ding, sei es groß oder klein, hat seine geistige Atmosphäre. Jeder Ort hat seinen speziellen Charakter, dessen Eindruck nicht wissenschaftlich beschrieben und nachgewiesen, aber wohl empfunden werden kann. Auch stellt jeder einmal ins Dasein getretene Gedanke oder eine Reihenfolge derselben eine geistige Kraft oder einen Gedankenstrom dar, mit welchem sich ein Mensch in Verbindung setzen kann. Wenn ich fähig bin, mich in den Geist und die Denkweise eines anderen Menschen zu versetzen, sei er lebendig oder tot, so werde ich von seinem Geiste erfüllt und denke wie er, ohne dass deshalb die Person des betreffenden Menschen irgendetwas mit der Sache zu schaffen hat. Kann ich mich z. B. in den Geist Goethes versetzen, so kann ich in seinem Geiste schreiben, ungefähr so wie er. Kann ich mich zu Gott erheben und in seinen Geist eingehen, so erfüllt mich der heilige Gottesgeist, und ich wirke in diesem Geiste und durch ihn. Was geistlos geschieht, hat wenig Wert. Wer ein guter Künstler werden will, der muss fähig sein, den Geist seiner Kunst zu erfassen. Geht er in diesen Geist ein, so wird er davon erfüllt. Wer eine Kunst, eine Profession oder auch nur ein Handwerk ohne Liebe dazu, und folglich ohne Geist, nur zu habsüchtigen Zwecken, zum Gelderwerb oder zur Befriedigung seiner Eitelkeit ausübt, der wird es darin schwerlich weit bringen. Wer das Ideale nur um des Idealen willen begehrt, der ist auf dem Wege zu dessen Verwirklichung. Der Egoismus stößt zurück, die Liebe führt alles zusammen.

Es gibt vielerlei geistige Ausstrahlungen in der Welt und wir wollen nun einige von ihnen flüchtig betrachten.

I. Geistiger Verkehr zwischen lebenden Menschen

Da wir von einem äußerlichen Gegenstande nichts wissen können, als was von demselben in unserem Bewusstsein existiert, d. h. die Eindrücke, die wir von ihm empfangen, so ist eigentlich aller Verkehr ein geistiger, und die äußeren Sinne dienen nur dazu, ihn zu unterstützen, d. h. diese Eindrücke unserem eigenen Innern zugänglich zu machen. Aber ein solcher Verkehr kann auch ohne die äußeren Sinne stattfinden. Je kräftiger der Geist eines Menschen ist, d. h. je mehr der Mensch Willenskraft, Selbstbewusstsein und Konzentration besitzt, umso kräftiger kann er seine Gedanken in die Feme senden, und je seelenvoller und empfänglicher der Empfänger ist, umso besser kann er die

Botschaft empfangen. Es gibt vielleicht wenige, die nicht schon die Erfahrung gemacht haben, dass sie es fühlen, wenn ein abwesender Freund an sie denkt, und nicht selten kommen dann Briefe an, die diesen Eindruck bestätigen.

Die Eindrücke, die wir von einer anderen Person erhalten, sind ein Teil ihrer selbst. Sie sind ihre Ausstrahlungen, und aus ihnen wird das subjektive Bild in unserem Innern aufgebaut. Wenn auf diese Weise das ideale Bild eines geliebten Menschen in unsere Seele getreten ist, so steht dieses Bild mit seinem Originale, selbst wenn uns Meere von ihm trennen, dennoch in einem ähnlichen Zusammenhang wie ein Lichtstrahl der Sonne mit der Sonne selbst, und indem wir mit diesem Bilde verkehren, treten wir mit dem Original in Verbindung. Je klarer das Bild des einen in der Seele des anderen gestaltet ist, umso mehr werden sie sich gegenseitig geistig erkennen und ihre Empfindungen teilen, und da aus dem Gefühle der Gedanke entspringt, so können auch ihre Gedankenschwingungen dieselben sein.

Auf diese Weise werden auch die Ideale in unserem Innern lebendig und können sogar objektiv äußerlich hervortreten. Wenn sich z. B. ein frommer Mensch Jesus von Nazareth als sein Ideal gewählt, dasselbe mit allen Tugenden und Kräften, die er zu empfinden fähig ist, ausgestattet und es durch seine feurige Liebe belebt hat, so gestaltet sich dieses Ideal für ihn zur Wirklichkeit, und er kann mit dieser seiner Schöpfung verkehren. Sie ist tatsächlich ein Teil seiner selbst, und zwar aus seinen edleren Seelenregionen entstanden, und hebt ihn empor, einerlei, ob eine solche Person früher auf Erden gelebt hat, oder ob sie nur eine Personifikation erhabener Vorstellungen ist. Somit hat auch der Glaube an einen historischen Welterlöser eine erlösende Kraft. Die Liebe zum Idealen führt zu dessen Verwirklichung in uns selbst.

Der Mensch wird am Ende selbst dasjenige, was er liebt und denkt. Er wird eins mit dem Gegenstande, mit dem er sich identifiziert. Wenn zwei Seelen sich gegenseitig lieben und harmonisch zusammengestimmt sind, so sind sie beisammen, selbst wenn ihre Körper Tausende von Meilen voneinander entfernt sind. Wenn sie sich aber gegenseitig nicht verstehen, so sind sie getrennt, selbst wenn sich ihre Körper gegenseitig umarmen.

Der Gedanke eines Menschen ist ein Teil seiner selbst. Wenn ich einen Gedanken in die Ferne sende oder derselbe unwillkürlich der von einem fernen Orte kommenden Anziehung folgt, so geht dieser Teil meiner selbst gleich einem von der Sonne ausgehenden Lichtstrahl an diesen Ort. Und wenn ich selber zu einem über die physische Ebene erhabenen, vom sichtbaren Körper unabhängigen Bewusstsein gelangt bin, so kann ein Strahl meines Bewusstseins diesen Gedanken beleben, und ich kann an dem fernen Orte selbst bewusst wirken. Bin ich aber selbst noch nicht über das Traumbewusstsein erhaben, so wird mir auch diese Erfahrung nur wie ein Traum vorkommen.

Dem Gedanken entspricht die Form. Wenn ich einen Gedanken irgendwo hinsende, so bildet er dort gleichsam einen Gedankenkörper, der meiner Person gleicht, oder der Gedanke ruft im Empfänger selbst die Erinnerung an mich und damit auch das Bild meiner Person in ihm hervor. Wie oft tritt ohne eine erkennbare Veranlassung der Gedanke an diesen oder jenen Bekannten lebhaft in uns auf, weil der Betreffende gerade zu derselben Zeit an uns gedacht hat! Alles dies sind alltägliche Vorkommnisse. Seltener sind die sogenannten Gespenstererscheinungen lebender Personen, die eben nur ein höherer Grad der Fernwirkung des Gedankens sind. Über dergleichen Dinge besteht bereits eine große Literatur, und es ist nicht nötig, in diesen Blättern weitere Beispiele davon anzuführen. Wenn der geistige Fernverkehr zwischen lebenden Personen noch nicht vollkommen ist, so ist die Ursache davon, dass die Menschen die ihnen innewohnenden Kräfte noch nicht hinreichend kennen und sie nicht genügend zu gebrauchen verstehen, und daher bedient man sich äußerlicher Mittel.

II. Geistiger Verkehr mit Verstorbenen

Requiescant in Pace

Da der leibliche Tod nichts anderes ist als ein Aufhören der äußerlichen Lebenstätigkeit, ein Abstreifen des irdischen Körpers und der Verlust seiner Funktionen, wobei sich aber die Seele des Menschen nicht wesentlich ändert, so lässt sich auch vieles, was über den geistigen Verkehr unter den Lebenden gesagt worden ist, auf den geistigen Verkehr mit den Seelen entkörperter Menschen anwenden. Jedoch sind hierbei verschiedene Umstände in Betracht zu ziehen, die vom Zustande des Menschen nach dem Tode des Körpers abhängig sind.

Das Höchste im Menschen, die geistige, unsterbliche Liebe, überdauert das Grab, und wenn Menschen einander in dieser Liebe verbunden sind, so kann sie auch der Verlust des Körpers nicht trennen. Ihre Seelen sind eins in dieser geistigen Kraft, die in ihnen zum Selbstbewusstsein gekommen ist, und Ihre Gefühlsschwingungen wirken aufeinander ein. Ein solcher Verkehr ist aber geistiger Art und hat nichts mit Tischklopferei und Spiritismus zu tun. Er kann mit zwei verschiedenfarbigen Lichtstrahlen verglichen werden, die sich gegenseitig vermengen, oder mit zwei Tönen, welche harmonisch zusammenklingen. Die abgeschiedene Seele, welche in den reinen Akkorden lebt, wird von den Disharmonien nicht mehr berührt.

Etwas anderes ist es mit den niederen Elementen, welche die scheidende Seele auf der Erde oder in der Mittelregion (Astralwelt) zurückgelassen hat oder im Begriffe ist, sie abzustreifen. Um uns hierüber klar zu werden, ist es nötig, die Zustände der Seele, welche nach dem Tode eintreten, zu betrachten.

Diese Zustände der Seele werden nach dem Tode voraussichtlich dieselben sein, wie sie es vor ihrem Abscheiden waren, und man kann sich davon vielleicht eine Vorstellung machen, wenn beim Einschlafen das Gehirn zur Ruhe kommt und das Denkvermögen den Körper verlässt. Denn auch da zieht sich der Geist in sein Inneres zurück, und es treten die Seelenempfindungen mit den aus ihnen entspringenden Traumvorstellungen um so deutlicher hervor. Da treiben schließlich nur mehr die unvernünftigen Instinkte ihr Spiel, bis auch in diesen niederen Regionen das Bewusstsein schwindet und der Körper schläft.

Dagegen gibt es Menschen, die zum völligen geistigen Selbstbewusstsein erwacht sind und die folglich geistig selbstbewusst sind, während der Körper schläft. Von solchen sagt die Bhagavad Gita:

> Was für andere Wesen Nacht ist, das ist für denjenigen, der im Lichte der Weisheit wohnt, der wachende Tag, und was andere für Wachen halten, das ist für ihn Schlaf.

Bei manchen, die auf einer gewissen Stufe der Entwicklung sind, geht das Bewusstsein während des Schlafes auf den Astralkörper über, und sie können in diesem handelnd auftreten. Bei diesen sind wieder diejenigen zu unterscheiden, welche beim Erwachen eine Erinnerung davon mitbringen und diejenigen, welche dieser Erinnerung nicht fähig sind, weil ihr materielles Gehirn auf die erhaltenen feineren Eindrücke in der Traumwelt nicht reagierte.

„Der Schlaf ist der Bruder des Todes." Wie es verschiedene Zustände der Seele während des Schlafes des Körpers gibt, so wird es auch verschiedene nach dem Verlassen desselben im Tode geben, und manche davon mögen wohl denjenigen ähnlich sein, welche Dante in seiner *Divina Comedia* beschrieben hat. Denn was dem wachenden Menschen nur wie ein Traum erscheint, das ist für den, der in seiner Traumwelt lebt, Wirklichkeit.

Im Allgemeinen wird darüber Folgendes gelehrt:

Wenn die Seele vom Leibe entbunden und noch nicht vom Gottesgeist durchdrungen ist, so zieht sich der Geist in sein Inneres zurück, und die Seele, welcher jetzt der Astralkörper als Umhüllung dient, tritt in die Astralregion ein, welche auch die Traumwelt genannt wird. Diese ist aber keine von unserer Welt getrennte Sphäre, sondern umgibt und durchdringt sie. Da verfällt sie bald in einen traumartigen Zustand, in welchem, wie Shankaracharya sagt, die Seele alles das, was sie im wachen Zustande in sich aufgenommen hat, sich wiederholen sieht, hört und empfindet. Da treten vor allem die niedersten Schwingungen, d. h. die mitgebrachten Eindrücke, Instinkte, Gewohnheiten und Leidenschaften an die Oberfläche, und die Seele wird sich besonders mit demjenigen beschäftigen, das sie in ihren letzten Augenblicken am stärksten beeindruckt hat. Der Traumkörper wiederholt instinktiv die Taten, welche der Geist in seinem physischen Körper vollbrachte. Der Selbstmörder wiederholt seinen Selbstmord, bis dass der Impuls, der ihn hierzu getrieben hat, erschöpft ist. Der hingerichtete Verbrecher wird auch im *Jenseits* immer wieder hingerichtet, der in der Schlacht gefallene Soldat kämpft weiter fort, der Gelehrte grübelt über seinen Büchern, der Philosoph vertieft sich in seine Philosophie, der Selige geht in den Zustand der Seligkeit ein.

Dieser Zustand, während dessen sich die niederen Schwingungen erschöpfen und sich die Geburt des Geistes in einen höheren Zustand vorbereitet, ist ein Reinigungsvorgang, vergleichbar mit der Entwicklung des Kindes im Mutterleibe, und es ist ebenso, ja noch viel mehr verbrecherisch, die Seele in dieser Entwicklung zu stören und sie wieder zur Teilnahme an irdischen Interessen herabzuziehen, als die physische Frucht im Mutterleibe zu zerstören. Denn während im letzteren Falle nur die Wiederverkörperung gehindert wird, wird in jenem Falle der Seele die verkehrte Richtung gegeben und die Geburt in das höhere Dasein gehindert, wenn nicht unmöglich gemacht. Deshalb steht auch geschrieben: „Lasset die Toten in Frieden ruhen“, und die Kunst der Nekromantie wird als *schwarze Magie* und *Teufelskunst* bezeichnet und in allen Religionssystemen auf strengste verboten.

Glücklicherweise hat der gewöhnliche Spiritist weder die Kenntnisse noch die Kraft, die Seelen verstorbener Menschen zu beunruhigen oder sie zu erwecken, und die sogenannten *Geister*, welche bei spiritistischen Sitzungen die Gespenster Verstorbener personifizieren, haben nichts mit den Seelen dieser verstorbenen Menschen zu tun, sondern höchstens mit deren astralen Larven. Diese Larven oder Überbleibsel sind die Hüllen, welche die Seele zurückgelassen hat, nachdem sie ihren Reinigungsprozess beendet hat und in ihren himmlischen Zustand eingegangen ist. Dort können sie die niederen Gedankenschwingungen nicht mehr erreichen, und folglich ist sie für alle spiritistischen Quälereien oder magischen Zeremonien unzugänglich. In diesen zurückgelassenen Überbleibseln schlummern vielleicht noch zur Ruhe gekommene niedere Eindrücke und Erinnerungen und können durch den Einfluss der Nervenkraft eines *Mediums* wieder erweckt werden, ähnlich wie in einem frischen Leichnam durch Anwendung von Elektrizität wieder Muskelbewegungen eintreten und er in eine Art von Scheinleben zurückgerufen werden kann. Wird ein Medium von einer solchen Larve besessen, so teilt es ihr Nervenkraft mit und setzt die darin noch enthaltenen Kräfte wieder in Bewegung.

Von einer Aufnahme neuer Ideen in einer solchen Astralleiche kann nicht die Rede sein, und in der Regel ist sie nur einem Spiegel ähnlich, der dasjenige, was im Geiste der Anwesenden enthalten ist, widerspiegelt und wiedergibt.

Wenn man erkennt, dass alles, was der Mensch durch sein Empfinden, Denken, Sprechen und Handeln schafft, einen *Geist*, d. h. eine Summe von Kräften schafft, welche im Astrallichte, der Gedächtniskammer der Welt, fortexistiert, so ist es auch leicht, einzusehen dass man mit dem, was ein Mensch geistig geschaffen hat, zu tun haben kann, ohne dass die Seele des Verstorbenen dabei beteiligt ist. Ein Beispiel aus Tausenden wird dies vielleicht klar machen:

Bei gewissen spiritistischen Sitzungen kam häufig der angebliche *Geist* eines verstorbenen Pfarrers und hielt jedes Mal ein und dieselbe salbungsvolle Predigt, welche er aber an einer bestimmten Stelle stets unterbrach, und es war dann nichts mehr aus ihm herauszubringen. Es stellte sich heraus, dass der betreffende Pfarrer wirklich gelebt und diese Predigt gehalten hatte, aber an der erwähnten Stelle seines Vortrags auf der Kanzel vom Schlage gerührt worden und gestorben war.

Allen solchen *Geistern* fehlt es an *Geist*. Sie sind geistlose Hüllen und gleichsam die zurückgelassenen Gewänder und Masken, welche die befreite Seele abgestreift hat, und diese werden häufig von anderen Bewohnern der Astralebene benützt, um darin zu paradieren und neugierige Forscher zum besten zu halten. Wie stände es auch um den Himmel der Seligen, wenn die frei gewordene Seele, deren Erdenleben wie ein Traum verschwunden ist, noch ferner an den oft sehr traurigen Schicksalen ihrer Hinterbliebenen teilnehmen müsste oder sich die Zeit damit vertreiben sollte, Tische zu rücken oder als Gespenst ihre Familie zu erschrecken?

Wenn es aber nutzlos ist, auf dem Wege des Spiritismus einen Verkehr mit den Seelen der Verstorbenen zu versuchen, so sind diese Versuche andererseits verderbenbringend für das *Medium*. Denn ein *Medium* im gewöhnlichen Sinne ist ein Mensch, der dem höchsten Gute, das er besitzt, nämlich seinem freien Willen und seiner Selbstbestimmung entsagt, um als ein hilfloses Werkzeug niederer astraler Einflüsse zu dienen. Es ist wie ein Hypnotisierter, der unter der Herrschaft eines fremden Willens steht, und das Endresultat seiner Bemühungen ist der Verlust seiner Seele, d. h. seiner Individualität.

Die freigewordene Seele im Himmel ist keinen feindlichen Angriffen mehr ausgesetzt, aber dennoch gibt es Mittel, sie zu erreichen. Dieses Mittel ist die Kraft der selbstlosen Liebe. Wer eine solche freigewordene Seele in eigennütziger Weise zu sich herunterziehen will, um von ihr Tröstungen oder Nachrichten zu empfangen, der wird vergebens zu ihr flehen. Aber wer sich in der Kraft der geistigen Liebe zu ihr erhebt und sich mit ihr vereinigt, der nimmt an ihrem himmlischen Leben, an ihrem Empfinden und ihrer Seligkeit teil. Die Macht der Liebe durchdringt Himmel und Erde, sie wirkt auch auf die noch an die Erde gebundenen Seelen sowie auf die Lebenden ein.

Deshalb kann man auch den noch im Läuterungszustande befindlichen Seelen in ihrer Entwicklung beistehen, nicht durch geistloses Gebet oder Äußerlichkeiten, wohl aber durch liebevolle Gedanken und durch den Segen, der als geistige Kraft aus dem Herzen der Lebenden kommt. Denn die Seele des Menschen geht ein in das Wesen desjenigen, den sie liebt, und ihre himmelwärts strebenden Aspirationen ziehen die leidende Seele mit sich empor. Die Liebe führt uns nicht nur ins Reich der Geister, sondern hinauf bis zu Gottes Thron.

III. Der Verkehr mit den Geistern der Natur

In meines Vaters Haus sind viele Wohnungen.
Johannes XIV:2

Ich habe auch noch andere Schafe, die nicht aus diesem Stalle sind.
Johannes X:16

Wenn wir einsehen, dass alles im Universum aus dem Worte Gottes gemacht, und dass dieses Wort der Geist und das Leben ist, so folgt auch daraus, dass jede Geburt der Natur, sei, sie für uns sichtbar oder unsichtbar, Geist und Leben hat. Jede stellt eine Summe von lebendigen Kräften vor, und in diesen wirkt der schaffende Geist. Somit ist jeder Stein oder Kristall, jede Pflanze, jedes Tier in seinem innersten Wesen ein Geist.

Der Chemiker kennt die Eigenschaften der Geister, die in den Atomen der Materie wirken, ihre Neigungen und Abstoßungen, Anziehungen, Verwandtschaften und Gegensätze, und der Gärtner weiß von den Liebhabereien und Gewohnheiten der Pflanzen zu sprechen, während sich unter den Tieren die geistigen Eigenschaften noch deutlicher aussprechen.

Es gibt somit unzählige Millionen von sichtbar verkörperten Geistern, aber vielleicht noch mehr, die für uns unsichtbar sind. Alles ist Geist, die Form ist Erscheinung. Wäre der Geist nicht da, so könnte die Erscheinung auch nicht vorhanden sein. Mit unseren körperlichen Augen können wir nur diejenigen Dinge sehen, welche der physischen Daseinsebene angehören, mit unseren innerlichen Sinnen, wenn sie in uns erweckt sind, nehmen wir das Übersinnliche wahr. Auch ist die menschliche Wahrnehmung nicht auf das Sehen allein beschränkt. Wir sehen die Luft nicht, aber wir fühlen ihre Bewegung, und es kann auch vorkommen, dass wir die Nähe eines Wesens innerlich fühlen, wenngleich unsere innerliche Sehkraft noch nicht hinreichend entwickelt ist, um es zu erblicken. Wer die Natur liebt, der fühlt den darin wehenden Geist und lernt ihre Sprache verstehen. Nicht nur der sichtbare Körper der Erde, sondern auch die Seele der Welt hat ihre Bewohner, und wo die Geister sich berühren, da spricht die Seele zur Seele.

Lord Bulwer-Lytton sagt: „Das Leben ist ein alldurchdringendes Prinzip. Sogar die Form, welche stirbt und sich zersetzt, bringt neue Formen des Lebens hervor. Wer betrachtet, dass jedes Blatt und jeder Wassertropfen, ebenso wie der am Himmel leuchtende Stern eine bewohnbare Welt bildet, so genügt der gesunde Menschenverstand, um zu lehren, dass auch das ungreifbare Unendliche, welches man den Raum nennt, der zwischen der Erde, dem Mond und den Sternen liegt, von dazu passenden Lebensformen erfüllt ist. Wir sehen die Mikroorganismen im Wassertropfen mithilfe des Mikroskops. Wie groß und schrecklich erscheinen manche dieser Ungeheuer im Vergleiche mit anderen! Ähnlich verhält es sich mit den Bewohnern des Äthers. Manche derselben besitzen übermenschliche Weisheit, andere teuflische Bosheit. Manche sind dem Menschen feindlich gesinnt, andere sind für ihn wie Botschafter zwischen dem Himmel und der Erde.“[1)]

Die Wissenschaft ist auf ihrem Wege zur Erkenntnis der Wahrheit auf der Grenze angelangt, welche das Reich der groben Materie vom Reiche des Äthers trennt, und indem die Entwicklung der in der Menschheit noch schlummernden innerlichen Wahrnehmungskräfte fortschreitet, werden wir auch fähig werden, die Gegenwart der im Äther wohnenden Wesen, wenn wir mit ihnen in Berührung kommen, nicht nur zu empfinden, sondern auch ihre Formen zu erkennen. Ein geistiges Erwachen wird uns den Zutritt zu jenen noch unsichtbaren Regionen verschaffen, welche der Wissenschaft verschlossen sind, solange sie geistig blind ist. Es ist in gewissen maßgebenden Kreisen zu einer törichten Mode geworden, anstatt nach der Verwirklichung des Idea-

1) Bulwer Lytton: Zanoni

len zu streben, demselben den Rücken zu kehren und den Glauben an den Geist Gottes im Weltall und sein Wirken in der Seele der Welt für Aberglauben zu erklären, und das nicht denkende Volk betet diese Torheiten nach. Solange aber die Repräsentanten der Wissenschaft von diesen Dingen nichts wissen, stehen sie auch den Erscheinungen des Spiritismus und seinen Gefahren hilflos gegenüber, weil man es bei diesen nicht mit blind wirkenden oder mechanischen Naturkräften, sondern mit selbstständigen, intelligenten Wesen zu tun hat.

Zu diesen gehören außer den bereits erwähnten Larven, Astralleichen und Überbleibseln von Verstorbenen sowie von Lügengeistern und Teufeln verschiedener Art besonders neckische Kobolde und überhaupt Geister der vier Elemente. Sie sind Bewohner der Elemente Erde, Wasser, Luft und Feuer, die jedem Metaphysiker unter den Namen Gnomen, Nymphen oder Undinen, Sylphen, Salamander usw. bekannt sind, und spielen bei der Hervorbringung sogenannter physikalischer Phänomene, Bewegungen von Gegenständen, Apporten und dergleichen eine Rolle.

Aber es ist nicht unsere Absicht, an dieser Stelle weiter in die Geheimnisse des Spiritismus einzudringen oder die dabei vorkommenden Irrtümer aufzudecken, noch gestattet uns der Raum, eine Beschreibung der verschiedenen Klassen von *Geistern* zu geben, von denen die indische Philosophie angeblich 70 Millionen kennt.

Gleiches findet sich mit Gleichem zusammen. Ein für die Schönheiten der Natur empfängliches Gemüt erkennt die Schönheiten der Natur, weil es sie fühlt. Eine reine Kinderseele sieht die lieblichen Feen, die in den Blumenkelchen wohnen, die auf den Wellen schaukelnden Undinen, die im Mondlicht tanzenden Elfen, und die segenspendenden Gnomen der Berge sind für sie keine Märchengestalten. Sie spiegelt sich selbst in dem Spiegel der Natur und atmet deren Geist. So wie sie sich der Natur hingibt, so kommt ihr diese entgegen und enthüllt ihren Schleier. Der Spötter und Zweifler aber verdirbt, er ist von den dunklen Einflüssen, die er an sich zieht, wie von einem Rauche umgeben, und sein Eigendünkel erzeugt einen Schatten seiner selbst, der ihn hindert, das Wahre zu sehen.

Man lacht heutzutage über die *Götter* als Repräsentanten der in der Natur waltenden Kräfte, aber die Weisen erkennen, dass hinter jeder Kraft in der Natur eine Intelligenz ist, von der die Wissenschaft nichts weiß. Alles ist Bewusstsein, aber die Formen, in denen es sich offenbart, sind voneinander verschieden. Nicht nur hat jedes Ding auf Erden seinen Geist, sondern auch die Sterne und Planeten sind die leuchtenden Gewänder des Geistes, der in ihnen wohnt und sie beherrscht. Über allem aber waltet der Gottesgeist, aus dem alle Weisheit kommt und der gleich dem Lichte der sichtbaren Sonne am Himmel in die Tiefen der Erde dringt und alles erleuchtet. Wer sich dieser Sonne in Liebe naht und sein Herz ihrem Lichte öffnet, der wird von ihrem Lichte erfüllt und fähig werden, in der Kraft des Geistes Gottes im Weltall die Geister in der Natur zu erkennen.

wohnt und sie bekehrt [illegible] über der waltet der Gottesgeist, aus dem alle Menschen stammen und der [illegible] Lichte der geistigen Sonne am Himmel in die Tiefen der Erde dringt und alles erleuchtet. Wer sich dieser Sonne in Liebe naht und sein Herz ihrem Lichte öffnet, der wird von ihrem Lichte erfüllt und fähig werden, in der Kraft des Geistes Gottes [illegible] die Geister in der Natur zu erkennen.

Die Religion der Zukunft

Die Religion ist die Grundlage aller menschlichen Glückseligkeit. Die Kraft der Erlösung ist in euch selbst.
Edwin Arnold, Die Leuchte Asiens

Wenn von *Religion* die Rede ist, so sollten wir zwischen Religion und Religionssystem oder Konfession unterscheiden. Die Religion ist die Erkenntnis der Wahrheit, die religiösen Systeme sind die Wege, welche bestimmt sind, uns zu dieser Erkenntnis zu führen. Gott ist die Wahrheit. Es gibt nur einen einzigen, alleinigen Gott, und folglich nur eine einzige, ewige Wahrheit, somit auch nur eine einzige Erkenntnis derselben und nur eine einzige Religion. Die Systeme, die auf ihrer Erkenntnis aufgebaut sind, sind vielfältig, aber in allen ist dieselbe Wahrheit enthalten. Schiller sagt:

Welche Religion ich bekenne? — Keine von allen.
Aber weshalb keine? — Aus Religion.

Religion ist der Kern, die Formen derselben die Schalen. In jeder dieser Schalen steckt derselbe Kern. Wer den Kern gefunden hat, bedarf der Schale nicht mehr. Ist der Kern zur Reife gelangt, so öffnet sich auch die Schale von selbst. Wird die Form zerbrochen, ehe der Kern gereift ist, so verdirbt er, aber wer sich nur von den Schalen ernährt, der genießt nicht den Kern.

Das Wort *Religion*, von *religare* = zurückbinden, bedeutet dasjenige, was den Menschen zu seinem göttlichen Ursprünge, zu Gott zurückbindet, und dies kann nichts anderes als die Gotteserkenntnis und die Ausübung der aus ihr hervorgehenden Pflichten sein, d. h. der Mittel, um zu ihm zurückzugelangen. Solange wir von dem Wesen Gottes eine verkehrte Vorstellung haben, wird auch unsere Religion eine verkehrte sein. Aber aus der richtigen religiösen Anschauung geht mithilfe des Lichtes der Weisheit die wahre Gotteserkenntnis hervor.

Das Innerliche, das Licht, ist das Wahre, das Äußerliche der Schein. Das Äußerliche, Irdische ist das verkehrte Spiegelbild des Innerlichen, Himmlischen. Deshalb steht oft das populäre Kirchentum im Gegensatz zur wahren Religion. Für einen Menschen, der keine Gotteserkenntnis hat, ist das eigene, eingebildete Selbst der Mittelpunkt, um den sich sein Begehren und Denken dreht, und er sucht Gott und die Welt, Himmel und Erde seinem Egoismus dienstbar zu machen. Der Mensch, welcher Gott als ein außerhalb der Welt stehendes, fernes Wesen betrachtet, welches nach seinem Gutdünken Belohnungen oder Strafen austeilt und durch Bitten und Versprechungen bewegt werden kann, seinen Willen zu ändern, oder gar seine Befugnisse irdischen Stellvertretern überlassen hat, sucht Gott zu veranlassen, seinen menschlichen Wünschen zu gehorchen und ihm seinen Willen zu tun.

Wenn er dabei auch zehnmal betet: „Herr! dein Wille geschehe!", so hofft er dabei doch, dass Gott sich seinem Willen fügt. Der Weise aber, welcher Gott erkennt, sucht seinen Willen in Übereinstimmung mit dem göttlichen Willen zu bringen und vollbringt dadurch seinen eigenen Willen, indem er den Willen Gottes vollbringt. Denn sein Wille ist dann eins mit dem göttlichen Willen, und es ist zwischen den beiden kein Unterschied.

Was ist Gott? — Er müsste weniger als ein Mensch sein, wenn der Mensch ihn mit seinem irdischen Menschenverstande begreifen könnte. Wer Gott erkennen will, muss ihn im Geiste und in der Wahrheit anbeten. Die wahre Gotteserkenntnis geht aus der göttlichen Liebe im Herzen hervor. Sie ist eine Herzenserkenntnis. Dann erst erleuchtet ihr Licht auch den Verstand. Es steht geschrieben: „Gott ist überall und allgegenwärtig", folglich ist er keiner Beschränkung unterworfen.

Er ist in allem das Höchste und folglich auch das höchste Gesetz, das höchste Dasein und das höchste Selbstbewusstsein in unserem Innern. Die Philologen behaupten, dass das Wort *Gott* ursprünglich sächlich war und erst nach der Einführung des Christentums den männlichen Artikel in der deutschen Sprache erhielt. Im griechischen Originaltexte der Bibel ist von *das Gott* die Rede.

So lauten z. B. die Worte Jesu, mit denen er uns zu beten lehrte: *pater hämon en tois ouranois*, „Unser Vater, das du bist in deinen Überwelten" usw. Wenn das Gottesbewusstsein in unserem Inneren erwacht, dann erkennen wir Gott. Im Indischen ist die Allgottheit Brahma sächlich und wird erst als männlich bezeichnet, wenn sie sich als die schöpferische Kraft im Weltall, Brahma (der Erzeuger) offenbart.

So wie wir die Sonne nicht anders erkennen können als durch das Licht, welches sie aussendet, so können wir auch Gott nur durch das Licht der Gottheit, den Geist Gottes, erkennen. Geist ist Bewusstsein; wenn der Gottesgeist in unserem Innern zu unserem Bewusstsein kommt, dann erkennen wir Gott.

Dieser Geist Gottes ist unser eigenes tiefinnerstes Selbst, weshalb auch geschrieben steht: "Wisset ihr nicht, dass ihr Tempel Gottes seid, und dass der Geist Gottes in euch wohnt? — Der seid ihr.“[1] Wohl ist der Geist Gottes unteilbar und überall und die Quelle des Lebens in allem, aber wo sollten wir ihn kennenlernen, wenn er nicht in unserem Bewusstsein offenbar wird? Was wäre ein Leben für uns, wenn wir es nicht empfinden, was könnte es uns nützen, wenn es nicht in uns selber in Tätigkeit tritt und uns lebendig macht? Diejenigen, welche sich mit einem äußerlichen Fürwahrhalten von Dogmen begnügen und dies dir den wahren Glauben halten, gleichen einem Menschen, der im finsteren Kerker sitzt und sich damit begnügt, es für richtig zu hallen, wenn man ihm sagt, dass draußen die Sonne scheint. Aber der Weise öffnet das Tor und lässt das Licht der Sonne herein. Denn was würden wir von einem Menschen denken, welcher glauben würde, er könne die Sonne bewegen, ihm zu scheinen, während er im Zimmer sitzt und seine Fenster verschlossen hält?

Nur dasjenige Licht, welches zu unserem Bewusstsein kommt, ist Licht für uns; nur diejenige Liebe, welche wir in unserem Innern fühlen, ist unsere Liebe; nur diejenige göttliche Kraft, welche in uns wirkt, kann uns bewegen. Gott ist erst dann der Herr in uns, wenn er in uns regiert. Der Glaube an einen außer uns wohnenden Gott, der mit den menschlichen Schwächen behaftet ist, den man durch Betteln und Überredungen, durch Geschenke, Versprechungen und Bestechungen, durch äußerliche Opfer, Zeremonien oder Fürsprachen bewegen kann, seinen Willen zu ändern, Sünden zu vergeben, Gunstbezeigungen zu gewähren u. dgl. ist eine Gotteslästerung und entwürdigt den Menschen. Gott ist das Gesetz. Würde er gegen das Gesetz handeln, so würde er sich selber vernichten. Der Gott, der seinen Thron im Herzen der Menschen hat, verlangt kein anderes Opfer, als deren Herz. Er gibt uns die Kraft, von unseren Sünden abzulassen, und wenn unser Wille in Übereinstimmung mit dem Seinigen ist, so sind alle unsere Wünsche erfüllt, denn wir wollen dann nichts anderes, als was Gott will. Aber die Bigotterie und der Mystizismus ebenso wie der Agnostizismus lähmen dem Menschen den Willen und rauben ihm die göttliche Kraft.

Solange die Menschen nur im Äußerlichen leben, bedürfen sie äußerlicher, religiöser Vorstellungen, um nicht den Sinn für die Religion zu verlieren. Solange ihr Leben selbst eine Illusion ist, bedarf es der Illusionen, und solange die Welt in ihren Kinderschuhen steckt, bedarf sie des Kinderspiels und des Gängelbandes, an dem sie geführt wird. Denn die Wahrheit kann sich nicht demjenigen offenbaren, der nicht reif ist, sie zu empfangen. Aber wäh-

---

1) I. Korinth. III:16

rend die harte, dunkle Schale des Eies das Mark zusammenhält und beschützt, hindert sie auch den Einfluss von Luft und Licht, dem flügge gewordenen Vogel eröffnet sich eine neue Welt. Der erkenntnislose Mensch ruht in der Schale und findet dort seine Bequemlichkeit, aber der zum innerlichen Leben erwachte Mensch steht auf eigenen Füßen und erkennt die Schale als das, was sie ist. Das Dogma ist der Freund, aber auch der Feind der Religion. Es ist ein Wegweiser zur Erkenntnis der Wahrheit, aber wer sich blindlings daran hängt, kommt dabei nicht weiter. Wer nur an der Form festhält, sucht nicht den Geist. Der blinde Glaube an die äußere Form ist ein Betäubungsmittel, das wohl auch zeitweilige Zufriedenheit bringen kann, aber er hindert das innerliche Erwachen. „Der Buchstabe tötet, der Geist macht lebendig."

Es gibt Eltern, welche so töricht sind, ihren Kindern das Lesen von Kindermärchen zu verbieten, weil sie meinen, dass solche Erzählungen nicht wahr seien, und doch sind gerade diese am meisten geeignet, in dem Kinde das Gefühl für das Wahre, Edle und Schöne zu erwecken. In einem Märchen, welches Dinge erzählt, die dem Buchstaben nach unmöglich sind, ist oft viel mehr Wahrheit enthalten, als in einer wissenschaftlichen Abhandlung, die sich mit äußerlich beobachteten Ereignissen befasst. Gelangt ein Kind zum eigenen Nachdenken, so glaubt es an den äußerlichen Sinn der Märchen nicht mehr, aber es behält den Sinn für das Gute, der durch den Geist des Märchens in ihm erweckt worden ist.

Die Wahrheit ist die Wirklichkeit und das Wesen der Dinge. Alles Äußerliche ist nur ein Schein, deshalb kann die Wahrheit auch nur äußerlich dargestellt, aber nicht auf dem Präsentierteller gebracht werden. Wer sie kennen will, muss sie in ihrem Geiste innerlich finden. Alle großen Religionssysteme lehren geistige Wahrheiten durch Symbole, Allegorien und Fabeln, die in ihrer äußerlichen Fassung oft so zweifelhaft, wenn nicht unmöglich erscheinen, dass man zu glauben geneigt ist, sie seien absichtlich so gemacht, dass sie niemand buchstäblich auffassen solle. Der gedankenlose Gläubige hängt sich an diese Formen und hindert die geistige Erkenntnis. Der Rationalist kennt diesen Geist ebenso wenig, er verwirft die Form und mit ihr die Religion.

Aber wer in der Form den Geist erkennt, der ist der richtige Seher. Wem die darin enthaltene Wahrheit offenbar wird, der ist erstaunt über die Erhabenheit und die Großartigkeit von deren Bedeutung, die sich nicht auf kleinliche geschichtliche Ereignisse, sondern auf ewig stattfindende Vorgänge im innerlichen Leben des Weltalls und der Menschheit bezieht.

In unserem jetzigen Zeitalter ist der spekulative Verstand, dessen Wohnung die niedere und dunkle Seelenregion ist, der alles beherrschende Tyrann, der das Licht der geistigen Erkenntnis verdrängt. Deshalb ist auch unter den Menschen noch wenig von jener innerlichen Erleuchtung zu finden, durch welche allein das Wesen der Dinge offenbar werden kann. Die Religionswissenschaft unserer Zeit ist ein höchst oberflächliches Ding und die Religion eine Nebenbeschäftigung oder ein Zeitvertreib. Aber wer hinter den Schleier geblickt hat, mit dem sich die Wahrheit verhüllt, der erkennt die Religion als eine höchst ernsthafte Sache und jede Stunde ohne innere Andacht als verloren. Unser Leben auf Erden ist dazu bestimmt, uns das Bewusstsein der Unsterblichkeit und dadurch das Leben im Ewigen zu erarbeiten, und jeder Augenblick sollte diesem Streben gewidmet sein, ohne dass wir deshalb unsere irdischen Pflichten versäumen.

Es steht geschrieben: „Gebt dem Kaiser, was des Kaisers ist, und Gott, was Gottes ist." Aber in unseren Tagen ist das Äußerliche, Sinnliche der Beherrscher und Kaiser der Welt, und man opfert ihm das, was dem Göttlichen gehört, weil man Gott nicht kennt. Aus den gebildeten Ständen ist das religiöse Gefühl verschwunden, und der Gehirnverstand regiert, welcher unfähig ist, sich zum Geistigen zu erheben. Um die religiösen Symbole kümmert man sich wenig und hat keine Zeit, sich über unverstandene Dogmen den Kopf zu zerbrechen, und der Schleier, der die Mysterien der Religion umgibt, wird immer dichter, und die Religion selbst sinkt zur Modesache herab.

Unter diesen Umständen ist wenig Hoffnung für die Religion der Zukunft vorhanden, wenn ihr nicht die Wissenschaft zu Hilfe kommt, d. h. eine Wissenschaft, welche geeignet ist, religiöse Geheimnisse, welche der höheren Erkenntnis angehören, dem menschlichen Verständnisse näher zu bringen und hierdurch der wahren Religion eine Stütze zu sein, wenn auch die hierdurch erlangte Aufklärung manchem lieb gewordenen Aberglauben ein Ende macht.

Die Religion der Gegenwart ist auf eine gänzliche Unkenntnis der Menschennatur und zum großen Teile auf Egoismus gegründet. Da heißt es immer nur: Was wird Gott für mich tun? Von dem, was wir für Gott tun können, ist selten die Rede. Die Religion der Zukunft wird auf eine Erkenntnis der Zusammensetzung der Menschennatur gegründet und eine Religion einer vom göttlichen Geiste der Selbsterkenntnis durchdrungenen Humanität sein. Die Religion der Gegenwart schreibt wohl die Gottesliebe vor, aber sie weiß nicht, wo Gott zu finden ist, und man kann dasjenige nicht aufrichtig lieben, was man nicht kennt. Die Religion der Zukunft wird den Menschen lehren, dass, wenn auch Gott überall ist, er doch nur im Heiligtum ihres Inneren gefunden werden kann und dass, wer ihn dort findet, ihn auch in allen seinen Geschöpfen ehrt und erkennt.

Dem Gesetze der Evolution gemäß schreitet die Welt langsam vorwärts und reißt jeden, auch ohne dass er es will, mit sich fort. Formen vergehen, der Geist besteht. Das Brauchbare wird wieder zum Aufbau neuer Formen verwendet, das Unreine im Feuer des Leidens gereinigt, in der alchemistischen Werkstätte Gottes in der Natur. Aber der Mensch, der die Elemente kennt, aus denen er zusammengesetzt ist, nimmt seine Entwicklung in seine eigene Hand. Er ist nicht mehr das Spielzeug von Kräften, die auf ihn einwirken und die er nicht kennt. Er ist sein eigener Arzt und behandelt sich selbst, indem er die Mittel anwendet, die Gott ihm gibt.

An Morallehren ist auch in den jetzt herrschenden Religionssystemen kein Mangel. Die Bibel sowohl als die Upanishaden lehren: „Du sollst Gott lieben von ganzem Herzen und deinen Nächsten als dich selbst." Dagegen aber ruft die Natur. „Trinke in vollen Zügen den Becher des Lebens und sei in allen deinen Handlungen auf deinen eigenen Vorteil bedacht." Da wird dann in der Ermangelung der Kraft des Glaubens der Verstand zu Hilfe gerufen, um zu entscheiden, und fragt nach den Gründen, weshalb er nicht der Stimme der Sinnlichkeit folgen soll. Die kirchliche Lehre aber gibt ihm keine genügende Antwort darauf.

Die Diener der Religion der Vergangenheit waren Hoffnung und Furcht. Die Diener der Religion der Zukunft werden das Wissen und die Erkenntnis sein, und zwar ein Wissen, das nicht auf die Kenntnis der sichtbaren Erscheinungen in der Natur beschränkt ist, sondern der Eröffnung der geistigen Sinne des Menschen entspringt. Solange der Mensch nur seinen materiellen Körper kennt, kann er auch nur für diesen rationell Fürsorge treffen. Hat er einmal die Bekanntschaft seines Astralkörpers gemacht, so wird es ihm auch leichter sein, denselben gegen die ihm schädlichen Einflüsse aus der Astralregion und dem Reich der Dämonen zu schützen. Ist er einmal zum geistigen Leben erwacht, so werden ihm auch die Lehren von der Wiederverkörperung, dem Karma, den Zuständen der Seele nach dem Tode und dergleichen keine Rätsel mehr sein.

In dieser Wissenschaft wird die innerliche Erkenntnis durch die innerliche Erfahrung erlangt. Da bedingen sich Selbstbeherrschung und Selbsterkenntnis gegenseitig. Je mehr der Mensch durch die Kraft des Geistes sich selber beherrscht, umso mehr wird er dadurch im Geiste gehoben, und je höher er steht, umso mehr erweitert sich der Kreis seiner Erkenntnis. Je weiter der Kreis seiner Erkenntnis wird, umso mehr sieht er die Notwendigkeit ein, seine Empfindungen und Gedanken vollkommen beherrschen zu lernen und ein König in seinem eigenen Reiche zu werden. Wo dies eintritt, da wird von selbst die Zwietracht und das Sündigen aufhören, und wenn die Menschen wieder Ebenbilder Gottes geworden sind, wird das Reich Gottes auf Erden sein.

Das Leben im Materiellen soll uns zum Leben im Geiste führen. Die äußerliche Form der Religion soll eine Stütze zum Wachstum der Religion im Innern sein. Wenn wir nicht zum Leben im Geiste gelangen, so hat unser Leben in der Materie seinen Zweck verfehlt, und wenn die Stütze des Baumes der Religion zu schwach geworden ist, so kann sie den Baum nicht mehr halten. Da muss die alte Stütze durch eine neue ersetzt oder ihr eine neue hinzugefügt werden. Überall regt sich bereits der neue Geist und durchdringt die morsch gewordenen Formen. Die Religion der Zukunft wird das Gesetz nicht umstürzen, sondern die Bedingungen zu seiner Erfüllung schaffen, auch wenn der Autoritätenwahn dadurch ins Wanken gerät und der Aberglaube verschwindet. Die neue Stütze der Religion ist das Wissen, d. h. die Kenntnis der menschlichen Natur, welche bestimmt ist, als Gefäß zur Offenbarung Gottes zu dienen. Die Erkenntnis Gottes wird aber nur durch die Kraft seines Geistes, den Glauben, erlangt.

Dieser Glaube ist kein Fürwahrhalten von Dogmen, sondern das geistig-göttliche Leben in uns selbst. Die wahre Religion ist kein Erzeugnis des Gehirnverstandes, sondern geht aus der Herzenserkenntnis hervor. Das Wissen allein macht nicht selig, wohl aber der Besitz. Ein Besitz, den man nicht kennt, hat keinen praktischen Wert. Wenn der Verstand begreift, was das Herz besitz, dann zieht durch die Tore des Gemütes der Geist der Erkenntnis ein. Die Liebe ohne Verstand ist Wärme ohne Licht, sie führt zu Schwärmerei, Fanatismus und Intoleranz, wobei dann jeder nur dasjenige Ideal verehrt, welches er sich vorgestellt hat, und das des anderen verachtet. Erst wenn die Menschen erkennen, dass Gott alleinig und überall ist, werden sie ein gemeinsames Ideal haben und ihn in allen seinen Geschöpfen lieben. Der Verstand ohne die Liebe ist der Diener des Eigenwahns und führt zu jeglicher Art von Verbrechen, denn seine Wissbegierde ist unbegrenzt, und er scheut am Ende keine Art von Grausamkeit, um sie zu befriedigen. Dennoch kann er nicht zur Erkenntnis des Wahren gelangen, weil ihm der Sinn für das Wahre fehlt. Er gräbt nur in der Erde und kann sich nicht zum Idealen emporschwingen, denn er besitzt nicht die Liebe, welche die Seele erhebt.

Dasselbe Gesetz, welches im Sichtbaren herrscht, übt auch im Geistigen seine Wirkung aus. Ein in Bewegung gesetztes Pendel schwingt nach der einen Seite und dann wieder zurück. So schwankt auch die Welt hin und her. Auf Perioden des Aberglaubens folgen Perioden des Unglaubens, und dann kehrt der Aberglaube wieder zurück. Die Wissenschaft macht wohl Fortschritte, aber sie dreht sich dabei wie die Erde im Kreise. Wenn an dem einen Teile der Kugel die Sonne aufgeht, so geht sie am anderen unter, während einerseits manches entdeckt wird, wird andererseits manches vergessen. Zivilisationen kommen und gehen, beständig dreht sich das Rad. Nur wenn die Seele der Menschheit durch die Liebe zum Wahren gehoben wird, kommt sie der Erkenntnis näher.

Die populäre Religion der Gegenwart ist, wie alles Irdische, ein Traum, der zu seinem höchsten Ziele das Träumen im Himmel hat, welches aber ein Ende nimmt. Die Religion der Zukunft wird die Verwirklichung des höchsten Ideales lehren, nicht nur die Anschauung Gottes, sondern das Einswerden mit ihm. Sie wird nicht die Verachtung des Materiellen, sondern dessen Vergeistigung und Umwandlung erstreben. Die Priester der Religion der Zukunft werden es nicht nötig haben, gelehrte Theologen zu sein, sondern der Geist der Wahrheit wird sie lehren, und sie werden ihre Weisheit aus seiner Erkenntnis schöpfen. Sie werden nicht nur Lehrer sondern Führer der Menschheit sein. Sie werden wirkliche Geistliche sein, d. h. Menschen, in denen das geistig-göttliche Leben erwacht ist, und sie werden die geistigen Kräfte, die sie selber besitzen, auch anwenden und sogar anderen mitteilen können, wie denn auch geschrieben steht: „Wer an mich glaubt, der wird die Werke auch tun, die ich tue, und wird noch größere denn diese tun.“[1)] Aber dieser Glaube ist kein Fürwahrhalten, sondern eine lebendige, magische Kraft und daher „nicht jedermanns Ding“.[2)] Je mehr der menschliche Verstand vom Gleiste der Wahrheit durchdrungen wird, um so tiefer wird er auch in die Geheimnisse Gottes in der Natur eindringen und das Wesen der Dinge erfassen. Der Geist Gottes im Weltall erfüllt und durchdringt alles, auch die weiteste Ferne, und wenn dieser Geist zum Bewusstsein im Menschen gelangt und ihn erleuchtet, so wird er auch die Geheimnisse anderer Himmelskörper und ihrer Bewohner ergründen und die Sprache der Engel verstehen.

Es wird behauptet, dass die ursprüngliche Heimat des Menschen eine Sphäre gewesen sei, deren Mittelpunkt Sirius war und die unser Sonnensystem in sich einschloss. Da standen dem ätherischen Menschen alle Welten in dieser Sphäre offen, während wir jetzt auf diesen Planeten *Erde* gebannt sind, über den sich unsere materielle Natur nicht erheben kann. Eine Rückkehr zu unserem paradiesischen Zustand wird uns wieder zu Herren dieses Reiches machen, und in dieser Rückkehr besteht die wahre Religion.

So schätzenswert die jetzt allgemein geltenden religiösen Ansichten auch sein mögen, so erscheinen sie doch verschwindend klein verglichen mit dieser Auffassung eines höheren und göttlichen Daseins, welches den Menschen erwartet, wenn in ihm die Erkenntnis seines wahren Wesens erwacht. Noch liegt tiefe Nacht auf der Erde, und die Wahrnehmungskräfte des Men-

---

1) Johannes XIV:12 2) 2. Thess. III:8

schen sind auf äußerliche, materielle Dinge beschränkt, aber im veredelten Menschen der Zukunft werden sich die innerlichen Sinne eröffnen. Er wird mit dem Auge des Geistes geistige Dinge klar erkennen, geistig hören und fühlen, sowohl die Zukunft als auch die Vergangenheit schauen und ein Arzt und Prophet im wahren Sinne dieser Worte sein.

Diese Erkenntnis ist die höchste Weisheit oder *Theosophie*, nach welcher diejenigen streben, welche *Theosophen* genannt werden, wenn sie auch noch auf der untersten Stufe stehen. Aber diese Erkenntnis ist auch das Endziel aller Erziehung, alles Unterrichts, aller Religion, ja sogar der ganzen Evolution. Denn dieselbe kann keinen anderen Zweck haben, als den Menschen zur schließlichen Selbsterkenntnis Gottes, d. h. zur Verwirklichung des höchsten Ideales, zu jener Vollkommenheit zu führen, die er nicht als ein auf seine Eigenheit beschränktes Wesen, sondern nur als ein Gott in der Gottheit erlangen kann.

Hierzu werden noch viele Stufen und zahlreiche Wiederverkörperungen nötig sein, und es mögen noch Millionen Jahre vergehen, ehe die Menschheit als Ganzes auf diese Höhe gelangt. Aber was die Natur ohne Selbstbewusstsein auf langsamem Wege vollbringt, das kann der zum wahren Selbstbewusstsein erwachte Mensch durch die magische Kraft des göttlichen Geistes beschleunigen und vielleicht schon in wenigen Inkarnationen vollbringen. Wer richtig anklopfet, dem wird aufgetan, die Kraft der Erlösung ist in uns selbst.

sollen sind auffallender, [illegible] die Dinge [illegible]. Der im veredelten Menschen der Zukunft wird sich [illegible] wird mit dem [illegible] des Geistes [illegible] erfüllen, sowohl die Zukunft als auch [illegible] Arzt und Priester im wahren Sinne dieses Wortes sein.

Diese Erkenntnis ist die [illegible] Version [illegible] nach wah[illegible] diejenigen streben, welche [illegible] genannt [illegible] auch noch auf der untersten Stufe [illegible] Ent[illegible] aller Erziehung, alles Unter[illegible] Evolution. Denn dieselbe kann keinen [illegible] schließlichen Selbsterkenntnis [illegible] Impulses zu jener Vollkommenheit [illegible] seine Eigenheit beeinträchtigt [illegible] gen kann.

Hierzu werden noch viele [illegible] nötig sein, und es mögen noch [illegible] als Ganzes auf diese Höhe [illegible] auf langsamen Wege vollzieh[illegible] erwachte Mensch durch die magische [illegible] gen und vielleicht schon [illegible] anklopfen, dem wird gegeben, [illegible]

Das innere Wort

Es ist ein Gott und Vater aller, der ist über alle und durch alle und in uns allen.
Epheser IV:6

Es ist in den christlichen Kirchen viel vom *Worte Gottes* die Rede, und dennoch scheint sehr wenig Klarheit darüber zu herrschen, was darunter zu verstehen ist. Die meisten verstehen darunter das, was in der Bibel gedruckt ist und verwechseln so die Worte, welche als Werkzeuge dienen sollten, um sie zum lebendigen Werke zu führen, mit dem Worte des Lebens selbst.

Die Bibel sagt: „Gott war das Wort. Alles ist durch dasselbe erschaffen. In ihm war Leben, und das Leben war das Licht der Menschen.“[1)]

Hiermit ist nun klar und deutlich gesagt, dass das Wort sowohl die allem Dasein zugrunde liegende Substanz (von sub = unter und stare = stehen) als auch das Leben selber ist, welches alle Erscheinungen hervorbringt, die wir in ihrem schließlichen Zustande der materiellen Verkörperung oder Verdichtung *Materie* nennen, mit anderen Worten, das Wort spricht sich selber aus und erschafft dadurch eine geistige Welt, die nach dem Gesetze der Evolution zu einer für uns sichtbaren materiellen Welt wird. Das Wort wird zur Sprache in dem großen Buche der Natur, wo jedes Wesen ein Buchstabe ist.

Das Wort war daher nicht nur im Anfange unseres Schöpfungstages (Manvantara), sondern es ist auch heute noch. Zurzeit, als nichts Objektives vorhanden war (Pralaya), als Gott in seinem Selbstbewusstsein ruhte, war es in ihm latent, ebenso, als es in einem Menschen, der sprechen kann, aber nicht spricht, latent oder untätig ist.

Mit dem Anfange der Schöpfung trat es ins Dasein, d. h. die Schöpfung selbst kam zustande, indem es sich selber aussprach. Und wie es sich damals aussprach, so spricht es auch jetzt. Meister Eckehart sagt: „Unterließe Gott das Sprechen seines Wortes auch nur einen einzigen Augenblick, Himmel und Erde gingen zugrunde.“

Dasselbe hat bereits Plato und schon vor ihm die Bhagavad Gita gelehrt, in der es heißt:

---

1) Johannes I:1 – 4

„Wisse, dass ich (Atma, der Geist, das Wort) in allen stofflichen Dingen enthalten bin. Diese Leiber werden *Gefäße* genannt; dasjenige, was denselben Bewusstsein verleiht, ist der Geist. Über allen Wesen erhaben, wohnt er dennoch in allen; in sich selbst unbewegt, ist seine Bewegung seine Natur. Er ist zu fern, um von materiellen Wesen begriffen zu werden; er ist fern und doch nahe. Er ist nicht in die Geschöpfe verteilt, und dennoch wirkt er in allen. Er ist das Licht in allen Dingen, die Licht haben, und über alles Dunkel erhaben. Er ist der Erkennende, das Erkannte und auch die Erkenntnis, die im Herzen von allen wohnt."[1)]

Dieses göttliche, innere Wort ist somit das geistige Leben und die geistige Substanz, aus welcher die ganze Welt, der Mensch und alle Dinge aufgebaut sind, das Wort, welches die Grundlage alles materiellen Daseins, aller Entwicklung und Entfaltung ist. Dieses Wort spricht aber nicht die Natur, noch der natürliche Mensch, sondern Gott selber in und durch die Natur und den Menschen aus. Deshalb sagt auch Friedrich Rückert darüber in seiner Darstellung der Weisheit der Brahmanen:

Wohl der Gedanke bringt die Welt hervor,
Der, welchen Gott gedacht, nicht den du denkst, du Tor.
Du denkst sie, ohne dass darum entsteht die Welt
Und ohne dass, wenn du sie wegdenkst, sie wegfällt.
Aus Geist entstand die Welt, und gehet auf in Geist;
Geist ist der Grund, aus dem, in den zurück sie kreist.
Der Geist, ein Ätherduft, hat sich in sich gedichtet,
Und Sternennebel hat zu Sonnen sich gelichtet,
Der Nebel hat in Luft und Wasser sich zersetzt,
Und Schlamm ward Erd' und Stein und Pflanz' und Tier zuletzt,
Und menschliche Gestalt, in der der Menschengeist
Durch Gottes Hauch erwacht und ihn, den Urgeist, preist.
(Lehrgedichte, S. 11)

Im Worte liegt die schöpferische Kraft des Willens und die organisierende Kraft des Gedankens. Es ist nicht etwas von der Natur Getrenntes, sondern der aus der Quelle allen Daseins in die Natur einströmende und in ihr selbst wirkende Geist, der alles in ihr aufbaut und belebt. Es ist selbst alles Leben und alle Substanz und das Wesen in allen Formen, die es bildet. Alle Erscheinungen in der Natur sind Offenbarungen des göttlichen Wortes. In ihm ist das Licht und Leben des Menschen. Wenn der Gottesgedanke seine Seele erfüllt, so

1) Bhagavad Gita, Kap. 13

durchdringt es die ganze Tiefe seines Wesens, erweckt die in ihm schlummernden Kräfte, entzündet in ihm das Licht der Erkenntnis u nd spricht sich in ihm durch sein geistiges Wachstum aus.

Durch die magische Kraft des Willens, der sich, mit dem Gedanken vereint, durch das Wort ausspricht, wird alles im Inneren lebendig, in der äußeren Natur wie auch im Menschen. Was darin enthalten ist, wird offenbar und tritt hervor, das Gute wie auch das Böse. In einem Kirschkern entfaltet die Tätigkeit des in der Natur wirkenden Wortes einen Keim, aus dem ein Kirschbaum erwächst, im Herzen des Menschen erweckt es den göttlichen Funken, aus dem der innere neue Mensch als ein lichtstrahlender Gott geboren wird.

Durch die erlösende und befreiende Kraft des göttlichen Wortes wird alles Unreine ausgeschieden, Krankheiten des Gemütes und des Körpers geheilt und böse Geister vertrieben. Jede Leidenschaft, die den Menschen beherrscht, ist ein in ihm entstandenes Schein-Ich, gleichsam eine in ihm zu einem Teufel gestaltete Kraft. Dadurch, dass vermöge der Kraft des Willens und Gedankens, die sich im Worte ausspricht, ein solches Schein-Ich überwunden wird, kehrt die darin angesammelte Kraft zu ihrem Ursprünge zurück, d. h., sie wird wieder dem wahren Menschen zu eigen. Das im Menschen zur Offenbarung gelangte göttliche Wort ist das wahre *Lebenselixir* der Alchemisten, aus dem der „im Verweslichen gesäte Leib der Unsterblichkeit" erwächst, von dem St. Paulus spricht.[1)]

Aus einer teilweisen Auffassung dieser Wahrheit ist dasjenige entstanden, was man heutzutage vielfach als *Gebetsheilung* oder *Christliche Wissenschaft* bezeichnet, und welches darin besteht, dass man das Böse dadurch zu entfernen sucht, dass man sich selber suggeriert, er sei überhaupt gar nicht vorhanden. Man sucht sich darüber hinwegzusetzen, indem man es ignoriert. Man stellt sich vor, dass man eins mit dem Geiste Gottes sei, in dem kein Übel existiert, und dadurch, dass man das Gute bejaht, wird das Böse verneint und ihm der Eingang verschlossen. Ein Vertreter dieses Systems sagt hierüber Folgendes:

„Wenn wir das Universum betrachten, in welchem alles Leben ist, so müssen wir nicht nur dasjenige darin sehen, was jetzt zu sein scheint, sondern auch das, was in aller Vergangenheit war und in aller Zukunft sein wird. *Universum* heiß *das sich drehende Eine*. Wir blicken hinaus in das Land und

---

1) Eine Unsterblichkeit des grobmateriellen Körpers, der aus den fünf Elementen zusammengesetzt ist, wovon manche Alchemisten träumen, ist nicht denkbar, weil dieser Körper seiner Natur gemäß eine Mischung ist und jedes seiner Elemente zu seinem Ursprung zurückkehrt. Wohl aber kann der Ätherleib an die Stelle des grobstofflichen Körpers treten.

auf das Meer unserer Erde, und wir sehen Veränderung; wir schauen nachts zum Himmel empor, und dieselben Sterne, welche für die Hirten zu Galiläa schienen, scheinen für uns; dieselben Konstellationen bewegen sich über den Horizont, und der Mensch sowohl als die Sterne scheinen beide ein Bewusstsein zu umfassen, das nur ein einziges ist, d. h. der Mensch, welcher in der Kindheitsperiode unserer Erde zu den Sternen aufblickte, und der Mensch, welcher dieselben heute betrachtet, können einer und derselbe Mensch sein, je nachdem wir ihn messen, entweder an den Dingen, welche gesehen werden, oder an dem Bewusstsein, welches wahrnimmt, denkt, fühlt und erkennt.

Ist irgendetwas im Universum vorhanden, welches über den Menschen und die Sterne hinausreicht? Gibt es eine *Einheits-Drehung*, ein Universum, das, ob nun der Mensch schaue oder die Sterne scheinen, eine ewige Einheit ist, welche sich über und in Land und See, Sternen und dem Menschen bewegt?

Ja! Es ist ein solches (Wesen). In allen Formen ist es (an sich) formenlos, in aller Zeit kennt es keine Zeit; es erhält die Sterne an ihren Orten, es ist mit ihnen wie mit einem Gewände bekleidet; es ist der Raum, der keinen Raum kennt, unendlich, dasselbe gestern, heute und immer. Es kennt keine Veränderung, und seine Drehung erzeugt keinen Schatten.

Es ist das Leben in allem; wir können es ahnen, aber nicht begreifen, es wird von nichts begriffen oder umfasst als von sich selbst. Es ist die eine sich nie ändernde Eigenschaft in allem Materiellen, aber es ist nicht Materie. Es ist Substanz, das allen Dingen unterstehende (sub = unter, stare = stehen), die Basis aller Dinge.

Es ist das Universum der Macht, der Intelligenz und der Liebe. *In ihm leben und sterben wir, in ihm haben wir unser Dasein*. Denke wohl darüber nach, blicke zum Sternenhimmel auf und fühle die Unendlichkeit des Lebens.

Indem wir diese Betrachtung anstellen, fangen wir an zu empfinden, was die (ewige) Wahrheit ist, nach der das Leben in uns strebt. Wir setzen uns mit derselben durch unsere Gedanken in Verbindung und sehen uns vermittelst unseres Gemüts, d. h. desjenigen, was in uns fühlt und denkt, zwischen das Unvergängliche und das Vergängliche gestellt.

Dies aber ist das Leben als Ganzes. Formen wechseln, aber die ewige Grundlage (Substanz) des Daseins ist das Universum, von welchem wir Wahrheit, Weisheit und Leben erhoffen.

Uns selber mit Festigkeit als einen Teil dieses unwandelbaren Universums zu betrachten, heißt den ersten Schritt zur geistigen und körperlichen Gesundheit machen; es in sich zu begreifen, ist das ganze Leben. Wir müssen zwischen dem, was wahr ist, und der Wahrheit an sich unterscheiden, welche absolut, vollkommen und wechsellos ist.

Als Pilatus Jesus fragte, was die Wahrheit sei, schwieg dieser. Der schweigende Christus als der Mensch im ganzen ist die Antwort; aber das, was heute wahr ist, kann morgen falsch sein, weil das Wahrsein ein relativer Begriff ist und sich auf etwas bezieht, das nicht wahr ist (einen Gegensatz). Es ist z. B. wahr, dass Kolumbus Amerika entdeckt hat, aber es ist nicht die Wahrheit selbst. Die Wahrheit (an sich) bezieht sich auf nichts und hat weder Zeit noch Ort, sie ist immer eins. Die Entdeckung Amerikas verlangt Zeit und Ort, das wachsende Bewusstsein, die Erlangung gewisser Kenntnisse. Es ist da das Wissen, das dem Nichtwissen gegenübersteht, etwas Wahrgenommenes im Gegensatz zum Unbekannten, etwas, das wächst und sich deshalb ändert. Aber das Bewusstsein selbst, welches dieses neue Wissen in sich aufnimmt, verändert sich dadurch nicht, es ist das einzige, welches wir als Unendlichkeit oder Wahrheit betrachten können. Die Wahrheit hat in sich selbst keinen Gegensatz; sie ist eine immerwährende Bejahung oder Verneinung; sie ist das ewige Wort: *Es werde*!

Wenn z. B. die Wahrheit mich zu sagen zwingt: *Leben ist!*, so ist da keine Zeit und kein Ort, noch irgendein Zustand, wo Leben nicht ist. Wenn sie mich nötigt, zu sagen *Ich bin!*, so wäre es gegen die Wahrheit, zu sagen *Ich bin nicht*. Wenn ich sagen (in der Erkenntnis sprechen) kann: *Weisheit ist!*, so gibt es keinen Ort, Zeit oder Zustand, wo die Weisheit nicht ist. Kann ich (in Wahrheit) sagen: *Gott* oder *das Gute ist!*, so kann ich unter keinen Umständen sagen: *Gut ist nicht*.

Erhebt dich dieser Gedanke zu einer großen Höhe? Wohlan, so versuche auf ihr zu bleiben; suche nicht herabzusteigen. Dies ist unser Standpunkt, und von ihm aus will ich dich zur Erkenntnis dieses mit Gegensätzen erfüllten Lebens führen. Nimm die Prinzipien, von denen wir sprechen, tief in dein Gemüt auf; denn es handelt sich um Prinzipien und nicht um bloße Theorien. Wer alles glaubt, der bejaht alles. Wir können nicht Gott oder das Gute in einigen Dingen bejahen und in anderen verneinen; wir müssen vielmehr annehmen, dass unsere Beschränktheit allein dasjenige ist, was wir sehen, wenn es uns nicht gelingt, Gott zu sehen, statt dass Gott in irgendetwas beschränkt ist.

Willst du denn freiwillig in der Sklaverei deines beschränkten Verstandes bleiben, oder willst du das Dasein der Wahrheit, des Guten, als etwas bejahen, das unabhängig von deiner Fähigkeit existiert, es zu sehen? Bis du klar darüber, dass die Sonne nicht (wie es scheint) im Osten auf und im Westen untergeht? Musst du nicht allen deinen Sinneseindrücken widersprechen, um bejahen zu können, dass die Erde sich bewegt und die Sonne stillsteht? Gehört denn ein größerer Glaube dazu, dasselbe in Bezug auf die (göttliche) Sonne (die Seele) und die (menschliche Erde), dich selbst, zu bejahen?

Alles ist gut! (Es gibt kein Übel!) Sprich dies fortwährend aus; lass dein Gemüt darauf ruhen. Das bringt dich zur Weisheit, und die Weisheit ist Gott. Wiederhole dir das folgende: Dasein ist eins. Dasein ist Erkenntnis, Macht, Selbstbewusstsein. *Dasein ist der unendliche Geist der Liebe. Nichts trennt das Dasein vom Selbst. Die Einheit ist unzerstörbar, sie ist das All des Lebens. In ihr und mit ihr lebe und atme und bin ich. Ich furchte kein Übel; denn du bist mit mir. Deine Ganzheit ist meine Gesundheit, mein Wohlbefinden.* Die Sonne und ihre Strahlen sind eins und voneinander unzertrennbar. Die Wirklichkeit des Lebens besteht in seiner Ausstrahlbarkeit. Alle Strahlen sind eins mit der Sonne des Daseins, der Sonne der Wahrheit. Mein Leben ist ein unzerstörbarer Strahl von dem Zentrum der göttlichen Sonne. Gott ist; ich bin!“

Dass diese Lehren von vielen unwissenden und habsüchtigen Menschen missbraucht werden, ist begreiflich, und darin liegt die Gefahr. Dem Menschen ist die Macht gegeben, in den Besitz göttlicher Kräfte zu kommen und dieselben zum Wohle der Menschheit zu verwenden. Darin besteht die weiße Magie. Wer sich aber in den Besitz magisch wirkender Kräfte setzt, um diese zu eigennützigen Zwecken zu verwenden, der ist auf dem Wege zur schwarzen Magie und zum Verderben, denn er handelt nicht im Dienst und als ein Werkzeug des Höchsten, sondern er erhebt sich in seiner Eigenheit über Gott und sucht ihn zu seinem Dienst zu erniedrigen.

Zur Ausübung der Magie ist moralische Reife eine unabweisbare Notwendigkeit. Die Moral ist der Boden, auf dem die Geistigkeit wächst. Die menschliche Moral, welche darin besteht, dass man niemandem absichtlich Schaden zufügt, bringt noch kein geistiges Leben mit sich, aber sie ist dem Menschen ein Schutz gegen den Missbrauch geistiger Kräfte. Das Wort *Gott* bedeutet *Selbstaufopferung.* Die Indogermanen opferten dem höchsten Weltgeist und sagten: *ju - gho - tom*, d. h. *ich opfere*. Hieraus entstand das Wort *Gott*, mit dem nun das höchste und alleinige wahre Wesen bezeichnet wird.[78] Wer ihm dienen will, muss sich ihm selber zum Opfer bringen und dadurch eins mit ihm werden.

Die wahre Mystik besteht folglich nicht darin, dass die wissenschaftliche Neugierde befriedigt wird, dass man klug über die Geheimlehre reden

1) Oriflamme, Vol. II, Nr. 4

kann, sich mit Spiritismus oder Geisterseherei beschäftigt, sich an kirchliche Dogmen gläubig hängt oder für das Ideale schwärmt, ohne danach zu streben, es in sich selbst zu verwirklichen. Sie besteht vielmehr in der Erlangung der Selbsterkenntnis durch die Vergeistigung seiner selbst. Wenn wir das heiligste Geheimnis des Menschentums, das lebendige Gotteswort, in unserem Inneren empfinden, dann wird das Licht vom Osten in unser Herz scheinen und die dunkelsten Winkel der Seele erhellen.

Hierüber spricht sich ein erfahrener Mystiker folgendermaßen aus: „Wer ein Mystiker werden will, der fängt damit an, dass er sich fest vornimmt, dass in ihm nichts Gemeines und keine Schwachheiten Platz greifen sollen, und dass in allem, was er bezweckt, das Wohlergehen aller Mitgeschöpfe in Betracht kommen soll.

Er ist deshalb freundlich gegen jedermann und kränkt niemanden, sei es durch Wort oder Tat. Er gibt von seinem Besitztum dort, wo es am meisten Gutes bewirkt, und hilft mit Rat und mit seinen Kenntnissen dort aus, wo dies nützen kann und wo es gewünscht wird. Er teilt seinen Frieden, seinen Trost, seine Weisheit denen mit, die es nötig haben. Er verspricht nicht, was er nicht zu halten gedenkt, und sein gegebenes Wort ist ihm heilig. Zu denen, welche vom Schicksal schwer mitgenommen sind, spricht er von der Wahrheit der Unsterblichkeit und von den großen Endzielen der Natur, welche sie verfolgt, wenn es auch schmerzt und nicht leicht zu begreifen ist, warum sie so handelt.

Er ist stark in seinem höheren Selbstbewusstsein und bleibt in sich selbst unbewegt, aber sein Friede und seine Ruhe strahlt auf alle aus, die sich ihm nahen, und teilt sich denen mit, mit denen er in Berührung kommt. Wer bei ihm ist, wird durch seine Gegenwart beruhigt, ermutigt und gestärkt. Jeder Augenblick ist für ihn eine Aspiration zum Guten, jeder Atemzug ist ein Gebet, jedes Ausatmen eine Ausstrahlung des göttlichen Geistes der Liebe zum Guten in allem. Hinter seinem magischen Denken und tatkräftigen Handeln steht das innere Wort in seinem Herzen, welches sein Wille, sein Gewissen, seine Hoffnung, seine Ruhe, sein unfehlbarer Führer ist, welches ihn und sein Denken durchdringt und erfüllt. Seine Gedanken kommen und gehen, das Wort, das Leben im Innern, verändert sich nicht.

Er ist selbstbeherrscht, kümmert sich wenig um Besitz und Bequemlichkeit und ist deshalb von allen Sorgen für dieselben frei, wie auch von den Enttäuschungen, welche damit zusammenhängen. In seinem Geiste schwebt ihm stets das zu erreichende höchste Ideal vor Augen, und in jedem Augenblicke sucht er sich von allem zu entledigen, was dessen Verwirklichung hindert. Er hält stets an der Klarheit und Wahrheit fest. Seine Gedanken beschäftigen sich nicht mit den Kleinlichkeiten des eigenen Selbst, sondern mit dem Ganzen und Großen, mit dem Wohlergehen der Menschheit, mit der Evolution der Natur und dem Vollbringen ihrer Zwecke. Er meditiert täglich, und indem er seine Seele von allem äußeren Dingen zurückzieht, sucht er mit der Seele der Welt in seinem Bewusstsein eins zu werden. Er betrachtet sein Ich als etwas sich in die weiteste Ferne im Raum Erstreckendes, als eins mit dem Wesen, das in allen Menschen, Tieren und Dingen als verkörperte oder unverkörperte Liebe vorhanden ist. Er nimmt teil am Gefühlsleben der Natur und allen Geschöpfen derselben. Er beschaut sich selbst als eins mit dem höheren Menschen, dem Gottmenschen, dessen Stimme er mit seinem Herzen vernimmt.

Jede Nacht blickt er zurück auf den Tag, den er durchlebt hat, und forscht nach, wo und wie er gefehlt hat, seinem Ideale näher zu kommen, welche wertlosen Gedanken und hindernden Ideen und Wünsche seine kostbare Zeit vergeudeten. In seinem Studium betrachtet er den Menschen und die Natur und ihre beiderseitigen Beziehungen auf den verschiedenen Daseinsstufen (der physischen, psychischen und geistigen Ebene), sodass sein intellektueller Fortschritt mit seinem geistigen Wachstum gleichen Schritt halten kann und er in jeder Beziehung abgerundet und vollkommen wird.

Nach allen diesen Richtungen übt er sich, und dann fangen seine mystischen Kräfte an. Sich auszubreiten. Er fängt an, die Gedanken der Menschen zu kennen und zu empfinden, was sie fühlen, noch ehe Ihre Gedanken zu Worten geworden sind, er *fühlt* das Kommen von Botschaften und *ahnt* deren Inhalt, er kennt die Gefühle und Gedanken derer, die an ihn schreiben, er fühlt im voraus das Eintreten von wichtigen Ereignissen, und das, was für uns das *Gewissen* ist, ist für ihn die Intuition, ein nicht missverstehender Lehrer der Geheimnisse der Vergangenheit und der Zukunft.

Je mehr sein Mitgefühl für die Menschheit wachst, umso mehr kann er deren Gedanken empfinden, und seine Intuition wird für ihn ein wachsendes Licht, um ins Innere der Menschenherzen zu sehen, wodurch er die Weisheit der Menschheit aus eigener Anschauung kennenlernt und befähigt wird, das zu sagen und zu tun, was für die Menschen am besten ist, sodass er sich wie ein wandelnder Segensstrom unter ihnen bewegt. Er sieht das psychische Kolorit seines Zeitalters, der Länder und Städte, und erkennt, was die Zukunft bringen muss.

Er steht allein, ohne fremde Stütze, er denkt seine eigenen Gedanken und macht seinen Geist frei von dem Wirrwarr von Gedanken und Empfindungen, die nicht seine eigenen sind, die aber als der Wellenschlag des Meeres, von den Gedanken anderer erzeugt, auf ihn einstürmen, und welche wir in unserer Unwissenheit für unsere eigenen Gedanken halten.

So lebt er, wie ein teilnehmender Zuschauer im Schattenspiele des Lebens, wird aber in seiner Ruhe nicht von dessen Stürmen bewegt. Die Leiber, in welche er sich kleidet (seine Reinkarnationen), nützen sich einer nach dem anderen ab, werden abgelegt und erneuern sich, aber er selbst ist über alles dies erhaben, er schwingt sich zu immer höheren Gedankensphären empor und wohnt erhaben über den Abgründen von Leben und Tod, sich selbst erkennend. Denn der Faden seines Gedächtnisses ist nicht mehr zerrissen. Er weiß, wer er vor undenklichen Zeiten war und kennt das zu erreichende Ziel. Das irdische Leben ist für ihn nur ein Schauspiel, er sieht, wie der Vorhang aufgezogen und herabgelassen wird. Schließlich eröffnet sich ihm die Türe der Meister und Lehrer aller Zeiten und aller Nationen, und er erlangt die Genossenschaft der Großen, welche vorangegangen sind und jetzt die Welt beaufsichtigen und mit starker Hand der leidenden Menschheit zu Hilfe kommen.

Erschreckt dich die Größe einer solchen Bestimmung? — Wisse, dass keiner von uns stehen zu bleiben braucht, um zu sagen: *Dies ist nicht für mich! So hoch geht nicht mein Flug?* Alles hat seinen Anfang, und dieser Anfang findet statt, sobald einer von uns einen zornigen Gedanken bewältigt, eine sinnliche Lust von sich streift und nach dem Lichte zu streben beginnt. Lasst uns nicht zu niedrig von uns selbst denken. Fem ist das Ziel, aber für den, der täglich, wenn auch nur wenig kämpft, ist der Sieg gewiss. Ein Leben (Inkarnation) nach dem anderen kommt, und was heute kaum zur Gewohnheit geworden ist, wird morgen zum instinktiven Trieb. Viel, sehr viel von unserer Zukunft hängt davon ab, was wir gerade jetzt tun, denn die Geschichte der Menschheit nähert sich dem Wendepunkte. Wenn wir jetzt der Natur in ihrem Kampfe zwischen Spiritualität und Materialität zu Hilfe kommen, so werden wir in einem zukünftigen Leben gute Früchte davon ernten, wenn ein dem geistigen Aufblühen günstigerer Zyklus beginnt.

Die Aufgaben, welche zu lösen sind, sind für jeden verschieden. Jeder muss seinen eigenen Weg gehen, seine besonderen Schwierigkeiten bekämpfen, aber am Ende finden sich alle Wege zusammen wie alle Flüsse im Meere. Jeder führt ans Ziel."

Jeder Weg führt ans Ziel, aber der eine in gerader Linie und in kurzer Zeit, der andere auf Umwegen und nach vielleicht Millionen von Jahren. Wer sich selbst zu beherrschen versteht, der steht vor dem offenen Tor. Wer der Sklave seiner Natur bleibt, den zwingt die Natur, wiederzukehren und von Neuem in die Schule des Leidens und der Enttäuschung zu gehen, bis in ihm die Erkenntnis erwacht. Wohl kann das, was in einem Leben versäumt wird, in einem darauffolgenden Leben auf Erden nachgeholt werden, aber nach der Berechnung der indischen Weisen ist zu erwarten, dass die Seelen der jetzigen Generation, wenn sie das nächste Mal wieder auf Erden im körperlichen Dasein erscheinen, die Bedingungen zum geistigen Fortschritte weniger günstig finden werden als jetzt.

Nach dieser Berechnung stehen wir nämlich jetzt am Ende des ersten Zyklus von 5.000 Jahren, des Kali Yuga (des schwarzen Zeitalters, welches 432.000 Jahre dauert), der zwischen den Jahren 1.897 und 1.898 zu Ende ging, und in Bezug auf diese Periode wird in der Vishnu Purana folgendes prophezeit:

> „In jenen Zeiten werden störrische Machthaber auf der Erde herrschen, Leute, welche gewalttätig, boshaft und der Lüge ergeben sind. Sie werden Weiber und Kinder zugrunde richten, ihre Untergebenen bestehlen und dem Ehebruch huldigen. Sie werden einen großen Anhang und viel Macht erlangen. Ihr Leben wird kurz sein, und unersättlich sind ihre Begierden. Leute verschiedener Nationalität werden sich mit ihnen verbinden und ihrem Beispiele folgen, wobei das Volk zu Grunde geht. Wohlstand und Ehrlichkeit werden abnehmen, bis dass die Welt ganz verdorben sein wird. Das Ansehen eines Mannes wird durch seinen Geldbesitz bedingt sein, sich einen Gewinn zu verschaffen, und jeder wird nur nach dem beurteilt weiden, was er äußerlich zu sein scheint. Wer viel Besitz hat, den wird man für tadellos halten. Das allgemeine Mittel zum Fortkommen wird die Unehrlichkeit sein, und wer schwach ist, wird geknechtet werden. Marktschreierei und Eigendünkel werden an die Stelle des wirklichen Wissens treten, die Liebe von der Freigebigkeit abhängig sein, gegenseitiges (launenhaftes) Einverständnis (zur geschlechtlichen Vereinigung) wird der Ehe gleich betrachtet werden, und die Würde der Angesehenen in ihren schönen Kleidern bestehen. Wer am stärksten ist (in der Gunst des Pöbels), wird regieren. Das Volk, welches die ihm auferlegten Bürden nicht länger tragen kann, wird auswandern und die soziale Fäulnis im Kali Yuga fortschreiten, bis dass das Menschengeschlecht der Vernichtung nahe kommt ..."

Ist es, dass diese Idee des nahenden Zeitalters der Verkommenheit, an dessen Eintreten Tausende von Indern glauben, auch in dem Gemüte der Europäer zu keimen begonnen hat, oder sind es andere Ursachen, welche im Westen Prophezeiungen an den bevorstehenden *Weltuntergang* veranlasst haben, wie sie schon von verschiedenen Seiten laut geworden sind? Dies ist vielleicht schwer zu entscheiden. Der Gedanke entspringt dem Gefühl, und es mag wohl mancher sein, der die Wahrheit der kommenden Umwälzung zu fühlen imstande ist und sich die Sache dann so zurechtlegt, wie es ihm am geeignetsten dünkt. Sicher aber ist es, dass die obige Schilderung in der Purana auf unser jetziges Zeitalter passt, und die tägliche Beobachtung zeigt, dass es statt besser stets schlimmer wird, umso mehr, als die Machthaber, von denen die Rede ist, nicht nur auf den Thronen, sondern auch in den Parlamenten zu finden sind.

Allerdings wird, nachdem die noch fehlenden 427.000 Jahre von Kali Yuga vorüber sind, Krita Yuga, das goldene Zeitalter folgen, doch die Wurzel des Lebens, welche in jedem Menschen enthalten ist, wird nicht zugrunde gehen. Der Stamm des Baumes bleibt stehen, aber wie viele Millionen von persönlichen Daseinsformen werden wie dürre Blätter vom Sturmwinde verweht, verderben? Wohl kann derjenige, dem es gelungen ist, sich mit dem Stamme, mit seinem Gotte zu vereinigen, sowohl die Entstehung als auch den Untergang der Welten mit Gleichmut als ein Schauspiel betrachten, das ihn selbst nicht berührt. Wem aber diese Vereinigung nicht gelingt, der teilt das Schicksal desjenigen Teiles seiner Konstitution, mit dem er identisch geworden ist.

Nicht um neue Dogmen an die Stelle der alten zu setzen, noch um der nicht denkenden Herde einen neuen Leithammel zu geben, dem sie blindlings folgen soll, sondern um den Menschen Gelegenheit zu geben, sich im Suchen nach Wahrheit gegenseitig zu unterstützen, wurde auf Veranlassung von gewissen Adepten eine Vereinigung gegründet, in welcher keinerlei Autorität herrschen soll als die Wahrheit selbst, so wie sie sich in jedem einzelnen, der dazu fähig ist, offenbart. Ein Kern sollte gebildet werden, in welchem die von jedem vernünftigen Wesen anerkannten Grundsätze der allgemeinen Menschenliebe nicht bloß theoretisch *geglaubt*, sondern praktisch ausgeführt würden, und durch das Studium der Lehren der alten Weisen und eine Verbreitung und Besprechung der betreffenden Literatur, welche bisher nur wenigen zugänglich war, sollte jedermann, sei er nun ein *Mitglied* dieser Gesellschaft oder nicht, Gelegenheit gegeben werden, über diese Lehren nachzudenken und sich selbst ein Urteil darüber zu bilden.

Über den Zweck dieser Verbindung spricht sich einer der oben erwähnten Adepten folgendermaßen aus:

„Der Mensch besteht aus Ideen und wird durch Ideen geleitet. Seine eigene subjektive (innere) Welt ist sogar auf dieser physischen Ebene für ihn die einzige Wirklichkeit. Für den Okkultisten erweitert sich der Gesichtskreis dieser inneren Welt, und sie tritt für ihn immer in die Wirklichkeit, umso mehr, als er die objektive Erscheinungswelt als das, was sie ist, erkennt. Sein Endziel ist die Selbsterkenntnis im Absoluten (Parabrahm). Deshalb sollte derjenige, welcher nach höherem (geistigem) Wissen trachtet, alle seine Begierden nach dem einen höchsten Ideale richten und es durch völlige Selbstaufopferung, Menschenliebe, Herzensgüte und alle die höchsten Tugenden, die man auf Erden erlangen kann, zu erreichen suchen. Je mehr er sich anstrengt, dieses Ideal zu erreichen, je mehr er sein Wollen in dieser Richtung bewegt, umso größer wird seine Kraft.

Ist er einmal (innerlich) stark geworden, so entsteht auch im materiellen Organismus die Neigung, nur dasjenige zu tun, was mit dem hohen Bestreben, das er verfolgt, im Einklang ist, und seine (edlen) Handlungen verdoppeln dann seine innere Kraft nach dem bekannten Gesetze von Wirkung und Gegenwirkung.

Was aber sind die praktischen Erfolge und wie kommen dieselben zustande? Die Beobachtung und Erfahrung lehrt uns, dass der Fortschritt ein Naturgesetz ist. Daraus folgt, dass die Menschheit noch in einem unvollkommenen Entwicklungszustande ist und der Vollkommenheit entgegengeht. Diese Vollkommenheit wird erst dann eintreten, wenn sich in den Menschen höhere Wahrnehmungskräfte entfalten und ihnen der Standpunkt klar wird, den sie in Bezug auf ihre Stellung in der Natur einnehmen. Die höchste Vollkommenheit ist aber nur dann denkbar, wenn die Kraft, welche den einzelnen Menschen belebt, in Übereinstimmung mit dem einen Leben wirkt, welches das Ganze zu diesem Zwecke bewegt, und das beste Mittel, dazu zu gelangen, ist die Erkenntnis und Wissenschaft.

Wer dies begreift, dem wird es auch klar sein, dass es der Endzweck des Gesetzes in der Natur ist, den Menschen vollkommen zu machen durch die Vereinigung des menschlichen Geistes mit dem Geiste, der alles belebt. Indem dieser hohe Zweck beständig vor Augen gehalten wird, sollte eine intellektuelle Vereinigung gebildet werden, in welcher sich alle (gleichviel, welche Meinungen der einzelne hat) zu diesem Zwecke verbinden. Um diesen praktischen Erfolg, die Vereinigung zu erreichen, müssen wir das höchste Ideal, welches den wahren Menschen darstellt, aufrechterhalten.

Wir müssen andere auf dieses Ideal hinweisen und selbst diesem Ideale gemäß handeln. Jeder sollte mit völliger Selbstaufopferung danach streben, selber den richtigen Weg zu gehen und ihn den anderen zu zeigen. Wenn wir als ein Ganzes unsere Kräfte zu Erreichung dieses Ideals anstrengen, so kann durch dieses Zusammenwirken auf der geistigen Ebene Großes erreicht werden. Da dieses das wichtigste Werk ist, mit dem sich ein Okkultist beschäftigen kann, so sollte jeder, der nach höherem Wissen stiebt, danach trachten, dieses Werk zu fördern. Dadurch entsteht eine geistige Flutwelle, durch welche das Ganze emporgehoben wird und die intellektuellen und geistigen Fähigkeiten unserer Generation sich auszubreiten befähigt sind. Zu diesem Zwecke trägt die Verbreitung philosophischer Kenntnisse bei, und diese Verbreitung ist es, die wir von unseren Schülern erwarten."

Dies ist somit die Grundlage jener *Theosophischen Vereinigung*, zu welcher alle Menschen gehören, welche die Wahrheit mehr als das eigene, eingebildete *Selbst* lieben und darauf bedacht sind, Gutes zu wirken. Oft schon wurde der Versuch gemacht, dieser geistigen Gemeinschaft einen äußeren Ausdruck durch Gründung einer Gesellschaft zu geben, aber da die Welt im Großen und Ganzen keiner geistigen Anschauung fähig war, so entstand nur eine Karikatur. Ob die Welt jetzt reif genug für das Bestieben einer solchen Gesellschaft ist, oder ob sie den sektiererischen Einflüssen, welche sich in ihr einzuschleichen drohen, zum Opfer fallen wird, das wird uns die Zukunft lehren.

Somit schließt der Verfasser dieses Buch, und wenn der Leser es mit dem Bewusstsein aus der Hand legt, dass er nichts Neues darin gefunden und alles dies schon vorher gewusst hat, so ist damit der Wahrheit ein Zeugnis gegeben und der Zweck des Buches erfüllt.